Guerra e Literatura

Guerra e Literatura

Ensaios em emergência

Leonardo Francisco Soares
(org.)

alameda

Grafia atualizada segundo o Acordo Ortográfico da Língua Portuguesa de 1990, que entrou em vigor no Brasil em 2009.

Edição: Haroldo Ceravolo Sereza & Joana Monteleone
Assistente acadêmica: Tamara Santos
Projeto gráfico e diagramação: Guilherme Vasconscelos
Revisão: Alexandra Colontini
Capa: Ana Júlia Ribeiro
Imagem da capa: Pôster do filme SEP (Dir Mikhail Verner, Pavel Armand, Russia, 1929) por Georgii & Vladimir Stenberg, 1929. 106,7 x 75 cm; 42x29,5. Litografia em cores.

CIP-BRASIL. CATALOGAÇÃO NA PUBLICAÇÃO
SINDICATO NACIONAL DOS EDITORES DE LIVROS, RJ

G963

Guerra e literatura : ensaios em emergência / organização Leonardo Francisco Soares. -1. ed. - São Paulo : Alameda, 2022.
318 p. ; 21 cm.

Inclui bibliografia
ISBN 978-65-5966-135-0

. Benjamin, Walter, 1892-1940. 2. Benjamin, Walter, 1892-1940 - Crítica e interpretação. I. Soares, Leonardo Francisco.

22-80620 CDD: 901
CDU: 930.1

ALAMEDA CASA EDITORIAL
Rua Treze de Maio, 353 – Bela Vista
CEP: 01327-000 – São Paulo – SP
Tel.: (11) 3012-2403
www.alamedaeditorial.com.br

SUMÁRIO

Apresentação

Benjamin expressa precisamente essa reivindicação de justiça em nome da tradição dos oprimidos. Afirmo que Benjamin é o filósofo e o precursor conceitual, o arauto da reivindicação de justiça. Suas teorias constituem uma alegoria da necessidade de recuperar o silêncio dos oprimidos em nome de um julgamento da própria história.

Shoshana Felman[1]

Não tenhamos dúvidas: Benjamin fala diretamente conosco. Existe um túnel curto que nos conecta a seu tempo de fascismos e necropolítica. Sua "atualidade" é absoluta.

Márcio Seligmann-Silva[2]

Ao contrário do que as epígrafes possam inculcar, este não é um livro sobre Walter Benjamin, mas um encontro de reflexões em torno das interfaces entre guerra e literatura, tecidas

1 FELMAN. *O inconsciente jurídico*, p. 42.

2 SELIGMANN-SILVA. Apresentação: *Sobre o conceito de História de Walter Benjamin*, p. 11.

em emergência no presente. E por que começar por Benjamin? De início, recorro aos autores em epígrafe: Shoshana Felman, em O *inconsciente jurídico*, encara Walter Benjamin como um pensador, um filósofo, um narrador das guerras e revoluções do século XX. Nas palavras de Felman, os escritos de Benjamin profetizam, ou no mínimo antecipam, "o que realmente acontecerá na esfera do direito na segunda metade do século XX".[3] Por sua vez, o comentário de Márcio Seligmann-Silva a respeito do ensaio "Sobre o conceito de história", escrito em 1940 pouco antes da morte do escritor alemão, salienta o caráter atual e a premência do texto – testemunho e testamento – benjaminiano. É também Seligmann-Silva quem nos alerta que a "atualidade", para Benjamin, não é aquela que mantém o passo com seu tempo, mas aquela capaz de instaurar curtos-circuitos com outras épocas.

Uma das questões recorrentes no pensamento de Walter Benjamin é o que significa contar uma/a história? O autor destaca, em vários momentos, a importância da capacidade de compartilhar histórias para a constituição do sujeito. Tal preocupação com a necessidade e também com a incapacidade de relato, conforme salienta Jeanne-Marie Gagnebin,[4] tomará ao longo dos anos 1930 uma parte constitutiva do pensamento benjaminiano, evidenciando o seu caráter de problemática exemplar dos paradoxos da modernidade. Ao falar do empobrecimento da experiência no mundo capitalista moderno, ele traz a já bastante comentada imagem dos combatentes da Primeira Guerra Mundial, que voltavam silenciosos do campo de batalha: "Não voltavam mais ricos, mas mais pobres de experiências partilháveis".[5] A colocação presente no ensaio "Experiência e pobreza", publicado pela primeira vez no jornal *Die Welt im Wort* (Pra-

3 FELMAN. *O inconsciente jurídico*, p. 42.

4 GAGNEBIN. *História e narração em Walter Benjamin*.

5 BENJAMIN. Experiência e pobreza, p. 86.

ga), em 7 de setembro de 1933, seria retomada três anos depois, *ipsis litteris*, no ensaio "O narrador: considerações sobre a obra de Nikolai Leskov", escrito sob encomenda do periódico alemão *Orient und Okzident*. A repetição do trecho nos dois ensaios, separados por três anos, não aponta necessariamente para uma validação e repetição pura simples do problema, já que ambos nos mostram caminhos diferentes de compreensão da questão.

Desafiador em sua pequeneza e poder de síntese, "Experiência e pobreza" começa citando uma fábula de Esopo – "O velho Vinhateiro", recorrente nos livros didáticos alemães desde fins do século XIX –, em que um velho pai no leito de morte revela aos filhos a presença de um tesouro escondido em suas vinhas, sendo que tudo o que eles deveriam fazer era cavar. A experiência em seu sentido pleno (*Erfahrung*) supõe, portanto, uma temporalidade repartida de geração a geração. Uma cultura e uma tradição compartilhadas como um anel que passa de pai para filho e que já não existe mais. Já em "O narrador",[6] Walter Benjamin associa essa capacidade de passar o anel, de partilhar palavras perduráveis à temporalidade das sociedades artesanais em oposição ao tempo entrecortado e desarticulado do trabalho no interior do capitalismo moderno, afeito à ligeireza e a mediocridade jornalística. O saber do moribundo aludido no primeiro ensaio é concedido aos viajantes e aos artesãos no segundo. Em ambos, tem-se a narrativa do fim da capacidade de contar/partilhar histórias, o esgarçamento do liame entre morte e narrativa, a substituição da experiência autêntica, baseada em uma tradição cultural e histórica, pela vivência imediata.

Shoshana Felman lê os ensaios "O narrador" e "Sobre o conceito de história" como duas teorias do silêncio derivadas e inter-relacionadas com as duas grandes guerras mundiais: "[p]roponho que sejam lidos em mútuo confronto e um através do

6 BENJAMIN. O narrador: Considerações sobre a obra de Nikolai Leskov, p. 197-221.

outro, como dois estágios num quadro filosófico e existencial maior, e como duas variações de uma teoria benjaminiana global das guerras e do silêncio".[7] No caso de "O narrador", a pesquisadora enfatiza a passagem das vozes emudecidas pela Grande Guerra e a toma como o argumento principal do texto: a guerra interrompeu a continuidade da narrativa e do entendimento; "a narração foi reduzida ao silêncio pela Primeira Guerra Mundial. [...] A Primeira Guerra Mundial é *a primeira guerra que não pode mais ser narrada*".[8]

Tem-se, enunciada no pensamento de Walter Benjamin, a percepção do presente como catástrofe, formulação reiterada, por exemplo, nos ensaios em que o escritor desenvolve o conceito de choque9 e nas já citadas teses "Sobre o conceito de história", em especial a tese IX, na qual o "anjo da história" – figurado pelo *Angelus Novus* de Klee – volta-se para o passado e "vê uma catástrofe única, que incessantemente empilha escombros sobre escombros e os lança a seus pés".[10]

Outros autores, em diferentes contextos, sentiram a necessidade de compreender e, consequentemente, caracterizar o século XX como a "era das catástrofes". Para Maurice Blanchot, por exemplo, toda literatura seria uma experiência da catástrofe. Em *L'écriture du désastre*, ele toma a catástrofe, o desastre como uma metáfora de tempos caracterizados pela contradição, violência, confusão, enfim, "a soberania do acidental".[11] Também

7 FELMAN. *O inconsciente jurídico*, p. 54.

8 FELMAN. *O inconsciente jurídico*, p. 56-57. (Grifos da autora).

9 Cf. Benjamin. *A obra de arte na era de sua reprodutibilidade técnica*; Benjamin. Sobre alguns temas em Baudelaire, p. 118-125, 137-141.

10 BENJAMIN. Sobre o conceito de história [T1], p. 76. Trata-se da versão datilografada que Benjamin entregou a Georges Bataille, juntamente com os manuscritos das *Passagens* e do seu trabalho sobre Baudelaire. (Cf. BENJAMIN, Walter. *Sobre o conceito de história:* edição crítica).

11 A edição consultada foi a tradução espanhola, Cf. BLANCHOT. *La escritura del desastre*, p. 50-68.

Hannah Arendt inicia o seu *Sobre a revolução* com a afirmação de que as guerras e as revoluções determinaram – até a publicação do livro (1963) – a fisionomia do século XX. Nas palavras da pensadora: " [...] os germes da guerra total se desenvolveram já na Primeira Guerra Mundial, quando a diferença entre soldados e civis deixou de ser respeitada porque era incompatível com as novas armas usadas na ocasião".[12] Quanto a Eric Hobsbawm, em *Era dos extremos*, talvez a menção mais lembrada, ele divide o "breve século XX" em três "eras". A primeira, "da catástrofe", é marcada pelas duas grandes guerras; a segunda, "era de ouro", concentra-se nos anos de 1950 e 1960; a terceira, "o desmoronamento", espécie de prenúncio de novas catástrofes, situa-se entre 1970 a 1991.[13]

Já em 2020, Achille Mbembe, em *Políticas da inimizade*, apoiado, em especial, no pensamento de Franz Fanon, também enfatiza o papel da guerra no pensamento contemporâneo. Para o autor, "na esteira dos conflitos de descolonização, a guerra (sob a égide da conquista e da ocupação, do terror e da contrainsurgência) se tornou, desde *o final do século XX, o sacramento da nossa época*".[14] A partir dos desdobramentos dessa experiência, questionam-se os novos lugares em que são pensados os liames entre a violência e a lei, entre a norma e a exceção, entre o estado de guerra, o estado de segurança e o estado de liberdade. Já que o fenômeno da guerra, ainda seguindo as pistas de Mbembe, fixou-se como objetivo e como demanda na política e na cultura.

> Tornou-se remédio e veneno, nosso *phármakon*. A transformação da guerra em *phármakon* de nossa época, em contrapartida, liberou paixões funestas que, pouco a pouco, têm forçado nossas sociedades para fora da democracia

12 ARENDT. *Sobre a revolução*, p. 39.

13 Cf. HOBSBAWM. *Era dos extremos*, p. 15-16.

14 MBEMBE. *Políticas da inimizade*, p. 12. (Grifos meus).

> e a se transformarem em sociedades da inimizade, como ocorreu com a colonização.[15]

Todas essas vozes, brevemente aludidas aqui, confirmam – não de modo unissonante, obviamente – o que se assiste a partir do século XX, uma mudança de perspectiva no processo de experienciar a catástrofe, de um evento preciso, exato, pontual a uma visão da própria realidade como catástrofe.[16] A aniquilação dos corpos, a violação da dignidade humana em seu aspecto primordial de tocante ao vivo, o princípio de destruição, as políticas de inimizade – ou a consciência como (in)compreensão/(in)experiência desses eventos –, chegaram a extremos aparentemente impensáveis e quase incompartilháveis.

Por sua vez, evidencia-se, no conjunto dos dez capítulos deste livro, que a discussão sobre a guerra envolve também uma discussão sobre os condicionamentos formais, sobre o uso da linguagem, sobre os limites da representação, enfim, sobre o problema da alteridade. Os autores que contribuíram para esta publicação não são, no sentido estrito, historiadores, filósofos, cientistas políticos, embora manifestem, como ficará comprovada pela leitura de cada capítulo, mais do que um interesse transitório por esses e outros campos do saber. Em comum, todos partilham o interesse pela lavra do literário. Nesse sentido, além do tratamento das guerras como tema literário, cada uma das abordagens passará pelo textual, pela nervura da linguagem em diálogo e fricção com as questões relacionadas ao universo bé-

---

15 MBEMBE. *Políticas da inimizade*, p. 15.

16 "[...] não se pode afirmar que a catástrofe constitua um objeto absolutamente novo no campo da reflexão filosófica. O que mudou – de modo radical – foi a sua definição. Com efeito, em vez de representar apenas um evento raro, único, inesperado, que seria responsável por um corte na história no século XX, mais e mais se passou a ver no próprio real, vale dizer: no cotidiano, a materialização mesma da catástrofe." (SELIGMANN-SILVA. A história como trauma, p. 73).

lico.[17] Como salienta Jaime Ginzburg, um dos autores que compõem este volume, em um outro estudo, de 2012:

> É nesse contexto que se tornam prioritários debates em Teoria da Literatura e Literatura Comparada sobre os modos de pensar imagens da guerra, levando em conta a tradição épica e os conflitos sociais da atualidade [...]. Um pensamento sobre literatura capaz de explicar o que propõem esses textos é também um pensamento crítico capaz de confrontar o impacto da guerra de frente.[18]

Cada um dos capítulos deste livro assume esse desafio de pensar as imagens da guerra em diálogo com o campo dos estudos literários, a partir de recortes e lugares variados. No primeiro capítulo, "De guerras, de cantos e contos", Jacyntho Lins Brandão investiga o tema da guerra na literatura grega. A ênfase é em Homero e Luciano, mas o pesquisador não deixa de visitar, em contraponto, as culturas médio-orientais com as quais os gregos sempre estiveram em relação. Em seguida, o meu texto, "Réquiem para um império", se volta para o romance *Marcha de Radetzky* (1932), de Joseph Roth, publicado em 1932, enfatizando o seu lugar de crônica nostálgica do Império Austro-Húngaro, ao mesmo tempo em que aponta para algumas arestas e tensões dessa perspectiva.

Os três capítulos seguintes examinam textos e experiências literárias relacionadas à Segunda Guerra Mundial. "Armamentos em excesso, parque sombras de menos", de Paola Resende, pinça seu título do poema "Murilograma para Cecília Meireles", de Murilo Mendes. A pesquisadora se volta para a produção da poeta brasileira Cecília Meireles na década de 1940, tanto em verso quanto em prosa, enfatizando o potente diálogo de seus escritos

17 Cf. SOARES. O que os estudos literários têm a dizer sobre a guerra, p. 9-17.
18 GINZBURG. A guerra como problema para os estudos literários, p. 7.

com o tema da guerra. Pedro Henrique Trindade Kalil Auad, por sua vez, retoma o poema de Carlos Drummond de Andrade, que dá título à sua reflexão, "Visão 1944", publicado em *A rosa do povo* (1945). Auad aproxima o poeta Drummond de uma série de poetas que se hospedam no fracasso, mas que insistem em escrever mesmo diante do caos; e "escrevem sobre a guerra, com a guerra, a partir da guerra". O quinto capítulo também tem como mote principal a Segunda Guerra, mas a partir do estudo de narrativas. Em "Crianças e adolescentes em meio à guerra", Elcio Loureiro Cornelsen reflete sobre a relação entre infância e exceção na literatura, focalizando as obras *Diário de Anne Frank* (1947); A *guerra no Bom Fim* (1972), de Moacyr Scliar; *Flughunde* (1995), do escritor alemão Marcel Beyer, que se passam na Segunda Guerra, e *O diário de Nina* (2003), de Nina Lugovskaia, localizado durante o período stalinista nos anos 1930.

O sangrento episódio da Guerra de Canudos (1897) é acompanhado por Gilberto Figueiredo Martins no capítulo "A paixão de *Antônio Conselheiro* segundo Joaquim Cardozo". Como seu título já denuncia, a partir de uma leitura cuidadosa da peça *Antônio Conselheiro*: drama em dez quadros e dois atos (1975), do poeta-engenheiro pernambucano Joaquim Cardozo, o pesquisador explora os modos de urdidura do texto, escrito no limiar da ditadura militar no Brasil.

Os capítulos sete, oito e nove problematizam as memórias da Segunda Guerra Mundial e da Shoah, a partir da escuta dos relatos de testemunhos. Em "Contra Auschwitz", Jaime Ginzburg percorre as páginas de "O retorno de Lorenzo" (1981), de Primo Levi, para discutir a respeito da ética do testemunho do escritor italiano. A personagem do título já fizera uma aparição em *É isto um homem?* (1947), essa dobra de Lorenzo será fundamental para a reflexão de Ginzburg sobre o legado intelectual de Levi. Flávia Trocoli, no capítulo "A criança no campo de batalha", atravessa os escritos de Hélène Cixous, penetrando nas cenas autobiográficas e desvelando os entrelaçamentos dos significantes criança, guerra e linguagem; exílio, expropriação, mudez. Na pista do diálogo de Cixous com Derrida, umas das questões que perpassam o capítulo é: "Como, então, transformar a experiência muda em experiência do sujeito falante?" No nono capítulo, a partir do projeto singular do livro *O que os cegos estão sonhando?*: com o diário de Lili Jaffe (1944-1945), de Noemi Jaffe, publicado em 2012, Fabíola Padilha empreende uma reflexão potente a respeito da memória da Shoah, ao enfrentar as questões postas pelo próprio livro de Jaffe e o diário de sua mãe: "[q]ue resposta se pode dar a isso? O holocausto já cansou?"

Por fim, o capítulo de Rosani Úrsula Ketzer Umbach, "A Guerra Fria na Alemanha", depois de esboçar um percurso pelos estudos brasileiros mais recentes em torno da relação entre literatura e guerra, contextualiza a experiência alemã, em especial oriental, entre 1945 e 1989, e analisa a narrativa *Leibhaftig* (2002), de uma das mais importantes escritoras da Alemanha Oriental do pós-guerra, Christa Wolf.

Antes de encerrar esta apresentação, eu gostaria de agradecer aos autores que compõem este livro, por responderem positivamente – em tempos tão difíceis – ao convite de escreverem sobre guerras e literatura. É importante salientar, que este projeto foi pensado e elaborado durante a pandemia de COVID. No momento em que escrevo, o Brasil alcançou a marca de 608.715 mortes e 21.846.577 casos de coronavírus. Acredito que, para muitos de nós, foi o mais próximo que experimentamos da violência da ordem política como forma de organização da morte.

Também destaco que esta publicação se tornou possível graças ao interesse e empenho da Alameda Editorial, a quem sou grato e reservo um agradecimento especial à editora Joana Monteleone, que me provocou para essa empreitada, seu estímulo e sugestões foram fundamentais para a concretização do projeto do livro.

Aos leitores, desejo que este conjunto de estudos estimulem a reflexão sobre as aproximações entre literatura e guerra e o olhar crítico para as reverberações deste debate.

Leonardo Francisco Soares

Referências

ARENDT, Hannah. *Sobre a revolução*. Trad. Denise Bottmann. São Paulo: Companhia das Letras, 2011.

BENJAMIN, Walter. *A obra de arte na era de sua reprodutibilidade técnica*. Trad. Gabriel Valladão. Org. e Pref.: Márcio Seligmann-Silva. Porto Alegre: L&PM, 2020 (Coleção L&PM POCKET, v. 1216).

BENJAMIN, Walter. Experiência e pobreza. In: BENJAMIN, Walter. *O anjo da história*. Tradução de João Barrento. 2. ed. Belo Horizonte: Autêntica Editora, 2016. p. 83-90 (Filô/Benjamin).

BENJAMIN, Walter. O narrador. Considerações sobre a obra de Nikolai Leskov. In: BENJAMIN, Walter. *Magia e técnica, arte e política*: ensaios sobre literatura e história da cultura. Tradução de Sérgio Paulo Rouanet. 7. ed. São Paulo: Brasiliense, 1994a. p. 197-221 (Obras escolhidas, v. 1).

BENJAMIN, Walter. *Sobre alguns temas em Baudelaire. In: Charles Baudelaire, um lírico no auge do capitalismo*. Trad. José Carlos Martins Barbosa e Hemerson Alves Baptista. 3. ed. São Paulo: Brasiliense, 2000. p. 103-149 (Obras escolhidas, v. 3).

BENJAMIN, Walter. Sobre o conceito de história [T1]. In: BENJAMIN, Walter. *Sobre o conceito de história*: edição crítica. Trad. Adalberto Müller e Márcio Seligmann-Silva (orgs.). São Paulo: Alameda, 2020, p. 65-90.

BENJAMIN, Walter. *Sobre o conceito de história*: edição crítica. Trad. Adalberto Müller e Márcio Seligmann-Silva (orgs.). São Paulo: Alameda, 2020.

BLANCHOT, Maurice. *La escritura del desastre*, trad. Pierre de Place, Caracas: Monte Ávila Editores, 1990, p. 50-68.

FELMAN, Shoshana. *O inconsciente jurídico*: julgamentos e traumas no século XX. Trad. Ariani Bueno Sudatti. São Paulo: EDIPRO, 2014.

GAGNEBIN, Jeanne Marie. *História e narração em Walter Benjamin*. São Paulo: Ed. Perspectiva, 1999.

GINZBURG, Jaime. A guerra como problema para os estudos literários. *Organom*: Revista do Instituto de Letras da UFRGS, v. 27, n. 52, 2012. Disponível em: <http://seer.ufrgs.br/index.php/organon/article/view/33473/21346>. Acesso em: 06 ago. 2017.

HOBSBAWM, Eric. *A era dos extremos*: o breve século XX: 1914-1991. Tradução de Marcos Santarrita. 2. ed. São Paulo: Companhia das Letras, 2002.

MBEMBE, Achille. *Políticas da inimizade*. Trad. Sebastião Nascimento. São Paulo: N-1 edições, 2020.

SELIGMANN-SILVA, Márcio. A história como trauma. In: NESTROVSKI, Arthur; SELIGMANN-SILVA, Márcio (orgs.). *Catástrofe e representação*. São Paulo: Escuta, 2000. p. 73-98.

SELIGMANN-SILVA, Márcio. Apresentação: Sobre o conceito de história, de Walter Benjamin. In: BENJAMIN, Walter. *Sobre o conceito de história: Edição crítica*. Trad. Adalberto Müller e Márcio Seligmann-Silva (orgs.). São Paulo: Alameda, 2020. p. 11-28.

SOARES, Leonardo Francisco. O que os estudos literários têm a dizer sobre a guerra. In: SOARES, Leonardo Francisco (Org.). *Na literatura, as guerras*. Uberlândia: O Sexo da Palavra, 2021.

De guerras, de cantos e contos (sobre o tema da guerra na literatura grega)

Jacyntho Lins Brandão

1

É famoso o aforisma de Heráclito transmitido por Hipólito de Roma: "a guerra é de tudo pai e de tudo rei" (*pólemos pánton mèn patér estin, pánton dè basileús*). Ainda que a sentença possa ser lida na linha da ontologia dos contrários que se atribui àquele sábio desde a Antiguidade – a intenção de Hipólito parecendo ser esta, já que introduz a citação afirmando que Heráclito diz o "pai de tudo" ser "gerador-ingênito" e "criatura-demiurgo" – e mesmo que a guerra possa ser interpretada como os "conflitos" em geral em que o "todo" se funda, é significativo que esteja em causa não qualquer dissensão (*éris*), mas exatamente a mais exacerbada delas.[1] Decerto guerra é uma das modalidades de éris, como aponta Hesíodo,[2] mas a sequência

1 Que a guerra se diga pai e rei parece ter relação com o gênero gramatical de *pólemos*, palavra masculina.

2 Como nos *Trabalhos e dias* de Hesíodo, em que se afirma haver duas *Érides*: a benfazeja, que induz a uma emulação positiva; e a má, que produz "guerra má e discórdia" (HESÍODO, *Trabalhos e dias*, v. 14).

do fragmento esclarece por que é especificamente dela que se trata: "a uns ela mostra serem deuses, a outros, homens; a uns faz escravos, a outros, livres".[3] Note-se como este último desdobramento não deixa dúvidas, pois consequência da guerra, para os gregos, é justamente que os vencidos se tornem escravos dos livres, os vencedores. Mas também a afirmativa anterior, ainda que talvez não de modo tão explícito, tem em vista em especial as guerras que se narram: na *Ilíada*, de fato, é ela que faz ver quem são os deuses e quem os homens.[4]

É porque, nos termos de Harold Bloom, "continuamos a ser filhos da *Ilíada* enquanto nosso texto educativo fundamental"[5] que a literatura de guerra nos parece algo da esfera do familiar, quando, no contraste com outras culturas, é provável que se revele idiossioncrásica. Entenda-se bem, não quero dizer que a guerra não seja endêmica nas sociedades humanas, nem que não produza narrativas por todo o globo, apenas ressalto como são relativamente poucos os exemplos de literaturas inaugurais que a tomem como tematização, como acontece com os gregos. Na introdução da recente coletânea de estudos sobre guerra e poesia no Oriente Médio, o organizador, Hugh Kennedy, alerta de imediato o leitor que, nos textos analisados, compreenden-

3 Hipólito de Roma. *Refutação de todas as heresias*, 9, 9, 4: "e que o pai de todas as coisas geradas é um gerador ingênito, criatura e demiurgo, ouçamos o que diz aquele [Heráclito]: 'guerra de tudo é pai, de tudo, rei; e a uns mostra serem deuses, a outros, homens, a uns faz escravos, outros, livres'" (*ὅτι δέ ἐστιν ὁ πατὴρ πάντων τῶν γεγονότων γενητὸς ἀγένητος, κτίσις δημιουργός, ἐκείνου λέγοντος ἀκούομεν· "πόλεμος πάντων μὲν πατήρ ἐστι, πάντων δὲ βασιλεύς, καὶ τοὺς μὲν θεοὺς ἔδειξε, τοὺς δὲ ἀνθρώπους, τοὺς μὲν δούλους ἐποίησε,τοὺς δὲ ἐλευθέρους*). Cf. Fr. 53 Diels.

4 Cf. SCHÜLER. *Heráclito e seu (dis)curso*, p. 235: "Consideremos o conflito maior que a guerra. O mito já o tinha consagrado. Não contrapôs Hesíodo Céu e Terra em confronto hostil? Não lutam os deuses no alvorecer do universo? Não se hostilizam nações, famílias, irmãos? Bastaria a Heráclito o testemunho do mito para dizer o que disse. Não lhe faltou o apoio de outro mitógrafo, Homero, para universalizar o conflito. Lembramos não só o Homero das guerras, mas também o Homero das competições em honra do amigo heroicamente morto."

5 BLOOM. *Abaixo as verdades sagradas*, p. 48-49.

do sumérios, babilônios, hebreus, hititas, hurritas, egípcios e árabes, "há pouca celebração daquele 'prazer ébrio da batalha' com que o 'Ulisses' de Tennyson diz que se alegrava".[6] De fato, entre inscrições de monarcas, juramentos de soldados, memórias históricas e rituais, não há nada de semelhante à *Ilíada*, seja em extensão, seja por seus versos, seja no gosto em apresentar a guerra em curso, o combate corpo a corpo, que, segundo o *Ulisses* de Homero, é tão comum na batalha, quando "em confusão Ares enlouquece".[7] De minha parte, conheço de semelhante nas literaturas antigas tão somente a guerra narrada no *Mahabharata*, cujo modo como se conta tem semelhanças com o homérico, inclusive pelo gosto em descrever com precisão os embates, com a diferença de que se trata de um entrecho, mesmo que o mais importante do poema, enquadrado no quadro maior das inúmeras histórias que o compõem. Isso fica mais ressaltado pelo fato de que constitui a narrativa sobre os sucessos da luta ocorrida de dia que Sanjaya faz a cada noite ao rei cego Dhrtarashtra.[8]

A Guerra de Troia não foi única, nem entre os antigos nem entre os gregos, ganhando o estatuto "educativo fundamental" em vista, sem dúvida, do papel que os poemas homéricos assumiram, para o que deve ter contado a destreza com que foi neles poetizada. As Musas, outra especificidade grega enquanto deusas especializadas em ensinar cantos aos aedos,[9] são ao fim e ao cabo divindades bélicas, cuja menção no primeiro verso do poema plenamente se justifica – "A ira canta, deusa, do Pelida Aquiles" –, pois elas se aprazem preferentemente em saber e ter

6 KENNEDY. *Warfare and poetry in the Middle East*, p. xii.

7 HOMERO. *Odisseia* 11, v. 537. Todas as traduções dos poemas homéricos são de autoria de Christian Werner.

8 *Mahabharata* 6, 2 ss. O relato de Sanjaya é pontuado pela fórmula "Sanjaya uvaca", o que não deixa o leitor esquecer que se trata de uma narrativa enquadrada. Sobre as relações desse poema com os homéricos, ver BRANDÃO. Le mode narratif d'Homère et du *Mahabharata*.

9 WEST. *Indo-European poetry and myth*, p. 94.

presente tudo quanto diz respeito à guerra, conforme o que se declara também na abertura do catálogo dos navios:

> Dizei agora a mim, Musas que a olímpica morada tendes,
> pois vós sois deusas, presentes estais e tudo sabeis –
> enquanto nós a fama apenas ouvimos, nada sabemos –
> quem os chefes dos dânaos e seus condutores eram.
> A multidão eu próprio não diria nem nomearia
> nem se dez línguas e dez bocas eu tivesse,
> voz infrangível e brônzeo peito em mim houvesse,
> se as Olimpíades Musas, de Zeus portador da égide
> filhas, não lembrassem quantos a Tróia foram.[10]

A coalescência entre guerra e canto é afirmada também pelas próprias personagens dos poemas, como se ela, a guerra, fosse o acontecimento mais digno de ser cantado, tanto que Helena, a propósito do que lhe ocorreu e a Páris, reflete como a eles

> Zeus impôs triste destino, de modo a que também depois
> sejamos dignos de canto para os homens vindouros,[11]

O que Alcínoo corrobora, na *Odisseia*, refletindo assim sobre os sucessos que atingiram dânaos e troianos em Ílion:

> tudo os deuses tramaram, teceram a ruína
> aos homens, para que aos vindouros houvesse cantos.[12]

É certo que a "ruína dos homens" (*ólethron anthrópoisi*) constitui ocorrência capaz de provocar desconcerto e perplexidade, a guerra sendo um desses incidentes, mas não é único nem exclusivo. Para tomar em contraponto as culturas médio-orientais com as quais os gregos sempre estiveram em relação – baste lembrar, inclusive, que a Guerra de Troia acontece na

10 HOMERO. *Ilíada* 2, 488-487.

11 HOMERO. *Ilíada* 4, 357-358.

12 HOMERO. *Odisseia* 8, 579-580.

Ásia –, não se tem notícia de que entre hititas, persas, babilônios ou sumérios a guerra tenha sido pensada como a catástrofe paradigmática e, por isso, tematizada em poemas, menos ainda em poemas inaugurais e, por isso, educativos. No caso de babilônios e assírios, o que provoca a "ruína dos homens" (e poesia) não é a guerra, mas o dilúvio. Como observa Haubold, "a Guerra de Troia [...] é estruturalmente equivalente às narrativas do dilúvio nas literaturas da Mesopotâmia (e do Levante). Ambas são 'mitos de destruição' [...] que põem fim a uma fase antiga da história humana".[13] A correlação não só entre dilúvio e guerra, como também outros flagelos, é sublinhada no reproche que o deus Ea faz a Énlil, em parte do relato que Uta-napíshtim, o herói sobrevivente da catástrofe, faz a Gilgámesh:

> Tu, sábio dentre os deuses, guerreiro,
> Como é que não ponderaste e o dilúvio impuseste?
> Ao dono da falta imputa-lhe o erro,
> Ao dono da ofensa imputa-lhe a ofensa,
> Afrouxa, para que não se rompa, puxa, para que não se afrouxe!
>
> Em vez de impor o dilúvio,
> Um leão surgisse e o povo reduzisse;
> Em vez de impor o dilúvio,
> Um lobo surgisse e o povo reduzisse;
>
> Em vez de impor o dilúvio,
> Uma fome se erguesse e o povo matasse;
> Em vez de impor o dilúvio,
> Erra [o deus da guerra] surgisse e o povo matasse![14]

Observe-se como a razão do dilúvio está no excesso de população, o que aqui se encontra apenas referido, mas se expõe

13 HAUBOLD, *Greece and Mesopotamia*, p. 66-67.

14 SÎN-LEQI-UNNINNI. *Ele que o abismo viu*, 11, p. 183-195. Erra é deus relacionado com a peste e também com a guerra.

plenamente em *Quando os deuses eram homens* (conhecido comumente como *Atrahasis* ou poema do Supersábio).[15] É para controlar o número exagerado de homens que, com seu rumor, impedem o sono e o descanso dos deuses, que estes decidem enviar, primeiro, uma peste, em seguida, uma seca e, por fim, o dilúvio. Ainda que não haja referência a isso em Homero, é significativo que nos *Cantos cíprios*, poema do ciclo troiano que não conhecemos senão fragmentariamente, a razão da guerra seja dada nestes termos:

> Houve um tempo quando – milhares de raças sobre a terra vagando sem [cessar –
> de homens fervilhava a superfície do solo de profundo seio.
> Zeus, vendo-o, apiedou-se e nas firmes entranhas
> decidiu aliviar de homens a terra de tudo nutriz,
> insuflando o grande conflito da guerra iliádica,
> a fim de erradicar o peso com a morte. E os heróis
> em Troia foram mortos. E de Zeus cumpria-se o desígnio.[16]

O fragmento do poema, que deve ter sido escrito no século VII a. C., é citado no escólio ao quinto verso do primeiro canto da *Ilíada* ("de Zeus cumpria-se o desígnio"), o escoliasta acrescentando antes como "dizem que a Terra, oprimida pela multidão de homens e não havendo piedade na humanidade, pediu a Zeus que lhe aliviasse o fardo", ele então tendo provocado "a Guerra de Tebas, com a qual destruiu grande número de homens", e depois a de Troia, "sendo isso que Homero chama desígnio de Zeus".[17] Além portanto de ser a própria Terra a pedir uma solução para o que a afligia, ressalta o fato de a impiedade reinar entre os homens e serem duas as guerras que aniquilam

---

15 Cf. LAMBERT; MILLARD; CIVIL. *Atra-hasis*.

16 BERNABÉ. *Poetarum epicorum Graecorum testimonia et fragmenta*, fr. 1.

17 WEST. *Greek epic fragments from the seventh to the fifth century BC*, p. 80-83.

os heróis: a de Tebas e a de Troia. Isso coincide com o que afirma Hesíodo em *Os trabalhos e os dias*: à quarta raça de homens que existiu sobre a terra, imediatamente anterior à atual, a dos heróis, também chamados semideuses,

> destruíram-nos a guerra má e o combate medonho,
> uns, sob as muralhas de Tebas de sete portas, terra de Cadmo,
> quando lutavam pelos rebanhos de Édipo,
> outros, levando-os em naus sobre o grande abismo do mar,
> para Troia, por causa de Helena de coma adorável.[18]

Todos esses autores que conhecem e se referem às tradições sobre as guerras que dizimaram os heróis são, contudo, diferentes de Homero, porque não narram a guerra. Assim, ressalta de todo o caráter ímpar da *Ilíada*, enquanto poema inaugural e educativo (nosso e deles), cujos traços poderíamos resumir assim: antes de tudo, diferentemente de outras sagas heroicas, como as relativas a Héracles, a Gilgámesh ou Beowulf, trata-se de um poema que tem como personagem aquela multidão de cuja lembrança a Musa é garantia; em seguida, justamente por isso, o foco da narrativa são as cenas de combate, que se introduzem em sucessivos *crescendos*, tudo o que antecede levando à aristeia dos heróis – assim a de Diomedes, a de Pátroclo, a de Heitor e, finalmente, a de Aquiles; ainda ressalta o interesse do narrador por aqueles que não se definem como protagonistas, mas cujas ações fazem parte também da fama dos heróis (os *kléa andrôn*); finalmente, há o desenvolvimento de reflexões sobre a própria guerra enquanto palco grandioso de ações e calamidade maior para os humanos.

A técnica narrativa das cenas de batalha na *Ilíada* tem sido objeto de estudos, o mais detalhado sendo o de Bernard

18 HESÍODO. *Os trabalhos e os dias*, v. 161-165 (tradução de Alessandro Rolim de Moura).

Fenik, que identifica padrões, exaustivamente analisados.[19] Não é meu objetivo aqui me deter sobre o assunto, motivo por que tomo não mais que uma passagem significativa, a partir da qual alguns procedimentos podem ser exemplificados em termos de sua concatenação:

> Quando se entrechocaram em um único espaço,
> entrebateram-se os escudos, as lanças e os ímpetos
> dos varões couraça-brônzea; os escudos umbigados
> achegaram-se uns dos outros, e grande alarido se fez.
> Grito de dor e brado de triunfo partiam dos varões
> que matavam e morriam, e sangue corria na terra.
> Tal enxurradas que descem das montanhas no inverno
> e juntas lançam água ponderosa em um barranco,
> originada de grandes fontes nas cavas ravinas,
> e, longe nas montanhas, um pastor ouve o ressoar,
> assim era o grito e a pugna dos que se entrechocavam.
> Antíloco por primeiro pegou um varão troiano, combatente,
> notável na linha de frente, Equepolo, filho de Talísio.
> Atingiu-o primeiro na placa do elmo rabo-de-cavalo:
> perfurou sua testa, e a lança brônzea penetrou
> seu osso; negror encobriu seus olhos,
> e, feito torre, ele tombou na refrega brutal.
> Ao cair, pegou-o pelos pés o poderoso Elefenor,
> o Calcodôntida, animoso líder dos abantes
> e puxou-o para longe dos projéteis, ávido por rápido
> despi-lo de suas armas. Seu arranque durou pouco:
> ao puxar o cadáver, o animoso Agenor o viu
> e, as costelas que surgiram ao lado do escudo, ao se abaixar,
> furou com bronze polido, e Elefenor soltou seus membros.
> Assim a vida o deixou.[20]

19 FENIK. *Typical battle scenes in the Iliad*, livro publicado em 1968. Pode-se ver também os artigos: WILSON, "Battle scenes in the *Iliad*"; WEES, Hans van. "Kings in Combat: battles and heroes in the *Iliad*."

20 HOMERO. *Ilíada* 4, 446-470.

Os primeiros seis versos põem em cena a multidão de guerreiros que se enfrentam, ressaltando o embate de armas e o clangor da batalha. O sexto verso, com a referência ao sangue que corre na terra, dá o mote para o símile da enxurrada que desce das montanhas no inverno, concluindo não por essa referência inicialmente sugerida, mas com o som ouvido pelo pastor, o qual se equipara ao "grito e a pugna dos que se entrechocavam", o que termina por pôr em causa não só o ruído quanto o choque das águas e dos combatentes. Preparado assim pelo símile preciso, o foco desloca-se para indivíduos, passando de um a outro na amarração de uma cena contínua: o grego Antíloco atinge o troiano Equepolo, que, abatido, é puxado, a fim de salvar-lhe as armas, pelo abante Elefenor, o qual é morto pelo grego Agenor – e assim por diante. Se com relação à multidão os elementos destacados são de ordem geral, no caso dos combatentes enfocados individualmente ressaltam os detalhes: Antíloco atingiu Equepolo "primeiro na placa do elmo rabo-de-cavalo", de modo que "perfurou sua testa, e a lança brônzea penetrou seu osso", "negror encobriu seus olhos" e ele tombou "feito torre"; Elefenor, por sua vez, foi atingido nas costelas, que o "bronze polido" de Agenor furou, tão logo elas "surgiram ao lado do escudo", ao ele abaixar-se. Sem dúvida se trata de um modo narrativo extremamente detalhista e plástico, como desde a Antiguidade se entendeu ser próprio de Homero.

2

Talvez se possa dizer que um tema literário demonstra sua importância quando perfaz um percurso por diferentes gêneros, incluindo os cômicos e paródicos. No caso da guerra, isso é inteiramente válido na literatura grega, principalmente no que diz respeito aos dois ciclos já referidos: o de Tebas e o de Troia. Baste recordar como a tragédia ática se apropriou desses assuntos tratados antes pela epopeia, mesmo com as dificuldades impostas por representar cenas de ação violenta – em geral narradas –, sendo de destacar, contudo, soluções engenhosas, como em *Sete contra Tebas* de Ésquilo.

Sem desconhecer outros experimentos narrativos, como os da comédia – pense-se na *Lisístrata* de Aristófanes –, desejo concentrar-me no que se poderia dizer o ponto de chegada dos desdobramentos do tema da guerra, a paródia, enquanto contraparte da epopeia guerreira, de que se desdobra como um gênero parasitário. Tomo dois textos que guardam evidentes relações com a *Ilíada*: a *Batracomiomaquia* (*Guerra dos sapos e dos ratos*), atribuída a Homero, mas composta entre 500 e 350 a. C., a atribuição ao antigo poeta devendo-se justamente à percepção de que se trata de uma contraparte cômica de suas epopeias; e *Das narrativas verdadeiras* de Luciano, que já de início confessa ao leitor que "cada uma das coisas que relata alude não sem comicidade a alguns dos antigos poetas, historiadores e filósofos que muitas coisas prodigiosas e fabulosas escreveram", o seu "guia e mestre" sendo "o Odisseu de Homero" na "corte de Alcínoo" discorrendo sobre o último movimento do ciclo troiano, o seu próprio retorno.[21] Não pretendo examinar todos os aspectos das duas obras, mas somente o que nos ocupou de início como um diferencial da guerra homérica, as cenas de batalha.

A *Batracomiomaquia* é um poema breve, com 303 versos, o qual se abre, ao modo da epopeia, com a invocação das Musas e a apresentação do argumento:

---

21 LUCIANO. *Das narrativas verdadeiras* 1, 2-3 (tradução de Lúcia Sano). O caráter paródico do texto fica bem salientado na afirmativa do autor relativa aos "antigos poetas, historiadores e filósofos": "Eu mencionaria seus nomes, caso não fossem se tornar evidentes durante a leitura". Isto é, sem reconhecimento dos que parodia a obra perde pelo menos parte do efeito pretendido, visando a um leitor culto (*pepaideuménos*).

> Peço primeiro que o coro das Musas me venha do alto
> lá do Helicom até o meu coração e que eu possa cantar
> isto, que acabo de por nas tabuinhas sobre os meus joelhos
> – e peço a todos mortais que abram bem as orelhas –: a luta
> interminável – criação de Ares que arma o tumulto da guerra
> –
> como é que os ratos marcharam e se assinalaram no ataque
> que contra os sapos fizeram, os feitos buscando imitar
> dos que gigantes nasceram da terra, conforme se conta
> entre os mortais. Foi assim seu começo.[22]

O enredo conta como o rei dos ratos, tendo escapado de um gato, bebia água no charco, quando foi convidado por um sapo a subir-lhe às costas para conhecer o local. Durante o passeio, tendo surgido uma cobra, o sapo logo mergulhou, deixando que o rato se afogasse, o que se tornou a causa do conflito. Depois de se armarem,[23] os ratos enviam aos sapos o emissário com a declaração de guerra, e, preparados os dois lados, os deuses tendo decidido não intervir, mas apenas contemplar tudo do alto, começa a batalha. A descrição da luta evidentemente tem como modelo os embates iliádicos (o nomes próprios de ratos e sapos sendo comicamente transparentes, como transmite o tradutor):

> Naquele instante uns mosquitos, então, com imensas
> trombetas,
> anunciaram o estrépito do formidável combate;
> e trovejou Zeus do céu em sinal da batalha funesta.

22 HOMERO. *A guerra dos sapos e dos ratos (Batracomiomaquia)*. v. 1-8 (tradução de Gonçalo de Barros Carvalho e Mello Mourão).

23 HOMERO. *A guerra dos sapos e dos ratos (Batracomiomaquia)*. v. 123-131: “Isso dizendo, a eles todos convence a que se armem. Primeiro/ fixaram bem as perneiras, pedaços de vagens partidas/ que colocaram em volta das pernas; de noite eles mesmos/ tinham roído elas todas, com habilidade;/ e vestiram, feitas de pele de gato esfolado e montadas com junco,/ com semelhante destreza, as couraças; serviam de escudos/ almas placas centrais de cândis; e de lanças, agulhas finas de bronze e compridas, trabalho de Ares; e as cascas/ de grãos-de-bico partidas eram nas cabeças seus elmos.”

> Logo de início feriu Coaxaforte co'a lança a Lambehomens,
> que combatia na frente, cravando-lhe o fígado e o ventre
> lhe atravessando: caiu com o rosto no chão e cobriu-se
> sua macia pelugem de pó, ao cair com estrépito
> e retumbaram-lhe as armas em volta do corpo. Em seguida
> Moremburacos ataca Lodoso e lhe crava no peito
> a dura lança: caído, foi presa das trevas da morte
> e pela boca voando saiu sua alma.[24]

O leitor é capaz de perceber quanto essa guerra paródica é homérica, com as diferença devidas ao rebaixamento cômico, o que elimina, por exemplo, o uso de símiles visando à elevação dos feitos. O hipotexto homérico fornece o desenho da trama, pois há um dos sapos que se distingue na luta, "o divino Oregânico, êmulo de Ares", contra o qual a turba dos ratos investe, fazendo com que fosse "mergulhar, lá no fundo do charco".[25] Então vem a aristeia do rato Paparrestos, a quem o pai convoca e, então, a exemplo de Aquiles, ele se arma ("em duas partes partiu uma noz pelo meio e vestiu/ cada uma delas por uma das patas, feito uma armadura")[26], provocando a fuga dos inimigos com sua simples figura ("Rapidamente com medo saltaram os sapos no charco./ E com certeza teria cumprido ele ali seu propósito,/ pois muito grande era a força que tinha"). Zeus, contudo, determina uma reviravolta na ação, enviando caranguejos que, como aliados dos sapos, atacam os ratos, os quais tiveram "muito medo/ e não ficaram, deram meia-volta e fugiram". Assim, ao contrário dos dez anos despendidos em Troia e dos muitos cantos sobre a refrega, "terminou esta guerra de um dia". No movimento próprio da paródia, há tanto o que remete, por imitação, ao modelo, quanto o que, por contraste, dele se afasta, rebaixando-o.

---

24 HOMERO. *A guerra dos sapos e dos ratos (Batracomiomaquia)*. v. 202-208.

25 HOMERO. *A guerra dos sapos e dos ratos (Batracomiomaquia)*. v. 252-253.

26 HOMERO. *A guerra dos sapos e dos ratos (Batracomiomaquia)*. v. 259-260.

Pode-se dizer que as paródias homéricas de Luciano são mais difusas, uma vez que constituem encaixes em suas próprias histórias e não seguem de perto nenhum modelo. Considerando-se, contudo, que ele pratica uma poética em que as citações e alusões ao *corpus* da literatura que o precede têm uma função não acessória, mas fundamental, num dos exemplos mais acabados de uma literatura em segundo grau, a relevância que nisso tem Homero dá-se a perceber. O confronto que faz *Householder*, em livro publicado em 1941, entre Luciano e outros autores da era imperial, a saber, Ateneu, Demétrio, Díon Crisóstomo, Dionísio de Halicarnasso, Eliano, Júlio Pólux, Longino, Marco Aurélio, Máximo de Tiro, Pausânias, Plutarco, os *Rhetores Graeci* editados por Spengel, mais os escólios a Aristófanes, para os quais havia então levantamentos estatísticos, mostra como, as citações e alusões a Homero correspondendo, no conjunto dos autores, a 26% em média, no caso de Luciano chegam a 41% de tudo que ele cita – e o número médio de citações ou alusões ao poeta sendo de 213 nos outros autores, em Luciano atinge a cifra de 488 (apenas Plutarco apresenta mais citações e alusões a Homero que Luciano, 799).[27]

27 Nada há de surpreendente que Homero seja o autor mais citado ou aludido, o que distingue Luciano ficando claro: a média de remissões nos quatorze *corpora* sendo de 213, em Luciano encontramos 488 citações ou alusões (eliminados por Householder obras que ele considera espúrias), ou seja, mais que o dobro do que poderia ser tido como uma tendência geral. Plutarco exibe um número representativo, 799 referências, a única cifra mais elevada que a de Luciano, não se devendo esquecer que, mesmo que ambos tenham deixado uma obra vasta, a de Plutarco é muito mais extensa: a título de comparação, na edição da Loeb, os *Moralia* de Plutarco contam 15 volumes, mais 11 das *Vidas paralelas*, contra os 8 volumes de Luciano – em média, portanto, em Plutarco há 30 referências a Homero por volume, em Luciano essa cifra pulando para 61. De qualquer modo, caso se abatessem do total de 2986 citações e alusões a Homero nos quatorze autores as cifras desses de Luciano e Plutarco, restariam 1699 referências, o que daria uma média, para os doze autores restantes, de 144, Luciano citando os poemas homéricos quatro vezes mais que isso. Deixando a seara incerta das comparações externas, ou seja, confrontando Luciano consigo mesmo, ressalta, enfim, que 41% das remissões que ele faz sejam a Homero, o outro autor mais próximo, Platão, respondendo por apenas 6%.

A relação entre Luciano e Homero foi abordada extensamente por Odette Bouquiaux-Simon, em *Les lectures homériques de Lucien*. Para nosso propósito – a guerra paródica –, apresentarei alguns exemplos dos modos como Luciano lida com os poemas homéricos, salientando que, considerado o número de suas remissões, a *Ilíada* aparece como francamente favorita (com 373 referências contra 182 à *Odisseia*). É provável que o uso escolar daquele poema seja responsável por isso, as remissões que Luciano e outros escritores praticam não se devendo normalmente a consultas a fontes, mas decorrendo de um trabalho de memória que, ao mesmo tempo que preserva, torna a referência significativa para o contexto em que se faz, o que muitas vezes supõe trair a literalidade do texto citado. A importância da *Ilíada* poderia ser explicada por ser o primeiro contato que a criança tem, na escola do gramático, com a escrita, implicando ler e decorar os versos, o que termina por constituir um domínio letrado que é compartilhado pelo escritor e seus leitores. Luciano, aliás, testemunha essa importância fundamental do poema no epigrama 52:

> Certo médico mandou-me seu filho
> para comigo aprender gramática.
> Quando "a ira canta" e "sofrimentos mil causou"
> ele sabia, e o terceiro verso seguinte:
> "e muitas almas ilustres no Hades precipitou",
> não mais o enviou para comigo estudar.
> Vendo-me o pai: – Agradeço-te – disse ele –, meu companheiro!,
> mas o menino tudo isso aprender comigo pode,
> pois eu também muitas almas no Hades precipito
> e para isso nem preciso de um gramático.[28]

É por seu papel referencial, enquanto o "educador da Grécia", que Homero pode ser tratado por Luciano de modo satírico,

28 LUCIANO. *Biografia literária*, epigrama 52.

sem implicar em menosprezo. Em *Sonho ou o galo*, um diálogo cômico em que o sapateiro Mícilo conversa com seu galo, depois de o primeiro ficar sabendo que aquela ave falante é nada menos que uma das metempsicoses de Pitágoras, o qual anteriormente, em sua primeira encarnação, fora o guerreiro troiano Êuforbo, personagem da *Ilíada*, o qual antes de todos havia ferido Pátroclo, tem lugar o seguinte diálogo:

> Mícilo – Então das coisas em Ílion primeiro me fale: elas eram tais quais diz Homero terem sido?
> Galo – Donde ele as saberia, Mícilo, ele que, quando aquilo aconteceu, era um camelo em Bactra? Eu próprio isto lhe direi, desmesurado nada era então, nem Ájax assim grande, nem Helena, ela própria, assim bela como se julga, pois a vi, alguém branca e de pescoço comprido, como convém ser a filha de um cisne, e, no mais, velha, quase da idade de Hécuba [...].
> Mícilo – O quê? E Aquiles, era tal qual se diz, excelente em tudo, ou também isso é mito?
> Galo – Com ele não me confrontei, Mícilo, nem poderia algo de exato dizer a você sobre os aqueus: e como então, sendo eles inimigos? Seu companheiro, contudo, Pátroclo, não com dificuldade matei, atravessando-o com a lança.
> Galo – E, em seguida, a você atravessou, Menelau, muito mais facilmente.[29]

Se aqui a *Ilíada* se oferece ao riso e é corrigida a partir do testemunho de uma de suas personagens – o que constitui algo que ao mesmo tempo afirma comicamente sua veracidade, só para dizer que nela o poeta se engana, pois Êuforbo não nega que esteve em Troia e matou Pátroclo (não só o feriu, como se diz no poema, em que quem o mata é Heitor) – note-se que antes, no início do mesmo diálogo, a *Ilíada* fora usada como argu-

29 LUCIANO. *Sonho ou o galo* 17.

mento de autoridade, pois, ao duvidar Mícilo que seu galo pudesse falar, este retruca:

> Você me parece, Mícilo, ser totalmente inculto (*apaídeutos*), nem ter lido os poemas de Homero, nos quais o cavalo de Aquiles, Xanto, um grande adeus dizendo ao relinchar, parou no meio da guerra conversando, recitando versos inteiros, não como eu agora, sem metros – mas também profetizava ele, o futuro vaticinava e nada de extraordinário parecia fazer, nem o que o ouvia invocava o que liberta dos males [Héracles], considerando o que tinha ouvido ser abominável.[30]

Desconhecer a *Ilíada*, portanto, é próprio de alguém *apaídeutos*, ou seja, que não foi iniciado na *paideía*, mesmo que o que nela se aprende seja da esfera do fictício. Assim, *Das narrativas verdadeiras* supõem um leitor educado e cultivado (*pepaideuménos*), a fim de que as paródias das batalhas iliádicas façam sentido. São elas apresentadas em três momentos, sendo de destacar que este pode ser considerado o mais homérico dos textos luciânicos, uma vez que o velho poeta está em cena na Ilha dos Bem-Aventurados, onde se encontra com o narrador, que é ninguém menos que o próprio autor, Luciano, num exemplo pioneiro de autoficção.[31]

30 LUCIANO. *Sonho ou o galo* 2.

31 *Das narrativas verdadeiras* 2, 20: "Ainda não haviam decorrido dois ou três dias quando me dirigi ao poeta Homero, quando ambos estávamos sem fazer nada, e informei-me entre outras coisas de onde ele era, dizendo-lhe que isso entre nós é ainda agora o tema mais investigado. Declarou que ele próprio não ignorava que alguns julgavam que fosse de Quios, outros de Esmirna e muitos de Cólofon. Disse, entretanto, ser babilônio e que, junto aos seus concidadãos, não de Homero, mas de Tigranes era chamado, mas que mais tarde, tendo-se tornado refém (*hómeros*) dos gregos, trocou de nome. Ainda perguntei-lhe acerca dos versos espúrios, se por ele haviam sido escritos. Declarou que todos eram seus. Percebi então a grande tolice dos gramáticos seguidores de Zenódoto e Aristarco. Já que ele havia respondido de modo satisfatório a tais questões, perguntei-lhe por que havia feito da "ira"

O objeto da narrativa é uma viagem que ele, Luciano, faz com seus cinquenta companheiros até o fim do Oceano, movidos pela curiosidade de saber-se o que nele se encontra, bem como na Antiterra. Os episódios se sucedem, levando os nautas a locais bizarros, dentre os quais três se destacam, considerando o tempo de sua permanência neles: a lua, o interior de uma baleia e a referida Ilha dos Bem-aventurados. Ora, destaca-se também que em cada um deles haja ocorrência de uma guerra, como que a garantir que, num relato desse tipo – heroico-paródico –, se trata de um entrecho que não pode faltar.

No primeiro caso, os viajantes envolvem-se na guerra entre os selenitas, habitantes da lua, contra o heliotas, moradores do sol, cada qual com seus aliados, numa distorção de figuras gigantescas e espaços desmedidos. Depois de catalogar as forças aliadas do rei da lua, Endímion, o narrador descreve como se posicionaram no campo de batalha, o mesmo se fazendo com relação aos inimigos, aliados do rei do sol, Faetonte, abundando os seres extravagantes: cavalgabutres, asas-de-alface, infantaria de cerca de sessenta milhões de soldados, incluindo enormes aranhas, cada qual maior do que as ilhas Cíclades, etc.; bem como, do lado inimigo, cinquenta mil cavalgaformigas, de que alguns tinham até sessenta metros, aeromosquitos, também em torno de cinquenta mil, aerodançarinos, que lançavam com a funda rabanetes imensos, dez mil cogumetalos, hoplitas que usavam cogumelos como escudos e

---

o princípio e ele disse que daí havia partido sem nenhum propósito. Além disso, eu desejava saber se primeiro havia escrito a *Odisseia*, antes da *Ilíada*, como muitos dizem. Ele negou. Que nem cego era, algo que também dizem a seu respeito, eu soube imediatamente, pois o via, de tal forma que não tive necessidade de questionar. Com frequência fiz isso outras vezes, se acaso eu o visse sem fazer nada. Aproximando-me, interrogava-o e ele de bom grado respondia tudo, sobretudo depois do processo, já que o venceu – pois houve uma acusação de calúnia contra ele, feita por Tersites, por tê-lo ridicularizado em seu poema, da qual Homero foi absolvido, tendo Odisseu como seu advogado." (Tradução de Lúcia Sano).

talos de aspargo como lanças, etc.[32] Assim tem lugar a luta, que se descreve com relativa brevidade:

> Faetonte atacava com essa armada. Embatendo-se quando os sinais foram erguidos e os asnos de cada um dos lados zurraram – pois os utilizavam no lugar das trombetas –, começaram a lutar. A esquerda dos heliotas fugiu imediatamente, antes mesmo de cair nas mãos dos cavalgabutres, e nós corríamos atrás deles, matando-os. Mas a direita deles dominava nossa esquerda e os aeromosquitos, na perseguição, avançaram até a infantaria. Nesse momento, porém, começaram a fugir dos infantes que vinham em socorro, dispersando-se, sobretudo quando perceberam vencidos os da sua esquerda. Depois que a debandada se tornou evidente, muitos foram apanhados vivos, muitos outros saíam carregados e muito sangue fluía sobre as nuvens, de forma a tingirem-se e aparecerem vermelhas, como aparecem para nós quando o sol se põe. Muitas gotas caíam também sobre a terra, de forma que presumo que, algo desse tipo tendo ocorrido outrora nas alturas, Homero supôs que Zeus fez chover sangue por causa da morte de Sarpédon. Depois de retornar da perseguição, erguemos dois troféus: um, sobre as teias de aranha, pelo combate da infantaria; outro, pelo combate aéreo, sobre as nuvens. Assim que isso se passou, as sentinelas anunciaram que os nuvocentauros avançavam em nossa direção – aqueles que deveriam ter-se juntado a Faetonte antes do combate. Eles surgiram atacando, espetáculo o mais extraordinário, seres compostos de cavalos alados e de homens. O tamanho dos homens era tão grande quanto o do Colosso de Rodes da metade para cima, o dos cavalos tão grande quanto um grande navio mercante. Sua quantidade, entretanto, não anotei, para que não pareça incrível a alguém – tão numerosa era. Liderava-os o Sagitário do Zodíaco. Quando perceberam que seus amigos haviam sido vencidos, enviaram a Faetonte a

32 LUCIANO. *Das narrativas verdadeiras* 1, 15-16.

> mensagem de que atacavam novamente; ordenados, caíram sobre os confusos selenitas, desorganizadamente dispersos na perseguição e no espólio. Fizeram todos fugir, perseguiram o próprio rei até a cidade e mataram a maioria de suas aves. [...] Naquele mesmo dia, fomos conduzidos até o Sol, com as mãos amarradas para trás com um pedaço de teia de aranha.[33]

O efeito paródico de fundo tem como base a hipérbole, com a encenação de uma espécie de batalha cósmica, a qual não deixa de comprovar que "a guerra é pai de tudo", como se o conflito já grandioso de Homero fosse distorcido num espelho convexo – o hipotexto da *Batracomiomaquia* podendo também estar presente, o que parece estar sugerido pelo detalhe de que as trombetas sejam substituídas, naquele caso, pelo zumbido de mosquitos e, aqui, pelo zurro de burros. O que importa todavia é perceber como, mais que imitação, está em causa a emulação com o primeiro dos poetas da guerra, o conflito sideral mostrando-se mais avantajado, na mesma medida em que a morte de Sarpédon, mesmo sendo destacável, parece menor que as ocorridas agora.

Num procedimento contrário, a segunda guerra tem lugar no mundo fechado do interior da baleia. Esse animal sendo de uma dimensão fantástica (cerca de duzentos e setenta quilômetros), engole o navio do narrador Luciano e seus companheiros, os quais, uma vez no interior do monstro, descobrem que aí se encontra outro náufrago com seu filho, os cipriotas Cíntaro e Ciniras, engolidos vinte e sete anos antes, além de muitos outros habitantes bizarros: "os salmouros, raça dos que têm olhos de enguia e cara de lagosta, belicosa, audaz e comedora de carne crua"; "os tritãobodes, parecidos com homens na parte de cima, mas embaixo com peixes-espada"; "os mãos-de-caranguejo e os cabeças-de-atum, que mantêm aliança e amizade entre si"; "os

33 LUCIANO. *Das narrativas verdadeiras* 1, 17-18.

sirinos e os pés-de-linguado, raça belicosa e excelente corredora".[34] É em vista do caráter rude e difícil desses habitantes que Cíntaro e Luciano decidem pela guerra, a qual, contudo, diferentemente da anterior, tem como marca cifras e coisas diminutas: os inimigos não passam de mil e suas armas são apenas espinhas de peixes. Tendo então Cíntaro se recusado a pagar o tributo sempre cobrado pelos inimigos, isso se torna a causa da guerra:

> Logo eles enviaram uma embaixada, requisitando o tributo. Ele [Cíntaro] respondeu com desdém e expulsou os enviados. Primeiro, os pés-de-linguado e os sirinos, irritados com Cíntaro [...], atacaram com grande balbúrdia. Mas como suspeitávamos do ataque, esperávamos armados, depois de posicionar vinte e cinco homens à frente, numa emboscada, com ordem para que os que estavam na tocaia se erguessem e atacassem quando vissem que os inimigos haviam passado. E assim fizeram: ergueram-se e golpearam-nos por trás, enquanto nós, em número de vinte e cinco – pois Cíntaro e seu filho lutavam conosco –, marchávamos ao seu encontro e, no embate, com vigor e com coragem expúnhamo-nos ao perigo. Por fim, os perseguimos até suas tocas, depois de pô-los em fuga. Morreram cento e setenta dos inimigos e, dos nossos, um só, nosso capitão, trespassado nas costas por um salmonete. Passamos então aquele dia e também a noite no campo de batalha e nele erguemos um troféu, espetando a espinha seca de um golfinho. No dia seguinte, apareceram também os outros, depois que souberam o que havia acontecido: os salmouros ocupando a ala direita – Serrajão liderava-os –, os cabeças-de-atum, a esquerda, e, no centro, os mãos-de-caranguejo. Os tritãobodes permaneceram tranquilos, tendo preferido não se aliar nem a uns nem a outros. Fomos ao seu encontro e os enfrentamos perto do templo de Possêidon, enquanto a baleia ecoava o forte alarido como se fosse uma caverna. Eles debandaram, pois eram soldados ligeiros, e na perseguição fomos até a floresta. A partir daí nos tornamos senhores do território.[35]

34 LUCIANO. *Das narrativas verdadeiras* 1, 35.

35 LUCIANO. *Das narrativas verdadeiras* 1, 36-38.

A natureza diminuta dos combatentes e de suas armas, em que pese seu aspecto invulgar, sugere que a *Batracomiomaquia* possa ser um intermediário entre Luciano e Homero, o principal, contudo, na lógica do relato luciânico, sendo o contraponto com a guerra anterior. É como dizer que, em hipérbole ou o contrário, as guerras se contam em emulação com a primeira delas, a troiana, e com o primeiro de seus narradores, Homero.

Isso é confirmado de um modo surpreendente quando da terceira das guerras, a qual tem lugar quando os prisioneiros da Ilha dos Ímpios, onde pagavam suas penas, romperam as correntes que os prendiam e avançaram contra a Ilha dos Bem-aventurados:

> anunciou-se que os que eram punidos no País dos Ímpios haviam rompido as correntes e, tendo dominado a guarda, avançavam contra a Ilha [dos Bem-aventurados]. Lideravam-nos Faláris de Ácragas, Busíris do Egito, Diomedes da Trácia e aqueles seguidores de Círon e Pitiocampte. Quando Radamanto ouviu isso, posicionou os heróis na costa. Lideravam-nos Teseu, Aquiles e Ájax Telamônio,[36] que já havia voltado a si. Embatendo-se, lutaram e os heróis venceram, com Aquiles triunfando mais do que todos. Sócrates, posicionado à direita, também foi um dos melhores, muito mais do que, quando vivo, lutou em Délion, pois, quando quatro inimigos atacaram, não fugiu e sua expressão manteve-se inalterada. [...] Então, depois de prender os vencidos e de amarrá-los, enviaram-nos para ser ainda mais castigados. Homero escreveu também essa guerra e, quando parti, deu-me os livros para trazê-los para os homens daqui. Mas também eles, com tudo o mais, depois eu perdi. O princípio do poema era este: "Agora canta-me, Musa, a guerra dos heróis mortos".[37]

36 Em cena anterior, Ájax não convivia com os outros heróis, pois, tendo sido atacado da loucura que o levou ao suicídio, era tratado com heléboro.

37 LUCIANO. *Das narrativas verdadeiras* 2, 23-24.

Recapitulando os sucessos guerreiros, o que se destaca são os deslocamentos a que Luciano procede a partir do conflito iliádico, para fazer-se também narrador de guerras. De um lado está a desproporção para mais da primeira contenda, a que corresponde a segunda, distorcida para menos, ambas envolvendo personagens extravagantes e que, por isso, seriam talvez mais dignas de memória que as de Homero. Da terceira guerra participam os próprios heróis antigos, mesmo que já mergulhados na condição de mortos, os principais deles, Aquiles e Ájax, em consequência dos embates em Troia. Note-se, contudo, que não se trata apenas de uma reedição do velho conflito, pois nele têm parte personagens de outros contextos e outras épocas, como os tiranos que fogem da Ilha dos Ímpios e Sócrates, o que tem como resultado uma efetiva carnavalização do tema, confirmando-se tanto o papel basilar da primeira das guerras a ser cantada quanto o modo como, a partir dela, se abrem todas as possibilidades para contar-se todas as guerras pelo parâmetro da que foi primeira.

É isso que se afirma de modo contundente no fato de que Homero, mais uma vez, ocupou-se da nova guerra acontecida, iniciando a nova narrativa com um verso que parafraseia a abertura da Ilíada e da Odisseia, tal circunstância estando ressaltada pelo fato de que ele inicie por um "agora": *nyn dé moi éneppe, Moûsa, mákhen nekyon heróon*. Ora, porque a Ilíada principia com o verso *Mênin áeide, theá, Peleiádeo Akhilêos* ("A ira canta, deusa, do Pelida Aquiles"), era tradição afirmar que o poeta comprovara sua extrema habilidade ao fazer da "ira" a primeira palavra, definindo assim a matéria do canto. Nesse sentido – mesmo que aquela opinião tenha sido relativizada pelo próprio Homero, em conversa com Luciano –, começar dizendo "agora canta" implica ressaltar o "agora", garantindo que a cada nova guerra corresponderá novo canto, numa perpetuação da função homérica em termos não só do passado, mas em projeção para o futuro. Mais que apenas tomar os antigos poemas como modelo de todas as guerras – sejam as heroicas, sejam as vulgares –, essa última encenação do poeta o apresenta como o efetivo cantor de todas elas, até daquelas de que não se conserva mais que um verso – de mais um poema sintomaticamente perdido na viagem de alguém que pretende continuar e ampliar o percurso de Ulisses.

Em conclusão: se é verdade que, para os gregos, "a guerra é de tudo pai e de tudo rei", isso só se dirá em razão do caráter inaugural e educativo da *Ilíada*, tanto para eles quanto para nós.

Referências

BERNABÉ, Alberto. *Poetarum epicorum Graecorum testimonia et fragmenta*. Leipzig: Teubner, 1987.

BLOOM, Harold. *Abaixo as verdades sagradas*: a poesia e a crença desde a Bíblia até nossos dias. Trad. Alípio Correa de Franca Neto e Heitor Ferreira da Costa. São Paulo: Companhia das Letras, 1993.

BOUQUIAUX-SIMON, Odette. *Les lectures homériques de Lucien*. Bruxelas: Académie Royale de Belgique, 1968.

BRANDÃO, Jacyntho Lins. Le mode narratif d'Homère et du *Mahabharata*. In: CARRIÈRE, Jean-Claude *et al. Inde, Grèce ancienne:* regards croisés em anthropologie de l'espace. Besançon: Université de Besançon, 1995. p. 139-152.

FENIK, Bernard. *Typical battle scenes in the Iliad*: studies in narrative techniques of Homer battle description. Wiesbaden: Steiner, 1968.

HAUBOLD, Johannes. *Greece and Mesopotamia*: dialogues in literature. Cambridge: Cambridge University Press, 2013.

HESÍODO. *Os trabalhos e os dias*. Edição, trad. introdução e notas de Alessandro Rolim de Moura. Curitiba: Segesta, 2012.

HOMER, Pseudo-. *Der Froschmäuserkrieg*; PRODOMOS, Theodoros. *Der Katzenmäusekrieg*. Griechisch und Deutsch von Helmut Ahlborn. Darmstadt: Wissenschaftliche Buchgesellschat, 1978.

HOMERO. *A guerra dos sapos e dos ratos (Batracomiomaquia)*. Trad. Gonçalo de Barros Carvalho e Mello Mourão. Lisboa: Sítio do Livro, 2019.

HOMERO. *Ilíada*. Trad. Christian Werner. São Paulo: Ubu/SESI-SP, 2018.

HOMERO. *Odisseia*. Trad. Christian Werner. São Paulo: Cosac Naify, 2014.

HOMERUS. *Iliadis libros continens*. Recognoverunt brevique adnotatione critica instruxerunt David B. Monro et Thomas W. Allen. Oxford: Clarendoniana, 1949.

HOUSEHOLDER, Fred Walter. *Literary quotation and allusion in Lucian*. New York: King's crown press, 1941.

KENNEDY, Hugh. *Warfare and poetry in the Middle East*. London: I. B. Tauris, 2013.

LAMBERT, Wilfred G.; MILLARD, Alan R.; CIVIL, Miguel (eds.). *Atra-hasis*: The Babylonian story of the flood. Edited by W. G. Lambert and A. R. Millard, with the Sumerian flood story, edited by M. Civil. Winona Lake: Einsenbrauns, 1999.

LUCIANO. *Biografia literária*. Org. Jacyntho Lins Brandão. Trad. Pedro Ipiranga Júnior, *et al.* Belo Horizonte: Editora UFMG, 2015.

LUCIANO. Das narrativas verdadeiras. Trad. Lúcia Sano. In LUCIANO. *Biografia literária*. Org. Jacyntho Lins Brandão. Trad. Pedro Ipiranga Júnior, *et al.* Belo Horizonte: UFMG, 2015.

LUCIANUS. *Opera*. Recognovit brevique adnotatione critica instruxit M. D. Macleod. Oxford: Clarendoniana, 1989.

SCHÜLER, Donaldo. *Heráclito e seu (dis)curso*. Porto Alegre: L&PM, 2000.

SÎN-LEQI-UNNINNI. *Ele que o abismo viu*: epopeia de Gilgámesh. Trad. Jacyntho Lins Brandão. Belo Horizonte: Autêntica, 2017.

WEES, Hans van. Kings in combat: battles and heroes in the *Iliad*. *The Classical Quartely*, v. 38, n. 1, p. 1-24, 1988.

WEST, Martin L. *Greek epic fragments from the seventh to the fifth century BC*. Edited and translated by M. L. West. Cambridge: Harvard University Press, 2003.

WEST, Martin L. *Indo-European poetry and myth*. Oxford: University Press, 2007.

WILSON, Pearl Cleveland. Battle scenes in the Iliad. *The Classical Journal*, v. 47, n. 7, p. 269-274, 1952.

RÉQUIEM PARA UM IMPÉRIO:
Uma leitura de Marcha de Radetzky, DE JOSEPH ROTH[1]

Leonardo Francisco Soares

> Este império está condenado a desaparecer. Assim que o nosso Kaiser cerrar seus olhos, vamos quebrar em cem pedaços. Os Bálcãs vão se tornar mais poderosos do que nós. Cada um dos povos vai construir seu estadozinho encardido e até os judeus vão nomear um rei, na Palestina. [...]
>
> Um velho, já prometido para a morte, cuja vida é posta em risco por qualquer resfriado, ocupa o velho trono, simplesmente porque, por algum milagre, ainda é capaz de se sentar. Por quanto tempo ainda, por quanto tempo ainda? O tempo já não nos quer mais! Nosso tempo quer criar estados nacionais independentes! Ninguém mais acredita em Deus. A nova religião é o nacionalismo.
>
> *Joseph Roth, Marcha de Radetzky*

1 Um primeiro esboço desta pesquisa foi lido em setembro de 2018 no Colóquio Internacional – Europa Central Judaica, na Universidade de São Paulo. Em 2019, durante o Congresso Internacional da Abralic, na Universidade de Brasília, apresentei uma segunda versão do estudo, que hora apresento em estágio expandido.

Tomo as profecias da personagem do Conde de Chojnicki[2] como epígrafe, pois estas apontam para um dos vieses de leitura mais explorados pelos comentadores do ambicioso e bem sucedido romance de Joseph Roth, *Marcha de Radetzky* (1932). Tal recorte de leitura pode ser sintetizado na frase: *narrar a morte de um mundo*, no caso o Império Austro-Húngaro. A narrativa é lida como um hino, uma elegia, uma crônica nostálgica do perecimento do Império, o declínio da monarquia dual apresentado no romance, significando o acaso de um mundo, de um imaginário. Este meu comentário sobre o livro compartilha esse viés, ao mesmo tempo em que dá a ver algumas arestas e tensões dessa perspectiva.

O desmembramento do antigo império e o redesenho do mapa da Europa Oriental para criar novas pátrias baseadas na etnicidade – como adverte J.M. Coetzee[3] – funcionaram, principalmente, em detrimento dos judeus, uma vez que não havia território que eles pudessem apontar como ancestralmente seus. Nesse sentido, mais do que épico (grandioso), impressão quiçá provocada pelos “acordes” do seu título, o tom de *Marcha de Radetzky* é de um réquiem, nas palavras de André Nigri,

> [...] o tom de um longo réquiem acompanha as mais de 300 páginas de *Marcha de Radetzky*. Mas não há qualquer complacência com os defeitos das engrenagens do império. A desagregação está em toda a parte. A primeira vez em que se ouve a marcha militar do título, em uma praça, ela está coberta de emoção e solenidade cívica; na vez seguinte, ela é ouvida em um bordel frequentado por oficiais.[4]

2 Em uma análise do romance *Marcha de Radetzky*, com recorte teórico da mitocrítica, Igor Flatti irá definir a personagem do conde como uma “Cassandre habsbourgeoise”. Cf. FLATTI. Le mythe habsbourgeois, contours et précisions: une lecture mythocritique à travers Joseph Roth et la saga des Trotta, p. 117.

3 Cf. COETZEE. *Mecanismos internos:* ensaios sobre literatura (2000-2005), p. 106-121.

4 NIGRI. Um réquiem para a Europa – Joseph Roth testemunha a agonia de um império, disponível em: https://www.obeltrano.com.br/portfolio/um-re-

A *Radetzkymarsch*,[5] marcha militar de Johann Strauss I, dito o "Pai", que dá título ao romance, composta em honra ao marechal-de-campo austríaco Joseph Radetzky von Radetz (1766-1858), executada a primeira vez em 1848 e desde então tomada como um símbolo da monarquia de Habsburgo, redunda, conforme eu irei demonstrar nas próximas páginas, em marcha fúnebre. É importante salientar, desde já, que, durante a Primeira Guerra Mundial, em especial em seu início, a peça *Radetzkymarsch* foi utilizada para fomentar os sentimentos patrióticos dos combatentes que defendiam o Império dos Habsburgo.[6]

O romance, publicado em 1932, mobiliza mais de cinquenta anos da história do Império Austro-Húngaro, tendo como molduras duas datas e dois fatos históricos: 1859, o ano da Batalha de Solferino em que o Império é derrotado pelas tropas sardo-piemontesas, e 1916, o ano da morte do *Kaiser* Francisco José, no limiar da Grande Guerra. Apesar desse arco temporal extenso, com exceção dessas duas datas, não se tem uma cronologia objetiva e detalhada dos fatos que marcaram a Monarquia dual nesses cinquenta e sete anos. A história, na verdade, é fortemente internalizada na experiência das personagens. Joseph Roth conduz o leitor por esse itinerário decisivo da história da Europa Central, através da trajetória de três gerações de uma família – os Trotta[7] – de leais servidores da coroa, oriunda dos confins

---

quiem-para-a-europa-joseph-roth-testemunha-a-agonia-de-um-imperio ; Acesso em: 13 jul. 2019.

5 Com vistas a evitar ambiguidades, ao longo deste capítulo, irei me referir à peça musical pelo título em alemão (*Radetzkymarsch*), e ao romance na sua tradução para o português (*Marcha de Radetzky*).

6 Sobre a famosa composição de Johann Strauss e sua recepção antes e depois da Primeira Guerra Mundial, cf. LANG. The Regime's 'Musical Weapon' Transformed: The Reception of Johann Strauss Sr's Radetzky March Before and After the First World War, p. 243-269.

7 Assim como *Marcha de Radetzky* (1932), o romance *A cripta dos capuchinhos* (1938), escrito no exílio e publicado um ano antes da morte de Roth, também é uma crônica fictícia na qual o escritor narra o declínio da monarquia austro-húngara através

do império, na Eslovênia. Como adverte o crítico James Wood: "a beleza formal do romance flui de sua corrente dinástica, que irriga a própria estrutura do livro".[8] Roth retrata os três personagens principais – o capitão Joseph Trotta von Sipolje (o pai); o comissário distrital Franz Joseph Trotta von Sipolje (o filho) e o tenente Carl Joseph Trotta von Sipolje (o neto) –, enobrecidos pelo próprio imperador e ao mesmo tempo vítimas do incidente que deu origem ao seu título hereditário e à sua mediocridade. A narrativa – dividida em três partes – começa com o então jovem tenente de infantaria Joseph Trotta – feito senhor da corte depois da famosa batalha de Solferino, travada na Itália em 1859. Essa personagem domina o resto do romance, mas sua presença, propriamente dita, dentro da fabulação é realmente muito breve, embora o seu espectro, a sua efígie reverbere ao longo de toda a trama romanesca. Nesse sentido, irei contornar aqui, em especial, os episódios que marcam esta personagem.

Antes, porém, volto à expressão "morte de um mundo", trazida no primeiro parágrafo deste capítulo. Ela é polissêmica. Aponta para diferentes camadas de sentido. Primeiro, um sentido objetivo e universalizante: o fim de uma classe, de um regime político ou, mais amplamente, de uma era, associada a um conjunto de valores ou fatos da cultura no tempo e no ambiente descritos. Um sentido subjetivo: o fim de um mundo em que as personagens, o narrador e, é claro, o próprio autor possam ter vivido, da ordem da morte de uma experiência. Por úl-

---

da saga de um ramo "colateral" da família Trotta durante a Primeira Guerra Mundial e o período do pós-guerra. Para uma análise conjunta dos romances, cf. MĂNDOIU. Fama ily, Empire, and Nation in Two Novels by Joseph Roth, p. 23-83; VILELA. Frustração e nostalgia em dois romances de Joseph Roth, Disponível em: https://www.revistas.uneb.br/index.php/babel/article/view/6288 ; Acesso em 18 out. 2021.

8 "The novel's formal beauty flows from its dynastic current, which irrigates the very structure of the book" (Tradução minha). (WOOD. Empire of Signs, Disponível em: https://www.lrb.co.uk/the-paper/v21/n05/james-wood/empire-of-signs ; Acesso em 26 out. 2018)

timo, "narrar a morte de um mundo" quer significar também o fim do romance, ou melhor, de uma forma de narrar no contexto da modernidade e das vanguardas.[9] Ao contrário de outros romancistas centro-europeus seus contemporâneos – Robert Musil, Hermann Broch, Jaraslov Hašek, Franz Kafka –, que perceberam, tocaram e apreenderam "os *paradoxos terminais* dos tempos modernos",[10] Joseph Roth olha para a forma romanesca como utopia de um mundo que não conhece o esquecimento.[11] Na pista de Georg Lukács: "[...] o positivo, a afirmação expressa pela forma romance, para além de todo desalento e tristeza de seus conteúdos, não é apenas o sentido a raiar ao longe, que clareia em pálido brilho por trás da busca frustrada, mas a plenitude da vida que se revela, precisamente, na múltipla inutilidade da busca e da luta".[12]

Judeu do Leste, escritor austríaco de expressão alemã, Roth nasce em Brody, em 1894, nas bordas do Império Habsburgo, na Galícia Oriental, que hoje faz parte da Ucrânia. No século XIX, tal região, nas palavras de Luis Krausz,[13] se configurava como "uma espécie de enclave polonês e ucraniano dentro do território multiétnico, multirreligioso e multilinguístico dos Habsburgo, um território que foi conquistado no século XVIII, e considerado, em Viena, como um lugar distante, primitivo, estranho".[14] Pertinaz cultor da língua e literatura alemã, Roth começou a estudar filosofia e lite-

9 Há ressonâncias da obra romanesca de Joseph Roth com o pensamento de Georg Lukács (*A teoria do romance*) sobre o romance, em especial a noção de totalidade. Cf. PESNEL. *Totalité et fragmentarité dans l'œuvre romanesque de Joseph Roth.*

10 KUNDERA. *A arte do romance,* p. 16.

11 Cf. KUNDERA. *A cortina*, p. 139-141.

12 LUKÁCS. *A teoria do romance,* p. 130

13 Luis S. Krausz, além de importante pesquisador da obra de Roth, é o responsável pela mais recente tradução do romance *Marcha de Radetzky* para o português, publicada em 2014 pela editora Mundaréu, e que é utilizada neste estudo.

14 KRAUSZ. *Exílio entre o Shtetl e o crepúsculo*: Joseph Roth e o judaísmo no fin-de-siècle austríaco, p. 16.

ratura na Universidade de Viena, mas teve que abandonar os estudos, ao alistar-se como voluntário para servir o exército austríaco na Grande Guerra, no ano de 1916. Com o fim do conflito, em 1918, irá trabalhar como jornalista nas cidades de Viena, Berlim, Frankfurt e Paris, onde se exilou em razão da tomada do poder pelos nazistas na Alemanha, em 1933. Pouco antes do início da Segunda Guerra Mundial, em 27 de maio de 1939, o escritor falece no Hospital Necker, para onde foi levado como indigente, após sofrer um colapso em frente ao Café Tournon, aparentemente, depois de receber a notícia do suicídio do escritor alemão Ernst Toller, também de ascendência judaica, então, exilado em Nova Iorque. Tinha 44 anos.[15] Como fica evidente nesse breve sumário, a vida do autor será atravessada pela experiência das guerras mundiais: a Grande, que presenciou; a Segunda, que pressentiu. Sua trajetória também, de certa maneira, permite o alinhamento com as interpretações das duas guerras como um longo conflito de "longa duração", como único processo: "uma única guerra que se desenvolveu a partir de 1914 entre os mesmos contendores, e no final das contas com o mesmo tipo de alinhamento, e foi levada adiante, com um parêntese de quase vinte anos – mas não um parêntese completo –, até 1945 [...]"[16]

Tanto nos escritos jornalísticos quanto na produção ficcional de Joseph Roth, tem-se o encontro, a fricção entre a tradição imperial da "Monarquia Danubiana" e a herança da tradição judaica, tão forte em certos territórios da Europa Centro-Oriental. O vínculo de Joseph Roth com o imaginário do Império Austrohúngaro é um recurso fundamental na construção de seu universo ficcional.

É importante lembrar que a conformação da Europa Centro-Oriental, ao contrário do "Estado-nação moderno", que se

15 As informações biográficas de Joseph Roth foram consultadas principalmente em: KRAUSZ. *Rituais crepusculares:* Joseph Roth e a nostalgia austro-judaica; COETZEE. *Mecanismos internos: ensaios sobre literatura* (2000-2005).

16 CANFORA. *1914*, p. 30-31.

afirmara a partir do pressuposto da homogeneidade linguística e cultural organizada em torno de valores ditos universais, seculares e individualistas liberais, é culturalmente heterogênea. Objeto da conquista, dominação e influência de três diferentes impérios – Otomano, Austro-húngaro e Soviético, para ficar nos últimos 500 anos –, a região sempre foi, de formas distintas, multiétnica e multicultural. No caso da Áustria-Hungria, este era um império multinacional que ocupava a maior parte da Europa Central, com capital em Viena e governado pela dinastia Habsburgo, de origem alemã, tendo como imperador ou *Kaiser* Francisco José, que governará de 1848 até a sua morte em 1916.

Por se constituir a partir de dois Estados semi-independentes – a Áustria e a Hungria – unidos por uma mesma monarquia, forças armadas, política externa e finanças (moeda e tarifas), o Império era também conhecido como Monarquia Dual. Em seus derradeiros anos, além da Áustria e da Hungria, o Império Habsburgo incluía também outros 5 países europeus atualmente independentes: a República Tcheca (Boêmia e Moravia), a Eslováquia, a Eslovênia, a Croácia e a Bósnia-Herzegovina. O império englobava ainda territórios que hoje pertencem a outros 5 países: a Bucovina (da Ucrânia e Romênia), a Galícia (da Polônia e Ucrânia), a Transilvânia (da Romênia), o Trentino (da Itália) e a Vojvodina (da Sérvia). Em 1910, a Áustria-Hungria possuía uma população de aproximadamente 51 milhões de habitantes, com mais de 10 nacionalidades diferentes, destacando-se os alemães (24 %), os húngaros ou magiares (20%) e os eslavos (47%).

Joseph Roth expõe em seus escritos, ficcionais e jornalísticos, "as contradições desse mundo desaparecido ao qual ele permaneceria apegado por toda sua vida, numa espécie de arqueologia ideológica que vai buscar as causas da falência daquele universo em seus próprios vícios".[17] Ao contrário do que ocorre em suas últimas narrativas, pertencentes à chamada fase ultraconservadora do autor,[18] quando beira a apologia dos Habsburgo, em *Marcha de Radetzky*, Roth volta o seu olhar agudo para o domínio de suas idealizações, conseguindo equilibrar-se entre a idealização retrospectiva e a análise crítica, ou, para dizer com Eric Hobsbawm, entre a nostalgia e uma certa alcóolica ironia.[19]

Conforme já salientado, o romance de Roth toma de empréstimo o título da marcha composta por Johann Strauss I em 1848, considerada um símbolo da monarquia dos Habsburgo. Ao mesmo tempo, na fabulação do romance, esse título guarda uma dobra: a ascensão e queda da dinastia dos Trotta, conferida pelo Imperador, e o esplendor e a miséria do próprio império, como o estado agônico de um mundo. E é o que eu vou tentar demonstrar a partir de agora, focalizando em especial a primeira parte do romance.

A narrativa inicia-se com a informação sobre o caráter hodierno da dinastia dos Trotta. Em poucas linhas, o leitor é jogado no meio da Batalha de Solferino, em 1859. Longe de ser por um lance heroico de potência militar,[20] Joseph Trotta, por mero acaso, de modo fortuito, salva a vida do então jovem Imperador Francisco José. Graças a isso, ascende a capitão, é nomeado, poucos anos depois, barão e passa a se chamar Joseph von Trotta von Sipolje, em alusão à aldeia eslovena onde nascera. De certa maneira, o destino da jovem dinastia dos Trotta fica-

17 KRAUSZ. *Rituais crepusculares*: Joseph Roth e a nostalgia austro-judaica, p.17.

18 COETZEE. *Mecanismos internos:* ensaios sobre literatura (2000-2005), p. 116.

19 HOBSBAWM. *Tempos fraturados*, p. 109-120.

20 É importante lembrar que o Império austro-húngaro perdeu a Batalha de Solferino, sendo marcante dentro do romance o fato de tal derrota ser escamoteada, o que evidencia a incapacidade das personagens em reconhecer e admitir os fracassos do Império.

rá atrelado ao *Kaiser* e ao Império, como uma espécie de condenação, de pena, de sina. A promoção da qual Joseph Trotta é objeto significará, de fato, uma fissura, que o separa de suas raízes camponesas eslovenas e cria uma lacuna intransponível entre ele e seus próprios ancestrais:

> Como se sua própria vida tivesse sido trocada por outra vida, por uma vida nova, desconhecida, que acabava de sair de uma oficina, ele repetia para si mesmo, todas as noites, antes de dormir, e todas as manhãs, logo ao acordar, os nomes de seus títulos. Punha-se na frente do espelho, só para ter certeza de que seu rosto ainda era o mesmo de antes, e proferia aqueles nomes. Perdido entre a desajeitada intimidade com a qual os antigos camaradas tentavam contornar a distância que um destino incompreensível estabelecera entre eles, e seus próprios esforços malogrados para colocar-se diante de todos com a mesma naturalidade de antigamente, o nobre capitão Trotta parecia incapaz de encontrar algum equilíbrio. Era como se, doravante, ele estivesse condenado a caminhar, sempre, sobre um solo escorregadio, calçando botas que não se ajustavam bem aos seus pés [...][21]

Nesse sentido, uma das questões mais simbólicas da experiência de Joseph Roth, a relação com o pai, que desapareceu, durante sua infância, ganha contornos profundos no romance *Marcha de Radetzky*, que pode ser lido como uma longa carta ao pai, composta de tentativas falhadas das personagens Joseph e, depois seu neto, Carl Joseph Trotta em se comunicarem com os seus pais. Em um estudo sobre outro romance do autor, *Zipper und sein Vater* [Ziper e seu pai], de 1928, Josef Christian Aigner[22] destaca que a relação pai e filho, pedra angular da pesquisa psicanalítica, ecoa de modo privilegiado na literatura

21 ROTH. *Marcha de Radetzky*, p. 18.

22 AIGNER. "...certa ternura pelo velho Zipper!" – Insatisfeito anseio pelo pai e fracasso do filho em Zipper e seu pai, romance de Joseph Roth, p. 22-33.

de Roth, a partir do paralelo entre as personagens de sua ficção, a figura "paternal" do imperador Francisco José[23] e sua experiência pessoal.

Por exemplo, logo após ser condecorado, ainda nas primeiras páginas do romance, Joseph Trotta visita seu pai, que fora suboficial da intendência e, mais tarde, sargento em uma região fronteiriça – as fronteiras, sempre elas bordejando o romance, em especial aquelas mais orientais – no sul do Império, mas que, desde que perdera a visão de um olho ao defrontar contrabandistas bósnios, vivia como inválido de guerra, cuidando dos jardins de Laxenburg. Antes, inutilmente, Trotta tentara escrever ao velho pai uma das sempre idênticas "cartas simples"[24] que, como num rito, duas vezes por mês, ele escrevia, mas não conseguiu ir além da saudação "Caro Pai!"

Por sua vez, durante a visita, o velho pai esloveno dirige-se ao filho "naquele alemão duro dos eslavos que tinham sido convocados para o exército",[25] em respeito ao título tão elevado, ao *status* de um oficial de Habsburgo, e não em sua língua original como o jovem esperava: "o capitão olhava com atenção para os lábios do pai e ansiava pela primeira sílaba eslovena como quem anseia por algo conhecido e distante, por algo familiar e perdido".[26] Utilizando essa cena como exemplo, Eric Hobsbawm, em *Nações e Nacionalismos desde 1780*, complementa:

23 O etnopsicanalista Mario Erdheim descreve o significado da figura do Imperador do seguinte modo: "Franz Joseph não foi somente o guerreiro, mas também o pai poderoso, que através do 'amor do pai da pátria' proporcionava ao povo seu 'cuidado absoluto' e, depois de ter verificado e considerado tudo, com a consciência limpa fazia seu dever e clamava pelos mais difíceis sacrifícios em nome da honra, grandeza e poder da pátria. Ter um pai assim deve ter enchido os filhos de orgulho, devem ter se esforçado a ser como ele, o que também significava ver as coisas com seus olhos." (*apud.* AIGNER. "...certa ternura pelo velho Zipper!" – Insatisfeito anseio pelo pai e fracasso do filho em Zipper e seu pai, romance de Joseph Roth, p. 31).

24 ROTH. *Marcha de Radetzky*, p. 19.

25 ROTH. *Marcha de Radetzky*, p. 21.

26 ROTH. *Marcha de Radetzky*, p. 22.

> De fato, a identificação mística de uma nacionalidade com uma espécie de ideia platônica de língua, existindo atrás e acima de todas as suas variantes e versões imperfeitas, é muito mais uma criação ideológica de intelectuais nacionalistas [...] do que uma característica dos reais praticantes comuns do idioma. É um conceito erudito e não vivido. Isso não significa negar que as línguas, ou mesmo as famílias linguísticas não sejam parte da realidade popular. [...] Contudo, sempre foi evidente para todo mundo que a língua e o povo (qualquer que seja o modo como foram definidos) não coincidem.[27]

Ainda, dentro do que Hobsbawm e Terence Ranger[28] denominaram "a invenção das tradições", um pouco mais à frente no romance, Joseph von Trotta rebela-se contra a reconstituição histórica gloriosa do episódio da Batalha de Solferino que faz dele "o herói de Solferino", presente na cartilha escolar do filho. Colore-se de heroísmo uma batalha perdida, romanceia-se a proeza fortuita com pormenores inventados, sinalizando a decadência que se espalha. O narrador refere-se a Joseph, nessa altura do romance, como "o cavaleiro da verdade", porque ele procura apagar das cartilhas escolares a versão heroica, glorificada de seu feito inopinado, porém esse propósito restará como um segredo apenas compartilhado pela voz narrativa com o leitor – inclusive a audiência que Joseph tem o próprio *Kaiser* só é compartilhada conosco –, enquanto seus descendentes, em especial o neto, Carl Joseph Trotta von Sipolje carrega o fardo de reproduzir um modelo heroico que, na realidade, não existiu, um modelo heroico amplamente rejeitado por seu avô, porque se baseou em um erro, ou mais especificamente em uma farsa.

No episódio vivenciado por Joseph Trotta, o jovem *Kaiser* aparece acompanhado de dois oficiais do comando supremo no campo de batalha, em plena contenda. Um deles lhe empresta o

27 HOBSBAWM. *Nações e nacionalismos desde 1780*, p.74.

28 Cf. HOBSWAWM; RANGER. *A invenção das tradições*.

binóculo e o Imperador está prestes a colocá-lo no rosto, quando intervém o tenente Trotta, que sabia o que esse gesto poderia significar: "Quem levantasse um binóculo, estaria enviando um sinal para essa retaguarda, e mostrando um alvo possível, que valia a pena atingir".[29] O terror diante do inconcebível, de uma catástrofe imensurável – a morte do *Kaiser*, prenúncio do fim do Império; a morte do pai, dilaceramento da história familiar – leva o tenente a agarrar os ombros do monarca, forçando-o a abaixar-se. Com a força utilizada por Trotta, Francisco José cai na lama e um tiro perfura o ombro esquerdo do tenente. Na versão falseada, que aparece nas cartilhas escolares, Francisco José encontra-se em um cavalo, descrito em tons épicos como um grande guerreiro, lutando sozinho contra os inimigos, enquanto Joseph Trotta surge, de repente, como um corajoso tenente de cavalaria, sobre um cavalo coberto de suor – logo ele, que pertencia ao corpo de infantaria –, em socorro do monarca. O "herói de Solferino" abate parte dos cavaleiros inimigos com sua espada, até que é ferido por uma lança.

Incomodado com a manipulação da história, com a maquiagem sob a qual o episódio de Solferino foi apresentado, o cavaleiro da verdade empreende uma escalada pelos canais do Império. Primeiro, uma queixa ao seu superior imediato, depois, o Ministério da Guerra, que encaminha a questão para o Ministério da Educação e da Cultura. Diante das respostas que justificam o tom heroico utilizado em prol de inculcar "a fantasia e os sentimentos patrióticos" nas novas gerações, Joseph Trotta solicita uma audiência com Sua Majestade. Após a audiência, em que Francisco José se mostra de certa maneira conivente com aversão adulterada da história – "Mas o mundo está cheio de mentiras",[30] indaga o imperador –, o Cavaleiro da Verdade teve que aceitar que, ao contrário do que pensara até então, seu Im-

29 ROTH. *Marcha de Radetzky*, p. 16.
30 ROTH. *Marcha de Radetzky*, p. 28.

perador não coadunava com a figura pública a quem ele, como milhões de súditos do Império, venerava e obedecia com uma inocência quase feudal. Essa cisão da figura do monarca reverbera no próprio Joseph Trotta, que, em seguida, pede para ser dispensado do exército, sendo reformado com o título de major, e muda-se para a Boêmia, passando a viver na pequena propriedade rural do sogro. Porém a graça (ou seria a pena?) Imperial não o abandona, entre outras coisas, ele é contemplado com o título de barão. Ainda seguindo os desígnios do Kaiser, o texto a respeito de Solferino desapareceu das cartilhas escolares – compreende-se aqui o sentido da afirmação que fecha o primeiro parágrafo do romance: "Ele [Joseph Trotta], porém, fez sua lembrança ser apagada nas gerações posteriores".[31] O nome Trotta passa existir apenas nos anônimos anais do regimento, sendo à revelia do "herói de Solferino" que sua lenda se espalha e, depois de sua morte, o epíteto é gravado em seu túmulo

Na propriedade do sogro, Joseph Trotta se reaproxima de suas raízes camponesas, cuidando dos jardins tal como o pai nos arredores do castelo de Laxenburg. Inclusive a própria linguagem do texto repete a mesma dicção com que descrevera os movimentos do velho invalido de guerra no início do romance. Nas palavras do narrador, ele se tornou um pequeno camponês esloveno e volta a escrever para o pai, como o fazia antes da batalha de Solferino:

> Ele era um pequeno e velho camponês esloveno, o barão Trotta. Duas vezes por mês, tarde da noite, junto a uma vela bruxuleante ele continuava a escrever as cartas ao pai, em folhas pequenas, a quatro dedos de distância da borda lateral, ia a saudação "Caro Pai!" Só muito raramente recebia uma resposta. [...] Agora, ele se sentia outra vez mais próximo do inválido do castelo de Laxenburg do que naquela noite, anos atrás, quando, ainda envolvido pelo bri-

31 ROTH. *Marcha de Radetzky*, p. 15.

> lho recente de seu recém-adquirido título de nobreza, ele se sentara na cozinha pintada de azul do pequeno apartamento funcional para comer e para beber *Rakja*.[32]

O barão Joseph von Trotta proibirá o filho, Franz Joseph, sem que este saiba o motivo, de entrar no exército. O curso trivial dos acontecimentos em sua vida será quebrado apenas quando esse filho, então, estudante em Viena, traz um amigo para passar uma temporada na Boêmia, e este amigo pinta o primeiro e único retrato de Trotta:

> Só então foi capaz de conhecer seu rosto, e às vezes conversava, silenciosamente, com aquele rosto, que despertava nele pensamentos desconhecidos, lembranças, sombras incompreensíveis e fugidias de melancolia. Fora preciso aquele retrato para que ele se desse conta da sua velhice precoce e da sua solidão que, vindas da tela, se derramavam sobre ele – sua solidão e sua velhice.[33]

O que o discurso da história não conseguiu lhe devolver, a verdade – "Não sou capaz de mentir"[34] –, ele encontra na pintura de si, retratada de memória pelo jovem pintor. Esse exercício de pintura do quadro aponta para um elemento fulcral dentro do romance: o papel da memória e a problemática de sua transmissão. É tácita uma poética da memória em ação no interior dos romances de Joseph Roth e, em especial, na *Marcha de Radetzky*. Como bem salienta Stéphane Pesnel, pesquisador de literatura alemã e austríaca e grande comentador da obra de Roth, devemos compreender essa "poética da memória"[35] em um sentido triplo: pri-

32 ROTH. *Marcha de Radetzky*, p. 29-30.

33 ROTH. *Marcha de Radetzky*, p. 34,

34 ROTH. *Marcha de Radetzky*, p. 28.

35 "Poétique de la mémoire" (tradução minha). (PESNEL. Une fragile recréaa tion. Les espaces multiculturels dans l'oeuvre romanesque de Joseph Roth, p.89-106).

meiro, a escrita do romance procede em parte de uma memória biográfica, afetiva, pessoal que fornece, carregada de elementos de filtragem – tais como: distorção, transfiguração e às vezes idealização – o substrato de um imaginário rico em representações sensíveis; em segundo lugar, também se propõe como objetivo, como é evidente em *Marcha de Radetzky*, reter os restos de um mundo desaparecido: trabalho de rememoração que visa preservar os rastros que o vento da história não demorará a apagar; em terceiro lugar, o romancista permite que uma memória criativa, a partir de uma recriação imagética, floresça, reinventando e reinterpretando a história do Império austro-húngaro

O retrato pintado pelo jovem Moser carrega, à sua maneira, essas três camadas. Porém, esse quadro será herdado pelo filho, o comissário distrital Franz Joseph Trotta von Sipolje – que herda também o nome do imperador e certa parecença física à medida em que vai envelhecendo –, e, principalmente, pelo neto, o tenente Carl Joseph, como um objeto fantasmático que os assombra tal como a grandeza do Império. O retrato do avô, da ordem do privado, da memória familiar, funde-se com aquele outro retrato, o quadro padrão/modelo do *Kaiser* "em sua imaculada farda branca" e acompanhará de forma ubíqua os dois descendentes de Joseph Trotta: " [...] representação mumificada e embalsamada do ordo imperial, François-Joseph incorpora sua única forma possível de conservação, fantasmagórica e tragicômica".[36]

O legado se dá, portanto, de uma maneira problemática. Franz Joseph von Trotta quer seu filho, Carl Joseph, militar, para que ele reviva a glória familiar, reatualizando e ritualizan-

36 "Mummificazione ed imbalsamazione dell'ordo imperiale, Francesco Giuseppe ne incarna [...] l'unica forma di conservazione possibile, fantomatica e tragicomica." (tradução minha). (MAGRIS, Claudio. *Lontano da dove*, Torino: Einaudi, 1971, p. 197. *apud.* PESNEL. Une fragile recréation. Les espaces multiculturels dans l'oeuvre romanesque de Joseph Roth, p. 104.)

do-a. Este último tentará reviver de todas as maneiras o mito do herói de Solferino, sem saber que não há realmente nenhuma *legenda* para corresponder. O romance parece sublinhar o paradoxo de que a institucionalização do passado não leva a sua perpetuação. Além disso, o destino dos Trotta, ligado ao Império pelo episódio da Batalha de Solferino, edifica-se a partir de uma falsa glória construída sobre a derrota na guerra de 1859, na falsificação dos discursos, na perda das origens e do tempo imemorial dos camponeses eslovenos, que no romance aparece como o único período que provoca nas personagens uma nostalgia real, constituindo-se como a idade de ouro inacessível: "Marchar a pé sobre o solo da terra-mãe era quase um retorno aos antepassados camponeses. Com os pés pesados, eles pisoteavam o solo duro, calcavam o arado na carne suculenta dos campos, espalhavam as sementes férteis com gestos que eram como bênçãos".[37]

O retrato do herói de Solferino, ao qual Carl Joseph devota uma deferência inabalável, assim como a peça *Radetzkymarsch* irão sofrer um processo de rebaixamento ao longo da trama romanesca. Enquanto o retrato vai aos poucos escapando à compreensão de seus descendentes, seja pelo esmaecimento e desintegração de suas cores, seja pelas mudanças nos rumos da história do Império,[38] as aparições da composição de Johann Strauss no romance também sofrerão um gradativa derrisão. São quatro as aparições da peça no interior da trama narrativa. Primeiro, ela surge na praça em frente à casa do Comissário, apresentada em público sob a regência do *Kapellmeister* Nechwal. Ao

37 ROTH. *Marcha de Radetzky*, p. 150.

38 "Par tout un jeu sur le lexique de la fragmentation et de la dissolution, le narrateur souligne l'incapacité de Carl Joseph à avoir prise sur les signes de l'héroïsme, auxquels il voue pourtant une indéfectible vénération." [Por meio de todo um jogo a partir de um léxico de fragmentação e de dissolução, o narrador destaca a incapacidade de Carl Joseph de controlar os sinais de heroísmo, aos quais ele, no entanto, devota uma reverência inabalável.] (PESNEL. Une fragile recréation. Les espaces multiculturels dans l'oeuvre romanesque de Joseph Roth, p. 96)

ouvi-la, o jovem Carl Joseph imagina que a melhor maneira de morrer seria ouvindo uma música marcial e melhor ainda que fosse a *Radetzkymarsch*. Em seguida a famosa marcha é então tocada em um piano do bordel de Resi Howarth, executada pelo pianista Pollak, quando da chegada dos militares, entre os quais está o tenente Carl Joseph.[39] Páginas à frente, alguns de seus compassos são aludidos através de uma caixa de música automática na taverna onde se dá o último encontro entre Carl Joseph e o médico judeu Max Demant na noite anterior ao duelo. Finalmente, os primeiros acordes dos tambores da marcha símbolo da potência militar do Império soam no campo de batalha da Grande Guerra, como um fugaz lembrete imaginário de sonhos de glória na mente de Carl Joseph, pouco antes de morrer, abatido – com dois baldes de água nas mãos[40] – pelas balas inimigas quando se voluntariara a buscar água para seus soldados.

Esse artificio que promove a perda de intensidade sonora da *Radetzkymarsch* que, afirmando a glória militar do Império, se restringe gradativamente a uma voz interior na cabeça de Carl Joseph, é reforçado, ainda seguindo as pistas de leitura de Stéphane Pesnel,[41] pelo advento simétrico de outras músicas, que parecem encobrir os acordes de Johann Strauss estas são as melodias de opereta de Franz Lehár, a *Internacional* cantada pelos trabalhadores em greve em três idiomas diferentes e a Marcha Fúnebre de Chopin, executada, durante uma festa na casa do Conde Chojnicki, de forma improvisada após a notícia

39 Nessa mesma passagem do romance, Carl Joseph encontra no bordel um retrato em miniatura do Imperador colocado em uma moldura de bronze, infestada de moscas. Em respeito ao soberano, o jovem tenente remove o retrato. Cf. ROTH. *Marcha de Radetzky*, p. 104-105.

40 A morte do tenente Trotta, neto do herói de Solferino, como adverte o narrador do romance, fora tão simples e tão inadequada às cartilhas escolares da Áustria real e imperial, como o fora o real gesto "heroico" do avô. Cf. ROTH. *Marcha de Radetzky*, p. 399.

41 PESNEL. Une fragile recréation. Les espaces multiculturels dans l'oeuvre romanesque de Joseph Roth, p. 97.

do assassinato do Arquiduque. Francisco Ferdinando – que servirá de estopim para a deflagração da Grande Guerra. Em meio à euforia da festa, a composição de Chopin degenera em uma melodia enlouquecida e carnavalizada:

> Nas duas amplas salas, nas quais até então estavam dançando, agora duas bandas militares tocavam a marcha fúnebre de Chopin, regidas por seus sorridentes e rubicundos maestros. À sua volta, alguns dos convidados caminhavam, caminhavam ao ritmo da marcha fúnebre. Serpentinas coloridas e confetes jaziam sobre seus ombros e cabeleiras. Homens fardados e em trajes civis conduziam mulheres pelos braços. Seus pés obedeciam vacilantes, ao ritmo macabro e cambaleante da música. Pois as bandas tocavam sem partituras, e não eram regidas, mas simplesmente acompanhadas pelos riscos que os maestros traçavam no ar, vagarosamente, com suas batutas. Às vezes uma das bandas ficava para trás da outra, tentava alcançar a que estava à frente, e era obrigada a deixar de lado alguns compassos. Os convidados marchavam, em círculo, em torno do assoalho vazio e reluzente. Assim, percorriam círculos, uns em torno dos outros, cada qual enlutado atrás do cadáver que ia à frente, e no centro permaneciam os cadáveres invisíveis do herdeiro do trono e da monarquia. Todos estavam embriagados [...] Os tambores rufavam sem parar e os martelos pesados do grande tímpano começaram a bater, jovens e dispostos. O percussionista embriagado golpeou, subitamente, o triângulo de prata e, no mesmo instante, o conde de Benjyö deu um salto de alegria: “O porco está morto!”, gritou o conde, em húngaro. Mas todos o compreenderam como se tivesse falado em alemão. Subitamente, alguns começaram a saltitar. As bandas faziam a marcha fúnebre soar cada vez mais depressa. E em meio a elas, o triângulo de prata tilintava, agudo, embriagado.[42]

42 ROTH. *Marcha de Radetzky*, p. 375-376.

A longa citação denota o modo como a Grande Guerra se faz presente nas últimas páginas do romance, concomitante com o esfacelamento do Império. Entre o absurdo e o grotesco, o ritmo incessante, os fluidos sonoros, a euforia histérica dos húngaros – que começam a falar em sua própria língua e não em alemão, como rezaria o protocolo em uma recepção oficial, constituída por várias nacionalidades –, o espírito frenético, o tom de comemoração às avessas, contribuem para que representação escape ao dogmatismo da lógica bélica. Além disso, as reações dos oficiais húngaros e eslavos, na festa do Conde de Chojnicki, diante da notícia da morte do arquiduque salientam o impulso do separatismo e a pressão de preconceitos diversos – antigermânicos, antissemitas, antimagiares, em detrimento da ideia de um Estado esclarecido, próspero e, principalmente, multiétnico acalentado pelos Habsburgo e, de certo modo, na "mitificação positiva"[43] de Joseph Roth. A reunião dos oficiais do Império, interrompendo a festa, quando da chegada da notícia da morte do arquiduque, confirma o que começara a se configurar na região, logo após as então recentes Guerras dos Bálcãs, para dizer com o historiador Luciano Canfora: "uma amostra das alianças que irão se concretizar com a Primeira Guerra Mundial [...]. O emaranhado balcânico a essa altura já havia se tornado inextricável".[44]

Ao mesmo tempo, Joseph Roth, através de toda uma série de signos espalhados por toda o romance, "sugere que estamos lidando com um mundo de pura fachada, esvaziado de toda substância, petrificado, quase irreal, um reino povoado por criaturas fantasmagóricas".[45] Nesse sentido, é emblemático que, ao

43 FLATTI. *Le mythe habsbourgeois, contours et précisions: une lecture mythocritique à travers Joseph Roth et la saga des Trotta*, p. 107-134.

44 CANFORA. *1914*, p. 66.

45 "suggère en effet que l'on a affaire à un monde de pure façade, vidé de toute substance pétrifié, presque irréel, à un royaume peuplé de créatures fantomatiques." (Tradução minha). (PESNEL. Une fragile recréation. Les espaces multiculturels dans l'oeuvre romanesque de Joseph Roth, p. 89-106).

final da festa, ao deixar a casa do Conde, o tenente Trotta sinta-se dentro do *Panoptikum*:

> Nos degraus que conduziam à entrada, estavam sentados o coronel Festetics, o major Zoglauer e o capitão de cavalaria Zschoch. [...] Grandes toalhas brancas tinham sido estendidas sobre as pedras para os três senhores. E era como se já tivessem sentados sobre suas próprias mortalhas. [...] o tenente colocou-se diante deles. Permaneciam imóveis e cabisbaixos. Lembravam um grupo de figuras militares feitas de cera no *Panoptikum*.[46]

Na linha seguinte à citação, o jovem tenente comunica ao Major Zoglauer que deixará o exército. Porém, é tarde demais, a Grande Guerra está prestes a eclodir. No epílogo do romance, é 1916, o envelhecido e alquebrado comissário distrital Franz Joseph Trotta[47] visita, em um sanatório de doentes mentais, em Steinhof, o conde Chojnicki, que voltara louco do campo de batalha. É o conde enlouquecido que vaticina a morte do imperador Francisco José e o desmoronamento da ordem imutável do mundo dos Trotta. Prenúncio também do ocaso de um momento histórico-filosófico em que certa forma romanesca que tem por desejo a totalidade se faz possível, em que os grandes romances "afloram em símbolo do essencial que há para dizer".[48]

Referências

AIGNER, Josef Christian. "...certa ternura pelo velho Zipper!" – Insatisfeito anseio pelo pai e fracasso do filho em Zipper e seu pai, romance de Joseph Roth. *Pandaemonium Germa-*

46 ROTH. *Marcha de Radetzky*, p. 377

47 "Seu filho estava morto. Sua função oficial terminara. Seu mundo desaparecera." (ROTH. *Marcha de Radetzky*, p. 402).

48 LUKÁCS. *A teoria do romance*, p. 90

nicum, São Paulo, v. 15, n. 20, p. 22-33, 2012. Disponível em: https://www.revistas.usp.br/pg/article/view/53624. Acesso em: 21 out. 2021; Acesso em: 17 jun. 2021.

CANFORA, Luciano. *1914*. Trad. Aurora Fornoni Bernardini. Prefácio: Lincoln Secco. São Paulo: Ed. da USP, 2014.

COETZEE, J. M. *Mecanismos internos*: ensaios sobre literatura (2000-2005). Trad. Sergio Flaksman. São Paulo; Companhia das letras, 2011.

FLATTI, Igor. Le mythe habsbourgeois, contours et précisions: une lecture mythocritique à travers Joseph Roth et la saga des Trotta. *Religiologiques*, Québec, n. 35, p. 107-134, printemps/automne 2017.

HOBSBAWM, Eric J. *Tempos fraturados*. Trad. Berilo Vargas. São Paulo: Companhia das Letras, 2013.

HOBSBAWM, Eric J. *Nações e Nacionalismo desde 1780*: Programa, mito e realidade. Tradução de Maria Celia Paoli e Anna Maria Quirino. Rio de Janeiro: Paz e Terra, 2002.

HOBSBAWM, Eric J.; RANGER, Terence. A *invenção das tradições*. Trad. Celina Cardim Cavalcante. Rio de Janeiro: Paz e Terra, 1984. p. 271-316. (Pensamento crítico, v. 55).

KRAUSZ, Luis. *Exílio entre o Shtetl e o crepúsculo:* Joseph Roth e o judaísmo no fin-de-siècle austríaco. 2006. 203 f. Tese (Doutorado em Letras) – Faculdade de Filosofia, Letras e Ciências Humanas, Universidade de São Paulo, São Paulo, 2006. Disponível em: http://www.teses.usp.br/teses/disponiveis/8/8152/tde-09112007-154121/pt-br.php>; Acesso em 13 jul. 2019.

KRAUSZ, Luis. *Rituais crepusculares*: Joseph Roth e a nostalgia austro-judaica. São Paulo: Ed. USP, 2008.

KUNDERA, Milan. *A arte do romance* (ensaio). Trad. Teresa Bulhões Carvalho da Fonseca. Rio de Janeiro: Nova Fronteira, 1988.

KUNDERA, Milan. *A Cortina*. Trad. Teresa Bulhões Carvalho da Fonseca. São Paulo: Companhia das Letras, 2006.

LANG, Zoë. The Regime's 'Musical Weapon' Transformed: The Reception of Johann Strauss Sr's *Radetzkymarsch* Before and

After the First World War, *Journal of the Royal Musical Association*, Cambridge, v. 134, n. 2, p. 243-269, nov. 2009.

LUKÁCS, Georg. *A teoria do romance*. Trad. José Marcos Mariani de Macedo. São Paulo: Duras Cidades; Ed. 34, 2000. (Coleção Espírito crítico).

MĂNDOIU, Ruxandra. Family, Empire, and Nation in Two Novels by Joseph Roth. In: ______. *Literary Representations of Family and Nation in the Writings of Joseph Roth, Günter Grass, Milan Kundera, and IngeborgBachmann*. 2009. 304 f. Thesis (PhD) – Faculty of the Graduate School of Emory University, Atlanta (EUA), 2009. p. 23-83;

NIGRI, André. Um réquiem para a Europa – Joseph Roth testemunha a agonia de um império. *O Beltrano*, Belo Horizonte, 21 abr. 2017. Literatura. Disponível em: https://www.obeltrano.com.br/portfolio/um-requiem-para-a-europa--joseph-roth-testemunha-a-agonia-de-um-imperio/; Acesso em 13 jul. 2019.

PESNEL, Stéphane. *Totalité et fragmentarité dans l'œuvre romanesque de Joseph Roth*. Berna: Peter Lang, 2000.

PESNEL, Une fragile recréation. Les espaces multiculturels dans l'œuvre romanesque de Joseph Roth. *Études Germaniques*, Paris, v. 245, n. 1, p. 89-106, 2007. Disponível em: https://www.cairn.info/revue-etudes-germaniques-2007-1-page-89.htm; Acesso em: 21 set. 2018.

ROTH, Joseph. *Marcha de Radetzky*. Tradução de Luis S. Krausz. São Paulo: Ed. Mundaréu, 2014.

VILELA, Marcos Antonio Maia. Frustração e nostalgia em dois romances de Joseph Roth. *Babel*: Revista eletrônica de línguas e literaturas estrangeiras, Alagoinhas (UNEB), v. 9, n.1, p. 97-113, 2 ago. 2019. Disponível em: https://www.revistas.uneb.br/index.php/babel/article/view/6288; Acesso em 18 out. 2021.

WOOD, James. Empire of Signs. Review of *The String of Pearls*, by Joseph Roth, translated by Michael Hofmann. *London Review of Books*, London, v. 21, n. 5, p. 3-7, 1999. Disponível em: <https://www.lrb.co.uk/v21/n05/james-wood/empire-of-signs>; Acesso em 13 jul. 2019.

Armamentos em excesso, parque sombras de menos

Paola Resende

Nada de novo no front

Apesar da enunciação de que "o século é violento demais para teus dedos"[1], ao longo da década de 1940 a obra de Cecília Meireles, tanto em verso quanto em prosa, dialoga intensamente com o tema da guerra. Três são as abordagens que merecem destaque: a distância geográfica dos conflitos, o ideal pacifista e o sistema educacional. Contra toda e qualquer apologia da guerra ou do militarismo, o rechaço à violência e a defesa da fraternidade orientam a perspectiva apresentada nos textos. Nesse sentido, a guerra é evidenciada enquanto um evento histórico contemporâneo, mas também enquanto um modo milenar de resolução de conflitos, dupla inflexão que é expressa seja na ausência de referências específicas ou na revisitação de gêneros tradicionais. É por meio dessa perspectiva atemporal que o conflito armado é apreendido como um problema humano. A reticência é sintetizada em "Lamento do oficial por seu cavalo morto":[2]

1 MENDES. Murilograma para Cecília Meireles. *In: Poesia completa e prosa*, p. 688-689.

2 Todas as referências ao poema encontram-se em MEIRELES. *Mar absoluto e outros poemas*, p. 124.

Nós merecemos a morte,
porque somos humanos
a guerra é feita pelas nossas mãos, (v.1-3)

O emprego do "nós" é significativo em meio a uma conjuntura de vigor nacionalista e, assim, de uma intensa construção opositiva entre "nós" e "eles", seja por uma diferença nacional ou outra, religiosa, étnica e política. Nesse poema, o "nós" amplo não abre brecha para um "eles", é uma designação da humanidade, em acepção irrestrita.

Se por um lado são as guerras recentes o motivo dessa atenção (a Primeira Guerra Mundial, a Guerra Civil Russa, a Guerra Civil Espanhola, a Segunda Guerra Mundial e, no Brasil, a Guerra do Contestado, o Tenentismo e a Revolução Constitucionalista), por outro lado a contingência dos fatos perde-se pela abordagem mais perdurável do tema, é o que Leila Gouvêa denominou de "roupagem da universalidade"[3] na obra da poeta. Desse modo, a guerra transforma-se em questão por ser um modo antiquíssimo de resolução de divergências, até nas crônicas que, devido ao gênero e ao suporte, tendem a uma maior proximidade dos acontecimentos corriqueiros. Essa dupla interpelação é central na construção da série de textos "Dia a dia", que aborda assuntos recentes, mas, ao trazer a guerra como motivo, dilata o escopo histórico:

> Quando chegar o momento do encontro em Berlim, os apologistas das guerras dirão jubilosos que bem valeu tanto sangue, pelos resultados de conhecimento mútuo que desse encontro decorreram. *Foi assim doutras vezes*, desde as Cruzadas. Cortava-se uma cabeça e aprendia-se o que era um turco ou um cristão. Furava-se com uma lança. Mas ficava-se conhecendo um árabe! Por esse método tem-se aprendido todas as raças

3 GOUVEA. *Pensamento e "lirismo puro" na poesia de Cecília Meireles*, p. 208.

> humanas, povo a povo. Os apologistas da guerra – tão felizes, no seu triunfo! E nós, tão tristes, perguntando se não haverá para os homens outras maneiras de travar conhecimento, outras maneiras de estudar geografia sem ser abrindo caminhos com canhões; nem outras maneiras de fazer história sem ser enterrando gente viva, ou arrasando tudo quanto nossos antepassados conseguiram construir com um vagaroso esforço, com uma longa aprendizagem, que não se podem comparar à rapidez das destruições.[4]

O "foi assim doutras vezes" ressalta a permanência de uma macroestrutura da guerra, apesar de todas as distinções históricas entre as Cruzadas e a Segunda Guerra Mundial, a violência, o ódio ao inimigo, a banalização da morte e o discurso dos apologistas conservam-se. O incômodo é a permanência dessas concepções, incompreendidas pela cronista, "as incógnitas da guerra estão espiando entre a sombra dos tempos".[5] Essa abordagem é nítida se destacamos os escassos indícios na obra da escritora de elementos localizáveis ou referenciais (como ocorre, a título de exemplo, em alguns poemas de *A rosa do povo*, de Carlos Drummond de Andrade). O tratamento é acentuado se perscrutamos a mobilização de estruturas poéticas do medievo, a "balada" ou o "lamento", como uma ponderação no tocante à adesão imediata ao evento histórico. Além disso, em cotejo com o poema "Lamento do oficial por seu cavalo morto", é significativo o uso "nós" na crônica "Dia a dia", pois, nesse caso, demarca uma distinção entre "nós", os pacifistas, e "eles", os "apologistas da guerra". Diante desse recorte, o tema da distância ganha um outro prisma: é também uma distância deste mundo beligerante dos homens, orientado pela violência e pela desarmonia.

4 MEIRELES. Dia a dia (III), *Correio Paulistano*, São Paulo, 20 de abril de 1945.

5 MEIRELES. Desarmamento, *Diário de Notícias*, Rio de Janeiro, 13 de janeiro de 1932.

Esses tópicos percorrem dois momentos centrais na produção jornalística da escritora, as publicações na *Página de Educação*, nos primeiros anos da década de 1930, e a publicação mais diversificada em periódicos ao longo da década de 1940. Em relação à obra poética, os três livros publicados na década de 1940 dialogam, em maior ou menor acentuação, com o tema. Contudo, *Mar absoluto e outros poemas* é o livro que elabora com maior intensidade a guerra e que possui, coincidentemente, um percurso de produção quase concomitante ao evento histórico da Segunda Guerra Mundial. Nessa obra, publicada em 1945, a guerra é amalgamada com uma atmosfera de violência, pasmo e imprevisibilidade. Em relação ao último tópico, se comparado com o livro posterior, *Retrato natural*, o fim desse conflito e, assim, um possível fim dessa contingência, não produz apaziguamento, e, nesse contexto, a atmosfera é de desilusão, devida à parca mudança e o não avanço do pacifismo (o despontar da Guerra da Indochina e da Guerra Indo-Paquistanesa, essa última de grande importância devido à proximidade de Cecília Meireles com a Índia). E, assim, resta a pomba, e sua simbologia da paz, apenas "bater asas/ contra muros de cimento" ("Pomba em Broadway", v.2-3).[6] Desse modo, na obra da escritora, em um contexto adverso, os motivos bélicos são contraditos em comparação aos ideais do pacifismo e da educação, ambos permeados pelo *tópos* da distância.

A distância não é nada para os que sabem sentir

A fraternidade é a perspectiva que orienta, a despeito da distância espacial, o vínculo com a guerra. Apesar da longitude, o elo com o outro é o que opera o alastramento dos danos do conflito. As consequências ultrapassam o *front*, irradiam-se. A partir dessa irmandade universal, torna-se imperativo cuidar e velar o

6 MEIRELES. *Retrato natural*, p. 107.

outro e a figura militar da vigília (presente, principalmente, no termo latino *vigilĭa*) descola-se dessa atmosfera e torna-se uma disposição constante. No poema "Vigília",[7] de *Retrato natural*, é essa razão da mediação entre a morte concreta do outro e a consequente perda do sujeito poético, por "fidelidade reta" (v.10):

> Como o companheiro é morto
> todos juntos morreremos
> um pouco. (v.1-3)
>
> Deixar-nos morrer um pouco
> por aquele que hoje vemos
> todo morto. (v.13-15)

Em sua forma, o poema estrutura a questão a partir do quiasma entre a primeira e a última estrofe, no jogo com os termos "morto" e "pouco", alternados nas extremidades. O adjetivo "todos" indetermina e estende o escopo (em oposição à particularização do "aquele"). É a capacidade e a indispensabilidade de fraternização que mobiliza um pranto absoluto pelo "companheiro". De certo modo, esse poema retoma "Vigília do Senhor Morto",[8] de *Vaga música*, poema no qual, independente da glorificação militar, o que o sujeito poético avista é somente um "guerreiro cortado de injúrias de guerra" (v.7), o "pó do pó sem glória" (v.17), um "corpo sem auréolas" (v.20), apenas um "Senhor Morto" (v.22). Nesse sentido, a participação do Brasil na Segunda Guerra a partir de 1942 acentuou o vínculo ("embora muitos não o vejam, nós somos um país em guerra"),[9] somado à sensação de universalidade: "como esta, na verdade, foi, – se-

7 Todas as referências ao poema encontram-se MEIRELES. *Retrato natural*, p. 45.

8 Todas as referências ao poema encontram-se em MEIRELES. *Vaga música* In *Poesia completa* vol. 1, p. 351.

9 MEIRELES. A longa viagem de volta, *A Manhã*, Rio de Janeiro, 24 de janeiro de 1945.

gundo seu próprio objetivo, – uma *guerra total,* aos mais longínquos pontos do mundo propagou seus efeitos. Estamos numa era em que as notícias correm com velocidade quase absoluta, e na verdade todos estivemos presentes, todos fomos testemunhas e participantes do cataclisma".[10] No campo de batalha ou fora dele, a comunhão aproxima e torna todos, em diferentes níveis, "participantes". Além disso, merece destaque no trecho a centralidade dos recentes meios de comunicação que, mais velozes, propiciavam uma troca mais instantânea e, assim, o envolvimento era intensificado. É como se, devido à imediatez desses novos suportes em relação aos antigos, houvesse uma sincronicidade entre a ocorrência do fato e a sua divulgação em locais afastados.

A centralidade dos avanços científicos no ofício da guerra, para além dos elementos de comunicação, é apresentada em "Lamento do oficial por seu cavalo morto":

> Criamos o fogo, a velocidade, a nova alquimia,
> os cálculos do gesto,
> embora sabendo que somos irmãos.
> Temos até os átomos por cúmplices, e que pecados
> de ciência, pelo mar, pelas nuvens, nos astros!
> Que delírio sem Deus, nossa imaginação! (v.7-12)

As últimas inovações técnicas são mobilizadas como características determinantes dos conflitos recentes. Nesse poema, em contraposição à profícua velocidade das notícias, a "ciência" é abordada através de seu emprego negativo e, assim, enfatiza-se a autoria humana na elaboração desses meios que alcançam fins terríveis (é o reiterado pasmo, por exemplo, diante da bomba atômica). Desse modo, o tema da distância é operado por outro componente: é a distância entre o "mundo dos homens" (v.16) e o mundo natural. A descrição idílica da natureza e do cavalo é oposta ao tumulto da guerra, distinção que acentua o "engano" (v.13) da morte do animal. A polaridade entre natureza e arti-

10 MEIRELES. Se fosse possível, *Folha Carioca*, Rio de Janeiro, 2 de junho de 1945, grifo nosso.

fício opera uma distância entre o mundo da técnica, artificial e enganoso e o mundo orgânico, puro e desafetado.

Em "Jornal, longe"[11] é também modulada uma oposição entre guerra e natureza:

> Que faremos destes jornais, com telegramas, notícias,
> anúncios, fotografias, opiniões...?
>
> Caem folhas secas sobre os longos relatos de guerra:
> e o sol empalidece suas letras infinitas.
>
> Que faremos destes jornais, longe do mundo e dos homens?
> Este recado de loucura perde o sentido entre a terra e o céu.
> (v.1-6)

O título já indicia afastamento, mas é vaga a proposição, pois o termo "longe" é um advérbio relativo, necessita de um complemento ou de um ponto de origem. É somente na terceira estrofe que é demarcada explicitamente a referência "jornais, longe do mundo e dos homens". Aqui, em oposição à negatividade do "mundo dos homens" em "Lamento", o mundo humano possui acepção positiva, mais próximo da natureza do que dos jornais. O "longe" não se refere apenas a distância física do sujeito poético que apreende a guerra pelos "jornais, telegramas, notícias", mas a distância do jornal e da guerra de uma certa humanidade que parece habitar os "Dias felizes", título da seção em que se encontra o poema. Ao desprestigiar o jornal, a distinção entre artifício e natureza é mantida, entre as "folhas secas" e os "longos relatos de guerra", entre a leitura leve "na flor que nasce e na abelha que voa" (v.7) e a leitura pesarosa do jornal. No cenário idílico construído no poema, a única serventia desse meio de comunicação é "fazer embrulhos" (v.10), constatação significativa se pensarmos que a primeira publicação ocorre no

11 Todas as referências ao poema encontram-se em MEIRELES. *Mar absoluto e outros poemas*, p. 171.

jornal *A Manhã*, em 1943[12]. Quando publicado em *Mar absoluto e outros poemas*, em 1945, há o acréscimo sugestivo do último verso, que sugere uma harmonia incomum em relação ao descrédito do jornal: "e é uma das raras vezes em que todos estão de acordo" (v.11). A marca da dificuldade no "acordo" alude ao *modus operandi* de desavença da guerra.

Além disso, na obra de Cecília Meireles, a longitude do campo de batalha não impede, porém, um intenso vínculo espiritual. Em "Dia da Vitória", essa proximidade com o outro permite uma anulação da distância física, tanto no sofrimento perante aos conflitos quanto na comemoração do fim da guerra:

> O sono da primeira noite de paz é diferente, mesmo quando, se está muito longe dos campos de batalha. Porque, enfim, *a distância não é nada para os que sabem sentir*. E dormir tranquilo quando as casas estavam desabando, os campos de concentração enchendo-se, os navios rebentando-se no mar, os aviões caindo do céu, chegava a ser, de certo modo, imoral. *Temos o direito de ser tão indiferentes ao nosso semelhante?* Temos o direito de assim aceitar o refúgio da ausência, do esquecimento, do sono?[13]

Assim, a insistente existência da guerra, ainda que distante, mostra-se presente. Mesmo que o conflito estivesse concentrado geograficamente, um dos efeitos dessa "guerra total" foi a grande mobilização: "e na verdade todos estivemos presentes, todos fomos testemunhas e participantes do cataclisma".[14] De certo modo, o trecho se assemelha ao tom de um texto de Virginia Woolf, (escritora cuja obra guarda uma série de proximidades

12 MEIRELES. Dias felizes, *A Manhã*, Rio de Janeiro, 15 de dezembro de 1943.

13 MEIRELES. Dia da vitória, *Correio Paulistano*, São Paulo, 12 de maio de 1945, grifos nossos.

14 MEIRELES. Se fosse possível, *Folha Carioca*, Rio de Janeiro, 2 de junho de 1945.

com a de Cecília Meireles), "Pensamentos sobre a paz durante um ataque aéreo", no qual constata que "não é verdade que somos livres. Somos ambos prisioneiros esta noite – ele, encerrado em sua máquina, com uma arma à mão; nós, no escuro, com uma máscara antigás à mão. [...] Somos igualmente prisioneiros esta noite – os homens ingleses em seus aeroplanos, as mulheres inglesas em suas camas".[15] Fundamentada nos distintos exercícios de gênero na guerra, a escritora inglesa demonstra a hipótese de que, enquanto houver um conflito armado e "a agressividade, a tirania, o amor insano e escancarado pelo poder"[16] não há liberdade em nenhum local do globo, argumento próximo da impossibilidade do "dormir tranquilo" apresentado por Cecília Meireles. Neste caso, imbuída de uma concepção humanista, a disposição é contra a indiferença – com ênfase no mecanismo a "que a tudo declarou guerra".[17] Em um lamento nostálgico, enfatiza a perda dessa comunhão: "era o nosso sentido de amor humano. Era a compreensão das criaturas; – o esforço, ao menos, dessa compreensão. Era a disciplina de viver em comum na terra, suportando-nos e melhorando-nos pacientemente. [...] Era o respeito a condição humana. A alegria de ser fraternal. *A impossibilidade de ser feliz, só pela ideia de que algum sofrimento estivesse palpitando escondido no mundo".*[18]

Essa perspectiva distante, mas não alheia nem ilesa, é o mote dos poemas "Balada do soldado Batista", "Lamento da noiva do soldado" e "Declaração de amor em tempos de guerra". Nos três casos, o conflito é mobilizado através de uma forma do passado. Esse recurso contrapesa a guerra apenas enquanto um evento contempo-

15 WOOLF. Pensamentos sobre a paz durante um ataque aéreo. In: *As mulheres devem chorar... ou se unir contra a guerra*, p. 124-125.

16 WOOLF. Pensamentos sobre a paz durante um ataque aéreo. In: *As mulheres devem chorar... ou se unir contra a guerra*, p. 125.

17 MEIRELES. Descrição, *Vaga música* In *Poesia completa* vol. 1, p. 367.

18 MEIRELES. Oh! A bomba..., *Folha Carioca*, Rio de Janeiro, 11 de agosto de 1945, grifo nosso.

râneo e requisita sua parcela atemporal. Essa revisitação, no século XX, ainda insere nos poemas um componente ficcional a mais. Em "Balada do soldado Batista",[19] existem dois núcleos que se encontram apartados pelo mar: o soldado que se encaminha à guerra e a família que permanece na pátria. Além de ser o espaço de navegação, as águas compõem o destino do soldado, no estribilho "Era das águas, vinha das águas". Nesse texto, assim como em outros da obra, o mar é imagem similar ao que Sigmund Freud denominou de infamiliar, *das Unheimliche*, e, é a partir dessa impressão, que o espaço ganha um aspecto duplo e variável: é grandioso e desconhecido e, concomitantemente, próximo e familiar. Essa dupla dimensão é central na construção do fado de Batista, pois o soldado aparece habituado (se quisermos familiarizado) com o mar imponente:

> Era das águas, vinha das águas.
> Um velhinho disse: "Permita
> Deus que acabe a guerra!" Na crista
>
> dos mares já dançava o navio,
> e o moço, por ser fatalista,
> sorri para a onda que o solicita. (v.7-12)

É "fatalista" e "sorri para a onda", como se certificasse esse pertencimento e proximidade. O uso dos termos "dançava" e "sorri" é antitético à "guerra", opondo a leveza da navegação à violência do conflito. Além disso, o *enjambement* entre essas estrofes isomorfiza a distância entre o soldado e os "velhinhos", assim como nas duas últimas estrofes do poema, que reverberam o tópico já assinalado por Murilo Marcondes de Moura, "o amor é maior que a morte":[20]

---

19 Todas as referências ao poema encontram-se em MEIRELES. *Mar absoluto e outros poemas*, p. 76-77.

20 MOURA. *O mundo sitiado*: a poesia brasileira e a Segunda Guerra Mundial, p. 263.

> Enquanto não souberem, sonharão que ainda exista
> em algum lugar seu filho, o soldado Batista. (v.42-43)

O espaço entre os versos é coadunado com o espaço – marítimo – entre os pais e o filho. Nesse sentido, as notícias e os meios de comunicação, já assinaladas no poema “Jornal, longe” e na crônica “Se fosse possível”, são centrais na construção da longitude:

> Não vem carta? Onde está, que não manda uma letra?
> Que demora tão esquisita!
> Perto do amor. Longe da vista. (v.16-19)

A “carta” é o indício do diálogo à distância e, nesse caso, da ausência de mensagens. A disposição das estrofes demonstra, junto ao total desconhecimento dos “velhinhos”, certa demora entre o episódio e a sua divulgação:

> Era das águas, vinha das águas, foi-se nas águas...
> Os jornais já trazem, o rádio já grita:
> só eles não sabem! – Morreu no mar o soldado Batista. (v.37-39)

Assim, além da distância, a estrutura narrativa do poema isomorfiza também a dificuldade ao acesso das notícias, apresenta, de certo modo, a lacuna temporal entre o ocorrido e sua divulgação, pois enquanto o fato é apresentado na sétima estrofe, o seu relato só ocorre na décima terceira. Em “Balada”, em paralelo com a crônica “Se fosse possível”, as notícias não parecem ser tão velozes nem imediatas.

Por fim, o poema apresenta Batista sob duas perspectivas: a de filho (no âmbito privado) e a de soldado (no âmbito público). É a primeira concepção que leva, por exemplo, Moura a delimitar “a guerra e a vida privada” na obra de Cecília Meireles. Todavia, esse âmbito não aparece sozinho. Nesse poema, a figura de Batista expressa o duplo pertencimento. Além disso, o espaço da varanda, em "Joguinho na varanda", é outro elemento exemplar dessa questão, pois ressalta o liame entre a casa e a rua e, assim, aproxima a simulação da guerra nas brincadeiras das crianças na esfera privada e a guerra real enfrentada pelos soldados, "longe", na esfera pública. De todo modo, a simples menção à guerra já é um dado que merece atenção ao debate público, pela sua mobilização coletiva nacional. Nesse sentido, a verificação da esfera pública permite um ajuste de lentes na leitura da obra de Cecília Meireles, acentuado se requisitarmos ainda os textos publicados em jornais e a posição participante da escritora em assuntos de interesse compartilhado.

Essa duplicidade aparece também em "Lamento da noiva do soldado",[21] poema no qual a distância é demonstrada pela diferença entre o "aqui" e o lá, entre a esfera privada da noiva – "nesta casa perdida" (v.1) – e a esfera pública do soldado em batalha:

> Cai neve nos teus pés, no teu peito, no teu
> coração... Longe e solitário... Neve, neve...
> E eu fervo em lágrimas, aqui! (v.13-15)

A distância é central nesse lugar-comum na ficcionalização da guerra, pois os pares estão sempre em locais que possuem arranjos distintos. Em "Lamento" o "longe" ganha ainda uma oposição simbólica, entre o frio da "neve" do campo de batalha, que simboliza à imobilidade do corpo morto e à morte, e o "fervo" da noiva, que simboliza à intensidade do sofrimento. Esse poema, assim como "Declaração de amor em tempo de guerra",[22] relaciona-se com uma certa tradição da lírica amorosa, pelo menos desde Ovídio em *Amores*. Em ambos os casos, o

21 Todas as referências ao poema encontram-se em MEIRELES. *Mar absoluto e outros poemas*, p. 59.

22 Todas as referências ao poema encontram-se em MEIRELES. *Retrato natural*, p. 167-168.

desenlace amoroso opõe-se ao mundo e, mais especificamente, à guerra, na dissemelhança entre o amor e a hostilidade. Essa assimetria faz com que o desequilíbrio da esfera pública solape a precedente tranquilidade da esfera privada. Em "Declaração" o refrão "Na minha terra, os homens, Senhora" demonstra a distinção entre "minha terra" e sua terra, este elidido. O espaço em que é encenado o poema está distante dos conflitos e, por isso, é possível uma construção amena: "alcova de seda" (v.1), "leves árias serenas" (v.3) e "suaves as pestanas" (v.8). Entretanto, o cotejo entre as estrofes ímpares que se detém na descrição dessa cena tranquila e as estrofes pares – deslocadas visualmente pelo uso de parênteses – desequilibra essa suavidade. Ao contrapor essas duas construções, é como se a gradação que acomete os "homens" no campo de batalha desestabilizasse a convivência amorosa, pois a violência do conflito – mesmo que distante – contamina esse recôndito íntimo. Desse modo, a "declaração de amor" é obliterada pelo "tempo de guerra".

Em "Balada do soldado Batista", "Lamento da noiva do soldado" e "Declaração de amor em tempo de guerra", a perspectiva de afastamento é demonstrada na apresentação concomitante dos dois polos, dentro e fora do *front*. Além disso, a revisitação de formas e temas antigos propicia, ainda, uma outra distância: a deste tempo e, por extensão, a desta guerra. Assim, propõe-se um movimento oscilatório de aproximação e de distanciamento das guerras recentes. Nesse jogo, o confronto não é mais especificado, mas, sim, dilatado, enquanto um ideal milenar.

Em "Guerra" essa demarcação longínqua é também manifesta e, embora as estrofes iniciais sejam desbalizadas, a última traz uma marca contemporânea:

> E as máquinas de entranhas abertas,
> e os cadáveres ainda armados,
> e a terra com suas flores ardendo,
> e os rios espavoridos como tigres, com suas máculas,

e este mar desvairado de incêndios e náufragos,
e a lua alucinada de seu testemunho,
e nós e vós, imunes,
chorando, apenas, sobre fotografias, (v.20-27)

Se por um lado há um local "ardendo", "espavorido", "desvairado", "alucinado", por outro há um espaço "imune" a tudo isso. Tudo é atingido, exceto "nós e vós" que, como espectadores, à distância e em segurança, observamos e lamentamos meramente "sobre fotografias". É sugestivo que os pronomes interliguem o sujeito poético ao leitor – pressupondo este, através do ato de leitura do poema, também protegido. As fotos são, então, o único vestígio restante e incólume em oposição à destruição e à fragmentação da guerra. É necessário destacar que essas reproduções são frutos da técnica e, aqui, assim como a velocidade das comunicações, permitem um vínculo com o conflito.

Em oposição a esses indivíduos protegidos, há outro espaço com "entranhas abertas". A natureza tem seu ritmo alterado, nos arredores da batalha nada permanece ileso. Junto aos soldados, a natureza é afetada pela violência e retratada enquanto um espaço em ruínas. A escolha semântica destoa da recorrente descrição de um *locus amoenus*: "desistem" (v.2), "delira" (v.3), "rejeita" (v.4), "fogo do inferno" (v.9), intensificados pela anáfora "tanto (a)". Essa dissonância é sintetizada na construção "até a lua se levanta horrível", ao destacar, com o "até", a deformação desse astro representativamente poético e sublime.

O espaço assolado pela guerra junto às perseguições que ela infunde propiciam um volumoso deslocamento, a acentuação das fronteiras também compõe o tema da distância, pois é essa intensificação ou a completa destruição que, muitas vezes, obrigam o deslocamento dos indivíduos. Essa divisão de espaços, tida como artificial e arbitrária, é um empecilho: "mas falta alguma coisa, para unir-nos mais. Como nos comunicaremos, tanto quanto pede a vida humana, assim de um lado e de outro da fronteira?".[23] No poema "Emigrantes"[24] é apresentado o trânsito através das fronteiras, o "embarque" (v.1) e o desembarque em terras estrangeiras:

> Não sofras por teres vindo,
> Alguém nos mandou de longe
> para ver como ficava
> um rosto humano banhado
> de desilusão. (v.9-13)

Esse itinerário não é ensejado, é uma imposição, que desloca inesperada e precariamente os indivíduos:

> Chegamos sem esperança,
> só com relíquias de séculos
> na palma da mão. (v.2-4)

A disposição da "desilusão" ou "sem esperança" é o desencanto em relação a este mundo, disposição que se vincula aos ininterruptos conflitos das primeiras décadas do século XX. Portanto, o único anseio alude a outra esfera, a partir de uma concepção cristã:

> Iremos a outros lugares,
> onde talvez haja tempo,
> misericórdia, viventes,
> amor, ocasião.
>
> Esperemos, esperemos.
> Relógios além das nuvens
> moem as horas e as lágrimas
> para a salvação. (v.20-28)

23 MEIRELES. Rumo: Sul (XVIII), *Folha Carioca*, Rio de Janeiro, junho de 1944.

24 Todas as referências ao poema encontram-se em MEIRELES. *Retrato natural*, p. 69-70.

Apenas em "outros lugares", em contraposição ao mundo dos homens, há possibilidade de conjecturar "misericórdia". A distância abordada em todos os poemas mencionados ganha neste último uma dimensão extrema, pois é necessário distanciar-se mesmo de toda a estrutura terrena, a fim de afastar-se dos conflitos armados e de seus danos, somente no "além das nuvens" será plausível alguma "salvação".

O pacifismo inflexível

A guerra é, decisivamente, uma das causas pelas quais "o mundo está todo desarrumado".[25] Assim, diante de uma conjuntura com extenso preito militarista, o pacifismo mostra-se um princípio incomum. É a própria Cecília Meireles quem expõe, em 1946, o seu "pacifismo inflexível".[26] Ao contrário de grande parte dos escritores que, durante as décadas de 1930 e 1940, abandonam o pacifismo em estado de latência, a escritora carioca persegue incansavelmente o ideal. É a posição mantida desde a década de 1930, na sua coluna *Página de Educação*, quando comenta o vindouro fracasso dos tratados de paz (denominados por Hobsbawm de "paz punitiva")[27] já que "a redução quantitativa e qualitativa do material bélico seria sempre uma possibilidade a mais, nos interesses pacifistas. Mas a orientação educacional, a formação humana, o desarmamento do espírito ficarão sempre como o ponto definitivo a resolver, para uma conclusão verdadeiramente crível e durável".[28] É por esse motivo que "a paz

25 MEIRELES. Dia a dia (II), *Correio Paulistano*, São Paulo, 12 de abril de 1945.

26 MEIRELES. Rumo: Sul (XXIV), *Folha Carioca*, Rio de Janeiro, junho de 1944.

27 HOBSBAWM. *A era dos extremos*, p. 41.

28 MEIRELES. Pró-paz..., *Diário de Notícias*, Rio de Janeiro, 21 de julho de 1932.

não se decide: constrói-se. Não pode ser produto imediato de uma resolução instantânea".[29] O rechaço a qualquer violência é o receio da manutenção da hostilidade dos conflitos sem o vindouro encaminhamento para a paz, "pois qualquer tentativa de pagamentos de dívidas de guerra que se decidisse por um meio violento seria a anulação dos sonhos pacifistas e um recomeço, no mundo, de dias mais sinistros ainda que estes que agora vão passando por nós".[30] Junto à falha organização dos tratados de paz e de reparação, ao comentar um artigo de Mussolini, em 1932, com a premissa de que "nunca foi registrada a passagem de um século sem guerra",[31] Cecília Meireles assinala "a anunciação trágica de próximas catástrofes maiores e mais terríveis".[32]

Na década de 1940, essa insistência pacifista soa ainda mais deslocada do posicionamento recorrente, que, por aderir um lado ou outro, acaba por negar o armistício e pregar o combate ao inimigo. Michael Hamburger, no estudo "Internacionalismo e guerra", comenta a derrocada do pacifismo em prol de outras ideologias: "já entre as guerras, tornou-se claro que o internacionalismo de 1912, a solidariedade e a unanimidade dos escritores modernistas, em toda parte, não poderiam ser restauradas. O próprio pacifismo e a fraternidade dos revolucionários sociais recrudesceram num compromisso ideológico que ergueu barreiras mais intransponíveis do que as fronteiras nacionais".[33] A tomada de posição mais comum foi sintetizada na já célebre frase de Albert Camus: "comecei a guerra como pa-

29 MEIRELES. Pró-paz...", *Diário de Notícias*, Rio de Janeiro, 21 de julho de 1932.

30 MEIRELES. Uma questão de solidariedade, *Diário de Notícias*, Rio de Janeiro, 15 de janeiro de 1932.

31 MEIRELES. Continuação de Mussolini e a paz, *Diário de Notícias*, Rio de Janeiro, 9 de agosto de 1932.

32 MEIRELES. Mussolini e a paz, *Diário de Notícias*, Rio de Janeiro, 6 de agosto de 1932.

33 HAMBURGER. *A verdade da poesia*, p. 212.

cifista, acabei como resistente". Esse abandono do pacifismo na conjuntura da Segunda Guerra Mundial é também comentado por Hobsbawm: "o pacifismo irrestrito (não religioso), embora muito popular na Grã-Bretanha na década de 1930, jamais foi um movimento de massa, e desapareceu na década de 1940 [...]. O fato de o fascismo significar guerra era um motivo convincente para combatê-lo. Por outro lado, uma resistência ao fascismo que não previsse o uso de armas não poderia dar certo".[34] É por esse ângulo que George Orwell constata que, muitas vezes, os pacifistas eram "acusados" de fascistas, por, de certo modo, se ausentarem do combate ao Eixo.[35] Assim, soa singular o pacifismo incondicional da escritora que, além da resistência ao conflito armado, também assinalou severas objeções ao fascismo.

A partir desse prisma é reiterada a concepção humana na formação da guerra, o "veneno do patriotismo" é uma produção nossa e por isso, em "Lamento do oficial por seu cavalo morto":[36]

> Nós merecemos a morte,
> porque somos humanos
> e a guerra é feita pelas nossas mãos,
> pela nossa cabeça embrulhada em séculos de sombra,
> por nosso sangue estranho e instável, pelas ordens
> que trazemos por dentro, e ficam sem explicação. (v.1-6)

Os agentes são as "nossas mãos", "nossa cabeça" e "nosso sangue", o primeiro enfatizando a ação, o segundo o conhecimento e o terceiro o atavismo. Nesse sentido, as "ordens" não são externas, mobiliza-se o termo de um modo organizacional militar para referir-se a uma predisposição "instável" que, se incentivada, produz a violência. A constatação é próxima da reali-

---

34 HOBSBAWM. *A era dos extremos*, p. 153-154.

35 ORWELL. *O que é fascismo? E outros ensaios*, p. 87.

36 Todas as referências ao poema encontram-se em MEIRELES. *Mar absoluto e outros poemas*, p. 124.

zada por Freud sobre os resquícios anímicos violentos que podem impulsionar a guerra.[37] É significativa a expressão "séculos de sombra", em um jogo irônico com o "século das Luzes", pois destaca, exatamente, as consequências negativas dos avanços da ilustração, os "pecados/ de ciência" (v.10-11). O uso da terceira pessoa do plural, que inclui o sujeito poético, o soldado, induz a uma responsabilização, o "nós merecemos". Em contraposição ao vicioso elemento humano, o cavalo desponta como símbolo de inocência e pureza e, assim, sua injusta morte é intensificada:

> E aqui morreste! Oh, tua morte é a minha que, enganada,
> recebes. Não te queixas. Não pensas. Não sabes. Indigno,
> ver parar, pelo meu, teu inofensivo coração.
>
> Animal encantado! – melhor que nós todos! – que tinhas tu
> com este mundo dos homens?
>
> Aprendias a vida, plácida e pura, e entrelaçada
> em carne e sonho, que os teus olhos decifravam...
> Rei das planícies verdes, com rios trêmulos de relinchos...
> Como vieste morrer por um que mata seus irmãos! (v.13-20)

A assimetria entre inocente e culpado não recai sobre dois exércitos em conflito, mas, sim, entre homem e natureza, esta sendo atingida e devastada de modo "indigno". É o "coração inofensivo" do cavalo em contraste ao coração humano. Em "rios trêmulos de relinchos", é fabricada a aproximação entre a natureza e o cavalo, na amálgama entre "rios" e "relinchos". Nesse sentido, há centralidade na construção da ação do homem em oposição à passividade do cavalo e da natureza, nas negações "não te queixas. Não pensas. Não sabes". Essa iconografia comum da guerra é acentuada no poema pela descrição afável do animal se contestada com a edificação da violência e da guerra pelos humanos. A

37 Cf, FREUD. Considerações sobre a guerra e a morte. In *Introdução ao narcisismo, ensaios de metapsicologia e outros textos 1914-1916)*, p. 218-219.

construção do poema é similar a um trecho de *Nada de novo no front*, de Erich M. Remarque (escritor a quem Cecília alude mais de uma vez ao abordar a guerra),[38] quando, devido a uma batalha, muitos cavalos são atingidos: "é toda a lamentação do mundo, é a criatura martirizada, é uma dor selvagem, terrível".[39] Diante desse descalabro, os soldados questionam "gostaria de saber que culpa têm estes pobres animais"[40] e compadecem, pois "usar animais na guerra é a maior infâmia do mundo".[41]

"Lamento" demonstra um aspecto recorrente na lida com a guerra, a inflexão trágica e melancólica, é um desalento por estar de mãos atadas diante do conflito e, como consequência, da morte. Em "Partida",[42] de *Vaga música*, as perguntas retóricas sinalizam essa angústia e a desesperança:

> No estrondo das guerras, que valem meus pulsos?
> No mundo em desordem, meu corpo que adianta?
> A quem fazem falta, nos campos convulsos,
> meus olhos que pensam, meu lábio que canta? (v.5-8)

Em oposição ao "nós" operante e beligerante em "Lamento", aqui o sujeito poético está impotente, suas ações são ineficazes em um "mundo sem deuses, sem sonhos, sem lares!" (v.12).

Na obra de Cecília Meireles, coadunado com o preito bélico, o nacionalismo (distante do "nós" humanista) é também refutado, ideal este que, principalmente no século XX, forma uma parelha com a guerra. A vinculação do culto patriótico ao ânimo das forças militares irradia-se e torna-se um dispositivo cultural central na manutenção de ambas as ideologias:

---

38 Cf., por exemplo, MEIRELES. Uma página de Remarque, *Diário de Notícias*, Rio de Janeiro, 12 de junho de 1931.

39 REMARQUE. *Nada de novo no front*, p. 49.

40 REMARQUE. *Nada de novo no front*, p. 51.

41 REMARQUE. *Nada de novo no front*, p. 51.

42 MEIRELES. *Vaga Música* In *Poesia completa* vol. 1, p. 364.

> Quando leitor, impregnado, ainda, desse veneno do patriotismo mal compreendido, desses sonhos de heroísmo que a música marcial suscita, e de narrativas romanceadas e anacrônicas em que as atrocidades se cobriram com a máscara do sacrifício e do dever [...]. As gerações de agora ainda estão muito nutridas de lendas militares, muito embaladas de rufos de tambores, muito sensíveis ao ritmo de marchas e de hinos, muito deslumbradas pelo aparato dos uniformes vistosos, para se desvencilhar prontamente de todas as sugestões que se desprendem dessa espécie de ritual de um sangrento culto.[43]

Toda a atmosfera elogiosa dos ritos marciais torna-se incentivo ao alistamento e ao enaltecimento da guerra: "a adoração patriótica, o exagero do preconceito cívico, o fanatismo da nacionalidade, que, infiltrados pelo Estado através da ação educativa, criaram um dever fantástico, anti-humano, sobrepondo à vida verdadeira e a máscara de uma outra vida convencional".[44] Esse culto apologético é ainda uma sujeição da vida subjetiva à coletividade, e nos termos de Freud "a fundamentação racional do heroísmo repousa no julgamento de que a própria vida da pessoa não pode ser tão valiosa quanto certos bens abstratos e universais".[45] Essa análise é também realizada por Cecília Meireles, quando comenta a publicação das cartas de estudantes alemães mortos na Primeira Guerra Mundial, e, com a iminência da morte, se consolam no princípio sacrificial pela pátria: "o patriotismo podia ser, assim, uma razão de conforto para os olhos que já viam de tão perto a morte".[46] É semelhante à caracterização do "corpo mártir" (v.1 e

43 MEIRELES. Esse fantasma da guerra, *Diário de notícias*, Rio de Janeiro, 3 de novembro de 1932.

44 MEIRELES. Cartas de estudantes alemães mortos na guerra, *Diário de Notícias*, Rio de Janeiro, 29 de junho de 1932.

45 FREUD. Considerações sobre a guerra e a morte. In *Introdução ao narcisismo*: ensaios de metapsicologia e outros textos (1914-1916), p. 242.

46 MEIRELES. Cartas de estudantes alemães mortos na guerra (I), *Diário de Notícias*, Rio de Janeiro, 2 de julho de 1932.

5) apresentado no poema "Velho estilo",[47] que, morto no presente, é projetado no futuro "um dia tu serás símbolo, ideia, sonho" (v.13). Em "Os homens gloriosos"[48] a enunciação da glória militar é o mote, ressalta-se a construção verbal e imaterial da notabilidade beligerante e patriótica. O sujeito poético, apartado da terra, espanta-se diante da cena dos brados adeptos ao conflito:

> Sentei-me sem perguntas à beira da terra,
> e ouvi narrarem-se casualmente os que passavam.
> Tenho a garganta amarga e os olhos doloridos:
> Deixai-me esquecer o tempo,
> inclinar nas mãos a testa desencantada,
> e de mim mesma desaparecer,
> – que o clamor dos homens gloriosos
> cortou-me o coração de lado a lado.
>
> Pois era um clamor de espadas bravias,
> de espadas enlouquecidas e sem relâmpagos,
> ah, sem relâmpagos...
> pegajosas de lodo e sangue denso. (v.1-12)

A testa que vai até as mãos alude a um lugar-comum na figuração dos melancólicos, o torpor e o desamparo diante de um mundo que não lhes é receptivo. Essa "narrativa" – a hostilidade do "clamor", apenas vocalizado, e a violência das "espadas" – desequilibra a prévia neutralidade e a isenção do sujeito poético, que agora, desestabilizado pela descoberta, têm a "garganta", "olhos" e "coração" abalados. A natureza é também atingida:

> Como ficaram meus dias, e as flores claras que pensava!
> Nuvens brandas, construindo mundos,
> como se apagaram de repente!
>
> Ah, o clamor dos homens gloriosos
> atravessando ebriamente os mapas!

47 MEIRELES. *Vaga música* In *Poesia completa*, p. 368-369.

48 Todas as referências ao poema encontram-se em MEIRELES. *Mar absoluto*, p. 130.

> Antes o murmúrio da dor, esse murmúrio triste e simples
> de lágrima interminável, com sua centelha ardente e eterna.
> (v.16-19)

Contra o "clamor", o sujeito poético apresenta um outro som, o "murmúrio da dor". Após as informações recebidas, o espaço turva-se, em oposição à cena idílica previamente imaginada. Nesse poema é manifesto o par construção e destruição, na atividade imaginária do sujeito poético "construindo mundos", com uma tonalidade pacífica, e na estrofe seguinte com o desmantelamento de "tudo" que percorre os "mapas" (objeto central nas estratégias de guerra). Esse par, central na obra da escritora, assinala um desejo construtivo que tropeça na veemência destrutiva.

A difusão dos efeitos da guerra no espaço é evidenciada também em "Pomba em Broadway"[49] quando o pássaro que simboliza a paz encontra-se em um local pouco receptivo:

> Naquele reino cinzento
> veio a pomba bater asas
> contra muros de cimento. (v.1-3)

O movimento da pomba não é livre, é comprimido pelos "muros". A cidade é oposta à imagem de liberdade, é "severo" (v.5), com "densas paredes" (v.11), "densos lugares" (v.18) e "punhos duros" (v.21). É essa atmosfera que produz a dúvida do sujeito poético:

> Que mensagem conduzia
> Subindo e descendo os ares,
> pela fronteira do dia,
>
> subindo e descendo os ares,
> estrangulada nos muros
> daqueles densos lugares, (v.13-18)

49 Todas as referências ao poema encontram-se em MEIRELES. *Retrato natural*, p. 107-108.

O poema evidencia pares antitéticos, o símbolo apresentado pelo simples esvoaçar do animal em meio a arranha-céus e sua liberdade em oposição à compressão da cidade e, assim, o obscurecimento do símbolo que a pomba carrega, como se, os "verticais horizontes" (v.12) suprimissem a possibilidade de comunicação. Nesse sentido, o poema guarda semelhanças com "Le Cygne", de Charles Baudelaire, ao estruturar a diferença entre a cidade e natureza a partir de uma ave desajustada no ambiente citadino, distinção que, em ambos os poemas, ainda estrutura o par luz e sombra que, no caso de "Pomba em Broadway", aproxima-se da acepção de conhecimento e cultura, com a especificação "Broadway". Por fim, é sugestiva a presença do poema no livro publicado em 1949, já que, apesar de findada a guerra, a pomba ainda passa despercebida.

O desarranjo da pomba na metrópole é ainda um índice de certa reticência perante à modernidade. Esse tema, com destaque para a guerra enquanto componente da contemporaneidade, é abordado em "Murilograma para Cecília Meireles", de Murilo Mendes:

> O século é violento demais para teus dedos
> Dúcteis afeiçoados ao toque dos duendes:
>
> O século, ácido demais para uma pastora
> De nuvens, aponta o revólver aos mansos
>
> Inermes no guaiar & columbrando a paz.
> Armamentos em excesso, parque sombras de menos
>
> Se entojam agora ao homem, antes criado
> Para dança, alegria & ritmos de paz.[50]

A elaboração contrastante entre a escritora e o seu "século" sistematiza o desacordo. O poema aborda, ainda que tangencialmente, o *tópos* do desajuste dos escritores com seu tempo, que é também comentado por Cecília Meireles, a respeito da publi-

50 MENDES. Convergências. *In: Poesia completa e prosa*, p. 688-689.

cação de uma antologia da Resistência Francesa, os poetas produzem um "protesto contra a barbaridade, o último suspiro de amor por uma criatura ou pela liberdade".[51]

Por fim, a admiração por Mahatma Gandhi é também um componente desse pacifismo. A deferência ocorre, principalmente, pela defesa do *ahimsa* e dos modos de resistência não violenta mobilizados por Gandhi. Assim, foi possível que o advogado se transformasse em um símbolo, o do "herói sem armas": "o mais alto ideal de educação humana contém-se, neste momento, nas mãos de Gandhi, nessas magras e ressequidas mãos que poderiam sustentar o mundo inteiro [...]. Desde o início da campanha da desobediência civil, todos estamos vendo como esse herói sem armas levantou as virtudes seculares de um povo desprovido de tudo, recordando-lhe apenas como se pode ser tudo, sem nada se ter".[52] O comentário traça o argumento do "espírito" contra a violência e, em larga escala, do espírito contra o materialismo envolvido na guerra. Junto a Gandhi, a proximidade com a obra de Rabindranath Tagore, de quem traduziu *Çaturanga*, é também significativa na ampla defesa da paz. Em um texto de 1939, o escritor, também educador, afirma: "é relativamente fácil formar um exército para uma guerra violenta. Um ano de treino é suficiente para moldar homens a serem enviados para morrer no centro da guerra, mas treinar o espírito nos métodos da não-violência leva mais tempo".[53] Para recondicionar o espírito, a educação é a resposta definitiva e à longo prazo no projeto pacifista.

51 MEIRELES. L'honneur des poètes, *Correio Paulistano*, São Paulo, 15 de setembro de 1944.

52 MEIRELES. Gandhi, *Diário de Notícias*, Rio de Janeiro, 6 de janeiro de 1932.

53 "It is comparatively easy to raise an army for violent warfare. A year's drilling is sufficient to fit men to be sent to die seat of war, but to train the spirit in die methods of non-violence takes more time" (Tradução nossa). TAGORE. The Congress. *In: The Mahatma and The Poet: letters and debates between Gandhi and Tagore 1915-1941*, p. 173.

Um último apelo

O envolvimento de Cecília Meireles com as propostas da Escola Nova é central na relação que ela irá assinalar entre a educação e a guerra, na árdua tarefa do "desarmamento do espírito". Essa atuação da cronista e também educadora é baseada em "combater e destruir",[54] nos termos de Valéria Lamego, as propostas antiquadas e antidemocráticas então vigentes no sistema educacional e político. Assim, em uma perspectiva bem próxima a de Tagore, Cecília afirma: "não adianta destruir uma fábrica de munições deixando na terra um coração inquieto e feroz: as armas não nascem por si, elas representam materialmente o desejo e o sonho dos homens".[55] A necessidade de uma reforma na base escolar e na formação dos professores é um tema reiterado, pois, somente assim, seria possível atingir uma paz duradoura e não apenas curtas tréguas. Na crônica "Os educadores e a paz", com um "nós" controverso, assinala: "em meio à geral angústia que vai pelo país, por motivo desta luta de brasileiros, deviam ser os educadores os primeiros a pedirem paz".[56] É nesse mesmo texto que delimita sua tese e define o ideal de pacifismo:

> eles [os educadores] queriam uma paz que não fosse uma interrupção no curso de uma atividade, mas, ao contrário, o fim consequente a todas as atividades [...]. Para os educadores a paz é uma finalidade a que devem tender todos os trabalhos humanos.[57]

54 LAMENGO. *A farpa na lira*: Cecília Meireles na Revolução de 30, p. 58.

55 MEIRELES. Se fosse possível, *Folha Carioca*, Rio de Janeiro, 2 de junho de 1945.

56 MEIRELES. Os educadores e a paz, *Diário de Notícias*, Rio de Janeiro, 30 de agosto de 1932.

57 MEIRELES. Os educadores e a paz, *Diário de Notícias*, Rio de Janeiro, 30 de agosto de 1932.

É a partir dessa proposição que a educadora questiona "qual é essa educação que tornará o homem bom sem ser débil, forte sem ser monstruoso, livre de todos os excessos e fanatismos, e equilibrado ao mesmo tempo no universo a que pertence, na sociedade em que vive e no indivíduo que é?".[58] A perspectiva leva em consideração o influxo da educação e objetiva, a partir desse estímulo, modificar o ímpeto militarista. É importante lembrar que, na conjuntura, os órgãos educacionais direcionavam grandes esforços para a formação patriótica e militar, através de disciplinas como Moral e Cívica ou Ginástica e Exercícios Militares e ainda os Batalhões Infantis integrados às escolas. Mais uma vez, a busca por uma educação pacifista é também tema dos ensaios de Virginia Woolf: "que tipo de educação ensinará as jovens a odiar a guerra? [...] Qual o objetivo da educação; que tipo de sociedade, que tipo de ser humano ela deve procurar produzir?"[59] A escritora inglesa, ao partir de uma defesa da posição social da mulher, também revela o parco efeito apenas do desarmamento "a profissão de Otelo será extinta; mas ele continuará sendo Otelo [...] Ele é movido pelas vozes dentro dele mesmo – por instintos antigos, instintos nutridos e valorizados pela educação e pela tradição",[60] em afirmação similar a presente em "Lamento do oficial por seu cavalo morto": "ordens/ que trazemos por dentro". Assim, o objetivo não é apenas material, "devemos ajudar os jovens ingleses a extirpar deles mesmos o amor por medalhas e condecorações".[61]

No texto "Carta del Brasil", de 1947, ao traçar um panorama do país, é apresentado que um dos empecilhos na formação da "criatura humana" é a convicção bélica, que mobiliza a

58 MEIRELES. História da educação no Brasil, *A Manhã*, Rio de Janeiro, 6 de setembro de 1941.

59 WOOLF. *As mulheres devem chorar... ou se unir contra a guerra*, p. 78-79.

60 WOOLF. *As mulheres devem chorar... ou se unir contra a guerra*, p. 126.

61 WOOLF. *As mulheres devem chorar... ou se unir contra a guerra*, p. 126.

oposição entre "eu" e "outro" e, assim, educa mais para a violência do que para a "harmonia". O objetivo da escritora é passar do "compromisso de ódio" ao compromisso da conciliação e da fraternidade, o "sentido de amor humano".[62] Assim, a educação seria um ponto de partida na eliminação dos ideais positivos da guerra e da violência. Em relação a esse alastramento, é significativa a cena narrada pela escritora na crônica "Dia da Vitória", quando, na comemoração do fim da Segunda Guerra Mundial, mimetizavam a estratégia do conflito: "explodiam bombas ensurdecedoras, inesperadamente, caindo não se sabe de onde. Ria-se e gritava-se num princípio de delírio que as marchas militares dos alto-falantes iam ritmando".[63] Terminada a guerra, mantém-se o "clamor dos homens gloriosos" e todo o estrépito presente na batalha.

O empenho em relação à educação é uma constante na trajetória de Cecília Meireles, tanto no âmbito teórico quanto no âmbito prático. Merece destaque a função de cronista da educação nos primeiros anos da década de 1930 e os trabalhos voltados à docência envolvendo a literatura infantil, a fundação da biblioteca do Pavilhão Mourisco e a publicação de *Problemas da Literatura Infantil,* ambas obras pioneiras no Brasil. Neste livro publicado em 1951, resultado de um seminário de atualização docente, a escritora ao defender um "humanismo infantil" afirma a "esperança de que, se todas as crianças se entendessem, talvez os homens não se hostilizassem. Isto, porém, não passa de uma aspiração, nestas páginas. Fora do outono certo, nem as aspirações amadurecem. Mas, entre todos os tempos, ainda é permitido servir".[64] É como se vislumbrasse na criança o início da resolução do problema. Embora sem o "outono certo", em um contexto be-

62 MEIRELES. Carta del Brasil, *Realidad*, p. 98.

63 MEIRELES. Dia da Vitória, *Correio Paulistano*, São Paulo, 12 de maio de 1945.

64 MEIRELES. *Problemas da literatura infantil*, p. 16.

ligerante e de legitimação da destruição, a escritora persiste no projeto construtivo, em defesa do engrandecimento pela educação, naquele sentido humanista. Na década de 1930, a disposição da "esperança" também existia e ainda na lida com os destroços da então Grande Guerra e os fortes indícios de uma outra porvir, a "idealização" e o "servir" são também o centro do pensamento:

> A última guerra tinha-nos deixado uma lembrança de decadência, um sentimento doloroso de precariedade, de inutilidade humana, de afastamento das direções autênticas da vida. E, por isso tudo, recebêramos, como último recurso contra a desilusão, e a inércia do desânimo, o apagamento dos sonhos, a esperança numa outra interpretação da humanidade, o desejo de uma outra adaptação ao jogo dos acontecimentos, a idealização de um poder de harmonizar as contradições, para as vencer sem as extinguir, fazendo da sua concordância a aventura instável, mas permanente de uma serenidade possível à superfície da terra.[65]

Novamente, diante de uma atmosfera pouco acolhedora, a elaboração de perspectivas vindouras acomoda-se na formação educacional, sempre ancorada em uma tarefa futura: "nós temos a esperança da paz. Mas andam surdos rumores pela curva do globo. Anda em ritmo de desespero através das vidas. Será que descremos, às vezes, do sonho que sonhamos? Ou tememos pela sua sorte? Ou sentimos a sua possibilidade de morte, e o abafamos em nós, aguardando o momento oportuno? E então nos voltamos para a educação. Como um apelo. Para que o sonho não se perca, e se faça realidade sem deixar de ser sonho. E é tão belo que entristece".[66] Apesar dos "surdos rumores", a "es-

65 MEIRELES. O destino das esperanças, *Diário de Notícias*, Rio de Janeiro, 1º de maio de 1932.

66 MEIRELES. O destino das esperanças, *Diário de Notícias*, Rio de Janeiro, 1º de maio de 1932.

perança" e o "sonho" mobilizam os projetos educacionais, com o objetivo de torná-los "realidade". Assim, a disposição é solitária e lamentosa, arranjo que percorre grande parte da obra da escritora, "a melancolia dos que vêm para edificar, e encontram o mundo repleto de destruição".[67]

Desse modo, o propósito é minar não apenas a guerra (a consequência última), mas extirpar a disposição que imputa a "esperança" e a "felicidade" na ida ao conflito, ânimo apresentado e logo aniquilado em *Pistoia, cemitério militar brasileiro:*[68]

> Eles vieram felizes, como
> para grandes jogos atléticos:
> com um largo sorriso no rosto,
> com forte esperança no peito,
> – porque eram jovens e eram belos.
>
> Marte, porém, soprava fogo
> por estes ares campos e estes ares.
> E agora estão na calma terra,
> sob estas cruzes e estas flores,
> cercados por montanhas suaves. (v.1-10)

A alusão à antiguidade clássica (em "jogos atléticos" e "Marte") contrapesa a menção ao cemitério onde foram enterrados os soldados brasileiros que lutaram na Itália (referência presente apenas no título do poema), e, assim, desloca e amplia geográfica e temporalmente o conflito. A contraposição das imagens gloriosas do passado com a imagem fúnebre do presente demonstra a derrocada da disposição bélica. Mais uma vez, a natureza é confrontada com a guerra e, nesse caso, ela está incólume e "calma" por interligar-se à iconografia da morte em um jardim florido e tranquilo. Essa construção é apresentada também em uma crônica de viagem, na passagem por Pistoia:

67 MEIRELES. *Sub tegmine fagi...*, *A Manhã*, Rio de Janeiro, 4 de outubro de 1944.

68 MEIRELES. *Pistoia, cemitério militar brasileiro.*

> Ficou também Pistoia. A insistência daquela placa pelas esquinas: "Cemitério Militar Brasileiro". "Cemitério Militar Brasileiro"... Um cemitério tão claro, tão sereno, protegido, ao longe, pela moldura suave das montanhas. Um cemitério de jovens, – sem tristeza. A tristeza é ver como ficam os capacetes dos soldados, depois de uma rajada de metralhadora. E recordar que, dentro daquele capacete, esteve uma cabeça querida. Ou mesmo uma cabeça qualquer. Mas os fazedores de guerra são lá criaturas humanas![69]

O aproveitamento comum de imagens do poema e da crônica destaca a amenidade da natureza, respectivamente, "cercados por montanhas suaves" e "moldura suave das montanhas". É um cenário plácido que abriga as vítimas do conflito armado. Além disso, tanto no poema quanto na crônica, é salientada a faixa etária, são "crianças" ou "jovens", de modo a acentuar o pesar perante o combate e a morte, procedimento próximo, ainda, da menção ao cavalo inocente. Recurso semelhante é utilizado em "Descrição",[70] de *Vaga Música*:

> Da varanda do colégio,
> do pátio do sanatório,
> miravam tal sortilégio
>
> olhos quietos de meninos,
> com esperanças humanas
> e com terrores divinos. (v.22-27)

O termo "meninos" sublinha a inocência da apreensão e também das "esperanças humanas". O espaço da "varanda" indicia uma fronteira entre a rua e a escola e ressalta a perspectiva privada de um evento público. Em "Joguinho na varanda", de *Mar absoluto e outros poemas*, tanto a semântica infantil quan-

69 MEIRELES. Cidade Líquida, *Diário de Notícias*, Rio de Janeiro, 27 de maio de 1956.

70 MEIRELES. *Vaga música* In: *Poesia completa* vol. 1, p. 367-368.

to o espaço limiar são também imagens centrais. "Joguinho na varanda"[71] sobrepõe (e, desse modo, aproxima) duas imagens aparentemente distantes: as crianças que brincam na varanda e um combate no *front*. A primeira estrofe descreve o jogo infantil e a questão já é fabricada ao simular a linguagem da guerra: "plano estratégico" (v.3), "bolsão" (v.4), "conquistei uma posição" (v.6). Entretanto, o vínculo torna-se explícito quando a lua testemunha ambas as cenas:

> E a lua sobrevoa terras e mares incendiados,
> assiste ao jogo inocente, num quadrado de papelão.
>
> Ilumina bolas vermelhas, verdes, amarelas e pretas
> com a mesma luz que envolveu os feridos, longe, de bruços,
> e os mortos solitários que o sol amanhecente encontra. (v.7-11)

É o satélite que, ao iluminar os dois espaços, as "terras e mares incendiados" e o "jogo inocente", estabelece a ligação: é "a mesma luz" que sobrevoa as bolas coloridas do brinquedo infantil e os feridos e os mortos, sobrevoa o espaço privado e o espaço público. Nesse sentido, a lua simboliza uma indiferença cósmica, que ilumina, sem distinção, ambas as cenas. A paridade é ainda mediada pela tonalidade rubra "bolas encarnadas" (v.1), "incendiados" (v.7), "bolas vermelhas" (v.9) e "sol amanhecente" (v.11). O adjetivo "longe" é central na leitura do poema (e também na obra da escritora) pois demonstra que, espacialmente, os episódios se apartam, embora se aproximem ideologicamente – proximidade isomorfizada pela lua.

A leitura de "Joguinho na varanda" é acentuada em cotejo com as crônicas na qual a escritora demonstra, em primeiro lugar, o desvario dos brinquedos militares e, em segundo lugar, o forte vínculo desse cultivo na infância com a posterior ida à guerra. A perspectiva é detalhada em "Natal":

71 Todas as referências ao poema encontram-se em MEIRELES. *Mar absoluto e outros poemas*, p. 166.

> não quero entrar em considerações sobre as conveniências e inconveniências com que se costuma cercar o Natal das crianças. Mas gostaria de intervir seriamente na escolha dos brinquedos, chamando a atenção dos adultos para o abuso que se costuma fazer de apetrechos militares como presente de boas-festas e estímulo das mais graves tendências infantis.[72]

Além do rechaço à excessiva materialidade da data, os "apetrechos militares" propiciam o entusiasmo patriótico e violento e são claros incentivos da futura adesão às campanhas militares. Em "Joguinho na varanda", a sobreposição no presente pode também ser indício de uma projeção para o futuro, hoje a admiração "inocente" da guerra, amanhã a convocação para o conflito verdadeiro:

> Quando o batalhão passa pelas ruas, ainda muitas mãezinhas se deslumbram com a passeata, e suspendem os filhinhos às janelas para assistirem ao espetáculo. Esse mesmo espetáculo poderá depois arrancar-lhe lágrimas, quando não seja mais um ensaio, apenas, mas uma realidade autêntica de viagem para a morte que mata e a morte que faz morrer, no dia em que o brinquedo deixa de ser brinquedo e se transforma em obrigação cruel [...]. Na noite de Natal, as mãezinhas põem nos sapatinhos dos filhos espingardas e baionetas, quepes e tambores, cornetas e soldadinhos de chumbo... Fazem-no inocentemente, pensando que dão felicidade às crianças. Ensinar a brincar com armas é a mais dolorosa ocupação a que se podem entregar as mães. Então, entre luzes e festas, animando, sem querer, as guerras que surgirão, mais tarde, e em que os filhos do mundo inteiro recordarão com uma nostálgica amargura os ensaios guiados pelas maternas mãos.[73]

72 MEIRELES. Natal, *Diário de Notícias*, Rio de Janeiro, 23 de dezembro de 1931.

73 MEIRELES. Natal, *Diário de Notícias*, Rio de Janeiro, 23 de dezembro de 1931.

Em "Imagens do natal melancólico", publicada mais de uma década depois da crônica "Natal", a mesma festividade reascende o debate dos brinquedos violentos, enquanto as mães compram presente para os filhos "o rádio está contando histórias tristes, em lugares gelados, com soldados caídos por frios campos brancos" e, por isso, "diante das lojas, não pode fluir livremente o seu sonho. Todas elas tropeçam na realidade – alto muro contra a passagem da sua transcendência".[74] O combate é um empecilho na comemoração da data que é um símbolo da fraternidade e de humanidade: "assim, debaixo do sol se levantam os pinheiros nevosos. Assim, no mesmo dia em que se celebra uma festa universal de amor e fraternidade, os homens se matam com terríveis engenhos. Assim, brincam as crianças com as imagens das armas funestas, desses mesmos engenhos que ao longe estão fabricando a carnificina. Assim é este Natal. Todos tão tristes, tão infelizes".[75] Tanto os soldados na guerra do presente quanto o vislumbre das crianças que brincam com armas no futuro são motivos para a melancolia. Além disso, o termo "engenho" ressalta o constructo, é um artifício, uma criação humana, tópico que se aproxima de comentário realizado logo após as bombas de Hiroshima e Nagasaki: "essas consequências serão inúmeras. Aparecerão chapéus fatais, inspirados na preciosa bomba; os fabricantes de brinquedos irão perturbar a infância com miniaturas da novidade".[76] Desse modo, parte-se de uma consequência privada e menor, os "brinquedos", para demonstrar seu vínculo direto com as grandiosas e violentas batalhas na esfera pública. Os efeitos, aparentemente fúteis, da bomba atômica são os que mantêm, operante e viva, a cultura

74 MEIRELES. Imagens do natal melancólico, *Correio Paulistano*, São Paulo, 29 de dezembro de 1944.

75 MEIRELES. Imagens do natal melancólico, *Correio Paulistano*, São Paulo, 29 de dezembro de 1944.

76 MEIRELES. Oh! A bomba..., *Folha Carioca*, Rio de Janeiro, 25 de agosto de 1945.

do militarismo e da violência e, assim, está cada vez mais distante a "dança, alegria & ritmos de paz".[77]

Referências

FREUD, Sigmund. Considerações sobre a guerra e a morte. In *Introdução ao narcisismo: ensaios de metapsicologia e outros textos (1914-1916)*. Trad. Paulo César de Souza. São Paulo: Companhia das Letras, 2010.

FREUD, Sigmund. *O infamiliar*. Trad. Ernani Chaves e Pedro Heliodoro Tavares. Belo Horizonte: Autêntica, 2020.

GOUVÊA, Leila V. B. *Pensamento e "Lirismo Puro" na Poesia de Cecília Meireles*. São Paulo: Editora da Universidade de São Paulo, 2008.

HAMBURGER, Michael. *A verdade da poesia*. Trad. Alípio Correia de Franca Neto. São Paulo: Cosac Naify, 2017.

HOBSBAWM, Eric. A *era dos extremos: o breve século XX*. Trad. Marcos Santarrita. São Paulo: Companhia das Letras, 1995.

LAMEGO, Valéria. *A farpa na lira: Cecília Meireles na Revolução de 30*. Rio de Janeiro: Record, 1996.

MEIRELES, Cecília. A longa viagem de volta, *A Manhã*, Rio de Janeiro, 24 de janeiro de 1945.

MEIRELES, Cecília. Carta del Brasil. *In: Realidad*. Buenos Aires, 1947.

MEIRELES, Cecília. Cartas de estudantes alemães mortos na guerra, *Diário de Notícias*, Rio de Janeiro, 29 de junho de 1932.

MEIRELES, Cecília. Cartas de estudantes alemães mortos na guerra (I), *Diário de Notícias*, Rio de Janeiro, 2 de julho de 1932.

MEIRELES, Cecília. Cidade Líquida, *Diário de Notícias*, Rio de Janeiro, 27 de maio de 1956.

MEIRELES, Cecília. Continuação de Mussolini e a paz, *Diário de Notícias*, Rio de Janeiro, 9 de agosto de 1932.

77 MENDES. Murilograma para Cecília Meireles. *In: Poesia completa e prosa*, p. 688-689.

MEIRELES, Cecília. Desarmamento, *Diário de Notícias*, Rio de Janeiro, 13 de janeiro de 1932.

MEIRELES, Cecília. Dia a dia (II), *Correio Paulistano*, São Paulo, 12 de abril de 1945.

MEIRELES, Cecília. Dia a dia (III), *Correio Paulistano*, São Paulo, 20 de abril de 1945.

MEIRELES, Cecília. Dia da vitória, *Correio Paulistano*, São Paulo, 12 de maio de 1945.

MEIRELES, Cecília. Dias felizes, *A Manhã*, Rio de Janeiro, 15 de dezembro de 1943.

MEIRELES, Cecília. Esse fantasma da guerra, *Diário de notícias*, Rio de Janeiro, 3 de novembro de 1932.

MEIRELES, Cecília. Gandhi, *Diário de Notícias*, Rio de Janeiro, 6 de janeiro de 1932.

MEIRELES, Cecília. História da educação no Brasil, *A Manhã*, Rio de Janeiro, 6 de setembro de 1941.

MEIRELES, Cecília. Imagens do natal melancólico, *Correio Paulistano*, São Paulo, 29 de dezembro de 1944.

MEIRELES, Cecília. L'honneur des poètes, *Correio Paulistano*, São Paulo, 15 de setembro de 1944.

MEIRELES, Cecília. *Mar absoluto e outros poemas*. São Paulo: Global, 2015.

MEIRELES, Cecília. Mussolini e a paz, *Diário de Notícias,* Rio de Janeiro, 6 de agosto de 1932.

MEIRELES, Cecília. Natal, *Diário de Notícias*, Rio de Janeiro, 23 de dezembro de 1931.

MEIRELES, Cecília. O destino das esperanças, *Diário de Notícias*, Rio de Janeiro, 1º de maio de 1932.

MEIRELES, Cecília. Oh! A bomba..., *Folha Carioca*, Rio de Janeiro, 11 de agosto de 1945.

MEIRELES, Cecília. Os educadores e a paz, *Diário de Notícias*, Rio de Janeiro, 30 de agosto de 1932.

MEIRELES, Cecília. *Pistoia, cemitério militar brasileiro*. São Paulo: Global, 2016.

MEIRELES, Cecília. *Poesia completa*, vol. 1. São Paulo: Global, 2017.

MEIRELES, Cecília. Pró-paz..., *Diário de Notícias*, Rio de Janeiro, 21 de julho de 1932.

MEIRELES, Cecília. *Problemas da literatura infantil*. Rio de Janeiro: Nova Fronteira, 1984.

MEIRELES, Cecília. *Retrato natural*; coordenação André Seffrin. São Paulo: Global, 2014.

MEIRELES, Cecília. Rumo: Sul (XVIII), *Folha Carioca*, Rio de Janeiro, junho de 1944.

MEIRELES, Cecília. Rumo: Sul (XXIV), *Folha Carioca*, Rio de Janeiro, junho de 1944.

MEIRELES, Cecília. Se fosse possível, *Folha Carioca*, Rio de Janeiro, 2 de junho de 1945.

MEIRELES, Cecília. *Sub tegmine fagi...*, *A Manhã*, Rio de Janeiro, 4 de outubro de 1944.

MEIRELES, Cecília. Uma questão de solidariedade, *Diário de Notícias*, Rio de Janeiro, 15 de janeiro de 1932.

MENDES, Murilo. *Poesia completa e prosa*. Rio de Janeiro: Editora Nova Aguilar, 1994.

MOURA, Murilo Marcondes de. *O mundo sitiado*: a poesia brasileira e a Segunda Guerra Mundial. São Paulo: Editora 34, 2016.

ORWELL, George. *O que é fascismo? E outros ensaios*. Trad. Paulo Geiger. São Paulo: Companhia das Letras, 2017.

REMARQUE, Erich M. *Nada de novo no front*. Trad. Helen Rumjanek. Porto Alegre: L&PM, 2018.

TAGORE, Rabindranath. The Congress. In: *The Mahatma and The Poet*: letters and debates between Gandhi and Tagore 1915-1941. New Delhi: National Books Trust, 1997.

WOOLF, Virginia. *As mulheres devem chorar ou se unir contra a guerra*: patriarcado e militarismo. Trad. Tomaz Tadeu. Belo Horizonte: Editora Autêntica, 2019.

Visão 1944: Fotografia, Enquadramento, Montagem

Pedro Henrique Trindade Kalil Auad

Elias Canetti nos conta: "Há pouco tempo, deparei por acaso com um escrito de um autor anônimo, cujo nome não posso dizer justamente pelo fato de que ninguém o conhece. Esse escrito data de 23 de agosto de 1939, ou seja, uma semana antes da eclosão da Segunda Guerra Mundial, e diz: 'Tudo, porém, já passou. Fosse eu realmente um poeta, teria necessariamente podido impedir a guerra.'"[1] Incomodado com a frase, primeiramente pensando nela como uma soberba do uso da palavra "poeta", ele, contudo, chega à conclusão de que a frase "contém o oposto da jactância, vale dizer a confissão do completo fracasso. Mais ainda, exprime a confissão de uma *responsabilidade*, e, aliás, ali onde – e isso é o mais admirável nela – menos se poderia falar de responsabilidade, no sentido usual do termo".[2] De certa forma, Canetti nos chama atenção de que existe sobretudo uma responsabilidade dos poetas, mesmo que essa responsabilidade seja já, de antemão, um fracasso. Fracasso porque, provavelmente, poeta nenhum seria capaz de interromper o início da guerra, mas, ao mesmo tempo, é necessário tentar o poema

1 CANETTI. O ofício do poeta, p. 312.

2 CANETTI. O ofício do poeta, p. 313.

que impediria a guerra. Poetas que se instalam no fracasso, mas que, sobretudo e ainda assim, escrevem mesmo diante do caos – caos de onde tudo começa, como nos lembra, ainda, Canetti. E escrevem sobre a guerra, com a guerra, a partir da guerra, como é o caso de Carlos Drummond de Andrade.

Se antes da Primeira Guerra Mundial ainda era possível encontrar aqueles que louvavam a guerra ou sugeririam uma guerra para que as forças sociais e polícias da Europa se acomodassem,[3] se tornou muito difícil encontrar esse eco depois dela. Texto clássico dessa passagem, "Experiência e pobreza", de Walter Benjamin, parece ecoar essa mudança de paradigma. Para o alemão, aqueles que voltavam dos campos de batalha, os combatentes, "tinham voltado silenciosos do campo de batalha. Mais pobres em experiências comunicáveis e não mais ricos".[4] A guerra de trincheira e, logo adiante, a Segunda Guerra como um todo e o holocausto em particular, se tornam, para alguns, paradigma da impossibilidade da transmissão da experiência e, mesmo, da possibilidade de representação ou de criação após essas experiências-limite. Nesse sentido, clássico, também, é o argumento de Adorno: "escrever um poema após Auschwitz é um ato de barbárie, e isso corrói até mesmo o conhecimento de que por hoje se tornou impossível escrever poemas".[5] Poder-se-ia retomar os argumentos de Agamben, ainda sobre Auschwitz e o texto de Primo Levi, de que

> a testemunha comumente testemunha a favor da verdade e da justiça, e delas a sua palavra extrai consistência e plenitude. Nesse caso, porém, o testemunho vale essencialmente por aquilo que nele falta; contém, no seu centro, algo intestemunhável.[6]

---

3 Cf. CANFORA, *1914*.

4 BENJAMIN, Experiência e pobreza, p. 115.

5 ADORNO, *Prismas*, p. 26

6 AGAMBEN, *O que resta de Auschwitz*, p. 43.

Aqui, se desenha certos limites da linguagem, certas possibilidades da arte e, também, uma certa responsabilidade do artista.

Por mais que se retome o argumento de que essas experiências limites da guerra são, de alguma maneira, intransmissíveis ou intestemunháveis – e em alguma medida, de fato, o são –, por outro lado, é certo também que os relatos de guerra e a experiência de viver e vivenciar uma guerra se tornou uma parte importante da literatura do século XX. Sejam os relatos de Vassili Grossman, seja a maneira indireta que a guerra se apresenta em autor com obras tão descontextualizadas como Samuel Beckett, as guerras são motivo da literatura e, goste-se ou não, autores tentam, de alguma maneira, experenciar ou produzir experiencia com aqueles textos. Muitos autores importantes do século XX foram testemunhas presenciais de guerras, o próprio Beckett na resistência francesa, George Orwell e Hemingway estavam na guerra civil espanhola, alguns foram vitimados por ela, como o já citado Benjamin. Certo, também, que vários outros escritores, mesmo os que não sentiram o cheiro das bombas por perto, vivenciaram esses momentos e, de alguma maneira, registraram suas impressões: testemunharam o intestemunhável.

Este pequeno ensaio tratará, justamente, de um desses casos, mais particularmente, de um poema, "Visão 1944", de Carlos Drummond de Andrade,[7] escrito ao final da Segunda Guerra Mundial. Interessa, aqui, pensar em uma das formas possíveis que o poeta faz aparecer a guerra em seus poemas e uma das estratégias possíveis para retratar a guerra. O poema, que parece construído como fotografias, também se constitui de uma montagem de imagens e esses procedimentos são utilizados para que se transmita não a experiência da guerra, ou mesmo uma compreensão, mas uma compenetração.

7 ANDRADE, *A rosa do povo*, p. 135-138.

Susan Sontag discute as possibilidades de mobilização das pessoas a partir de fotografias de guerra, em *Diante da dor dos outros*, apostando que romances ou narrativas levariam muito mais compreensão ao espectador do que fotografias – "Narrativas podem nos levar a compreender. Fotos fazem outra coisa: nos perseguem".[8] A poesia estaria na parte da compreensão ou da perseguição? Ou, formulando a pergunta de outra maneira: a poesia teria melhor sorte para transmitir uma experiência de guerra? Se diante do "não compreendemos, nós não percebemos"[9] que temos diante da fotografia de guerra, a poesia poderia oferecer alguma faísca? E se o poema de Drummond se parecer com uma fotografia, como será sugerido adiante?

O interesse em retomar o texto de Sontag também se dá porque gostaria também de incluir na discussão o livro *Quadros de Guerra*, de Judith Butler, em que, em um de seus capítulos, retoma *Diante da dor dos outros*. Nesse livro, Butler vai construir o conceito de enquadramentos que "atuam para diferenciar as vidas que podemos apreender daquelas que não podemos" e "não só organizam a experiência visual como também geram ontologias específicas do sujeito".[10] Esse enquadramento seria responsável por determinar quais vidas seriam enlutáveis e quais poderiam ser eliminadas, e é justamente no modo de ver essas vidas que se determinaria as vidas vivíveis e as elimináveis. De certo que Butler aqui busca, desde o início, mesmo quando ainda não está em franca discussão com Sontag, evidenciar que a questão é da imagem e de como é construída, a partir da imagem, a própria possibilidade de ontologia dos sujeitos. Nesse sentido, para que o outro, aquele para nós desconhecido, se torne também sujeito, isto é, passível de luto, seria necessário ou outro enquadramento ou, ao menos, o questionamento

8 SONTAG, *Diante da dor dos outros*, p. 76.

9 SONTAG, *Diante da dor dos outros*, p. 104.

10 BUTLER, *Quadros de guerra*, p. 25

das molduras que determinam o que é o humano. Questionar a moldura, nos informa Butler, "significa mostrar que ela nunca conteve de fato a cena a que se propunha ilustrar, que já havia algo de fora, que tornava o próprio sentido de dentro possível, reconhecível"[11] e nesse questionamento percebemos que o enquadramento "rompe invariavelmente consigo mesmo quando se move através do espaço e do tempo".[12] Ora, a forma de ver e a movimentação das imagens no espaço e no tempo são determinantes, no fim das contas, para a possibilidade de alguma transmissão de experiência.

Já conversando diretamente com Sontag, Butler vai defender que se pense no enquadramento como "algo ativo, que tanto descarta como mostra, e que faz as duas coisas ao mesmo tempo"[13] e, se colocando de encontro à Sontag, afirma que "aprender a enxergar o enquadramento que nos cega para aquilo que vemos não é tarefa fácil", mas que pode oferecer uma outra possibilidade, inclusive ética e que pode até nos transmitir algum tipo de experiência: "Embora a restrição seja necessária para o foco, e não exista visão sem seleção, essa restrição com a qual fomos instados a conviver impõe condicionamentos em relação ao que pode ser ouvido, lido, visto, sentido e conhecido, contribuindo para minar tanto uma compreensão sensata da guerra quanto as condições para uma oposição sensata à guerra".[14] Aqui, Butler relembra que a visão imagética que temos da guerra é uma visão feita a partir de restrições feitas pelos próprios países, que permitem ou não a veiculação de certas imagens, ou seja, as imagens da guerra são uma seleção daquilo que é dado a ver. Por outro lado, existem as imagens que fogem desse paradigma – como no exemplo que ela mesmo oferece, as ima-

11 BUTLER, *Quadros de guerra*, p. 24

12 BUTLER, *Quadros de guerra*, p. 25.

13 BUTLER, *Quadros de guerra*, p. 112.

14 BUTLER, *Quadros de guerra*, p. 148-149.

gens da prisão de Abu Gabrih – e que questionar essa seleção, e dar a ver outros enquadramentos pode permitir que possamos fazer uma oposição racional – e não só emocional – da guerra, assim como para se colocar contra ela.

Obviamente que o que aqui Butler chama de enquadramentos é da ordem das imagens fotográficas, mas que pode ser expandido para imagens de textos literários. É o que ela mesmo realiza ao analisar poemas escritos por prisioneiros de Guantánamo, por exemplo. Neste trabalho, ao pensar em "Visão 1944", parto do princípio de que ele cria certa imagem da guerra e, com isso, constrói um certo enquadramento. Drummond, de alguma maneira, é um observador da guerra – não presencial –, e ele vai construir as imagens a partir de certas possibilidades de observação. Enfim, o poeta é um observador da guerra, independentemente da distância em que se encontra dela e a visão "e seus efeitos são inseparáveis das possibilidades de um sujeito observador, que é a um só tempo produto histórico e lugar de certas práticas, técnicas, instituições e procedimentos de subjetivação" e esse "observador é aquele que vê. Mas o mais importante é que é aquele que vê em um determinado conjunto de possibilidades, estando inscrito em um sistema de convenções e restrições",[15] como nos lembra Jonathan Crary.

Não seria possível ver a guerra e dar a visão da guerra a não ser sobre certas convenções e procedimentos. Mas aqui não perpassa o lugar de certo controle (do imaginário) feito pelo Estado, como Butler colocava acima, mas dos limites das possibilidades de observação e da produção das imagens. O que podemos adiantar é que esse Drummond, enquanto poeta-observador consegue de alguma maneira furar os próprios limites da representação dando a ver a guerra por outros enquadramentos que não aqueles propícios a um realismo direto e faz isso construindo

15 CRARY, *Técnicas do observador*, p. 15

um poema que, em muitas instâncias, vai se parecer com uma fotografia, mas que também vai extrapolá-la. Enfim, é a própria poesia – mas provavelmente não só ela – que, talvez, seja capaz de construir outra imagem e se colocar entre a emoção da fotografia e a consciência da narrativa.

O poema, os vivos, os mortos, os lugares e os objetos

A rosa do povo, livro em que está o poema “Visão 1944”, foi publicado pela primeira vez em 1945, ano final da guerra. Com referências diretas e indiretas, entre o pessimismo, mas também com toques de esperança, o livro é das obras brasileiras que mais se liga ao conflito mundial. É certo que ao menos desde *Sentimento do mundo*, Drummond tocava influxos que a guerra trazia para a vida de todos. Não sendo poeta de um mundo caduco, mas também não cantando o futuro – preso ao presente – parece ecoar ambiência traduzida por Simone Weil, escrita na mesma década dos 1930: “vivemos em uma época privada de futuro. A expectativa do que virá já não é esperança, mas angústia”.[16] Dentro do livro, “Visão 1944” é dos poucos poemas que carrega datação e marca justamente a passagem entre o horror da guerra à certa esperança pelo seu fim. Como aponta Alfredo Bosi, o poema poderia ser dividido em dois movimentos, sendo o primeiro com as imagens da morte e o segundo operando “um deslocamento das figuras de morte para as de resistência vital que, no discurso serial, se justapõem sem, porém, esmaecê-las”.[17]

Poema de importância singular dentro do livro de Drummond, também é destacado por Murilo Marcondes de Moura em seu livro, *O mundo sitiado*, que trata justamente da poesia brasileira e a Segunda Guerra. Como nos mostra Moura, já em

16 WEIL, *Reflexões sobre as causas da liberdade e da opressão social*, p. 10.

17 BOSI, *Três leituras*, p. 47.

seu lançamento, importantes críticos como Sérgio Milliet e Álvaro Lins destacam "Visão 1944" como importante poema social (ou político) de qualidade imponente. Como ainda nos lembra o crítico, trata-se de um poema que não toca um momento mais particular da guerra, como aconteceria em "Carta a Stalingrado", mas de um poema que abarca "o espalhamento da guerra, traçando desta um amplo panorama", oferecendo uma "visão de conjunto".[18] De certo, como apontam Ivana Ferrante Rebello e Valéria Daiane Soares Rodrigues, no livro *A rosa do povo*, mas em particular em alguns dos poemas, entre eles "Visão 1944", temos um "forte acento social que ele [Drummond] imprime em seus versos, em cujas linhas delineiam as sombras da Segunda Guerra Mundial e o cenário de horror e angústia que se projeta no mundo em crise".[19]

Chama a atenção ainda de Moura o que ele nomeia de planejamento geométrico do poema: "cem versos decassílabos, todos acentuados na sexta sílaba (heroicos), organizados na forma estrófica mais padronizada (a quadra), além da presença do estribilho, dado pela repetição, no início de cada um dos 25 quartetos, do verso 'Meus olhos são pequenos para ver'".[20] Ordenação que também tem atenção de Bosi: "todas as estrofes – 25 quadras perfazendo uma centena de exatos decassílabos camonianos, mas não rimados, o que relativiza a sua aparente classicidade – começam com a frase 'Meus olhos são pequenos para ver.'"[21] De fato, a forma do poema e a repetição do primeiro verso em todas as 25 quadras desperta logo a atenção de qualquer leitor. O poema, que trata de uma visão, é também a indicação de um olhar junto com esses olhos que são pequenos demais para ver – mas que vêm. É em ao menos dois sentidos que podemos invocar a

18 MOURA, *O mundo sitiado*, p.151.

19 REBELLO & RODRIGUES, E a rosa se abre, p. 130.

20 MOURA, *O mundo sitiado*, p. 156.

21 BOSI, *Três leituras*, p. 42.

pequenez dos olhos – dois sentidos possíveis e não excludentes – sendo o primeiro a incapacidade de os olhos verem tamanhas imagens que chegam e se formam da guerra, isso quantitativamente quanto qualitativamente; e o segundo, os olhos que não conseguem abarcar toda a visão da guerra, mas que, como indica Moura, ainda oferece uma espécie de panorama.

"Visão 1944" pode ser pensado, também, como um poema em guerra. Tomo aqui emprestado o conceito desenvolvido por Leonardo Francisco Soares, que distingue o texto de guerra e o texto em guerra. Naquele, centra-se na representação da guerra, enquanto neste se busca "a manifestação do valor da experiência ou a possibilidade de sua interpretação, de sua compreensão". Para isso, "a guerra é sinalizada e *apresentada* pela dimensão indicial e simbólica dos signos, livres de uma representação *colada* a algo a ela anterior".[22] De fato, um poema como "Carta a Stalingrado" estaria mais próximo de um poema de guerra, mas não é o caso de "Visão 1944": poema que se monta através de signos sem um necessário referente, constituindo uma experiência da vida em tempos de guerra do que da guerra em si.

Rebello & Rodrigues apontam que, independentemente de como interpretamos os olhos pequenos para ver, é importante dimensionar o poeta em "sua condição de espectador",[23] e não um espectador total, mas justamente um quebrado, que vê em partes, típico da modernidade, em que o "eu que vê os fatos e não pode interferir no curso da história, torna-se também um ser fragmentado".[24] Aqui, as autoras vão comparar o poema ao famoso quadro de Pablo Picasso, *Guernica*, quadro em guerra, que retrata a destruição de uma cidade durante a Guerra Civil Espanhola. Não sei se é o caso de dizer, como é possível inferir, no texto das autoras, que Drummond realiza uma *collage*, mas

22 SOARES. *Leituras da outra Europa*, p. 95.

23 REBELLO & RODRIGUES, Colagens poéticas, p. 86.

24 REBELLO & RODRIGUES, Colagens poéticas, p. 86.

de certo Drummond, como Picasso, realiza uma montagem de imagens. Retomaremos esse ponto mais detidamente adiante.

Existem, ainda, outras construções de imagens que podemos remeter ao poema de Drummond. Murilo Marcondes de Moura retoma os quadros de Goya, outro espanhol, mas que morreu muito antes da guerra, ainda na primeira metade do século XIX e também os epigramas que Brecht fez a partir de fotografias da guerra. Moura destaca que o poema acaba por "incorporar em sua estrutura 'fotos' de guerra" e que reitera bem a "posição fundamental dos poetas brasileiros diante do conflito",[25] isto é, posição de um participante não em *locus*, mas participante da guerra enquanto ouvinte (porque se ouvia principalmente notícias da guerra) ou como leitor, com algumas poucas imagens que chegavam por jornais e/ou revistas. Por outro lado, o eu-lírico do poema está em outro lugar, um lugar que parece testemunhar a guerra e a traduzir em seus quartetos essas imagens.

Se assumimos que o poema, de certa forma, como aponta Murilo Marcondes de Moura, incorpora em sua estrutura "fotos de guerra" de que tipo de fotos estamos falando? Pensar a relação da literatura com a fotografia e mais especificamente a poesia enquanto fotografia pode levantar uma série de questões. Obviamente, poder-se-ia pensar no uso que poetas fazem delas – como é o caso de Brecht, citado anteriormente, e vários outros –; ou, ainda, poderíamos pensar na aproximação entre literatura e fotografia proposta pelos naturalistas franceses como Zola; ou, ainda, como ela aparece constantemente em contos e romances na segunda metade do século XX, em autores importantes como Julio Cortázar ou Rodolfo Walsh; mas aqui me interessa pensar em por que um poema como "Visão 1944" pode ser pensado enquanto foto de guerra e o que o fato de serem fotos de guerra interfere em nossa discussão; por que o fato de

25 MOURA, *O mundo sitiado*, p. 193.

serem fotos, ou a possibilidades do poema ser entendido como fotos, pode servir para pensarmos no enquadramento de guerra que Drummond propõe.

Quais as imagens que Drummond constrói em seu poema? Elas são mais ou menos abstratas e algumas descrevem paisagens e, outras, pessoas; algumas indicam o lugar do conflito da guerra, mas outras estão nos bastidores da guerra ou mesmo longe de seu epicentro; a maioria delas não indica necessariamente um lugar ou um lado do conflito; já outras imagens indicam mais especificidade geográfica e até mesmo temporal, se acompanhamos o desenrolar da guerra. Nos vinte e cinco quartetos, portanto, temos esse panorama amplificado da guerra e seus desdobramentos em um conjunto exorbitante de momentos de vida e morte.

A primeira dessas imagens – "a massa de silêncio concentrada / por sobre a onda severa, piso oceânico / esperando a passagem dos soldados".[26] – já demonstra, também, que não é um trabalho descritivo de uma outra imagem, ou seja, provavelmente não temos aqui nada perto de uma ekphrasis, mas também não deixamos de antever o desembarque de soldados que ainda vai acontecer. É uma imagem que antecipa, mas mostra esse momento: uma paisagem que se quer mais como atmosfera e ambiência[27] do que como descrição. Na seguinte – "luzir na sombra a foice da invasão / e os olhos no relógio, fascinados, ou as unhas brotando em dedos frios"[28] – é um conjunto de imagens que tanto vislumbram a invasão soviética sugerida pela foice, mas também a ansiedade das horas e ao mesmo tempo a continuidade apesar da morte nas unhas que crescem nos dedos. Na terceira fotografia – "o general com seu capote cinza / escolhendo no mapa uma cidade / que amanhã será pó e pus

26 ANDRADE. *A rosa do povo*, p. 135.

27 Cf. GUMBRECHT. *Atmosfera, ambiência,* Stimmung.

28 ANDRADE. *A rosa do povo*, p. 135.

no arame"[29] – chama atenção que o general não tem necessariamente um lado no conflito, mas que é parte da destruição geral de vidas e cidades escolhidas a dedo e à distância, cidades que se tornam sinônimo de destruição, tal como W. G. Sebald as via: "nada se ligava à palavra cidade quanto escombros, muros chamuscados e janelas vazadas por onde se podia ver o vazio".[30] Dessas três primeiras imagens é possível que a gente perceba que a preocupação panorâmica de Drummond aciona um punhado de imagens de guerra sem necessariamente indicar lado ou local ou data e, mais, aponta para um rebuliço da convulsão daqueles dias. E, assim, se sucedem "o transporte de caixas de comida", as mulheres "na produção de tanques e granadas", "as fábricas tiradas do lugar", "gente do Pará e de Quebec" que espera notícias dos seus e, provavelmente, o único poema em língua portuguesa da época que notou "a fila de judeus de roupa negra, / de barba negra, prontos a seguir / para perto do muro – e o muro é branco",[31] ou seja, sobre o holocausto e os campos de concentração. Vamos voltar a essa última imagem adiante.

É interessante notar que Drummond desmonta a hierarquia das imagens de guerra. Se pegamos, por exemplo, as imagens que Brecht aciona para compor seus poemas, as imagens em geral são de combates ou combatentes, da destruição deixada pela guerra, inclusive seus cadáveres e caveiras. E são assim, também, a grande maioria das imagens de guerra. Poucos autores descreveram a guerra longe dos conflitos, mas claro que os há, como Georges Perec[32] ou W. G. Sebald, em que a intensidade da guerra se coloca como um vulto que paira em todo o ambiente.[33]

---

29 ANDRADE. *A rosa do povo*, p. 135

30 SEBALD. *Os emigrantes*, p. 36.

31 ANDRADE. *A rosa do povo*, p. 136.

32 Cf. SULEIMAN. A borda da memória.

33 Como aconteceria, também, em um filme como *Adeus, Meninos*, de Louis Malle.

Drummond, entretanto, em "Visão 1944" nivela tanto o general que está escolhendo a cidade a ser destruída àquela pessoa que espera notícias, coloca no mesmo plano a paisagem e os personagens, os objetos e os vivos. Assim, ninguém e nada parece escapar à guerra. Mas não só pessoas, aquilo que é vivo convive na imagem com aquilo que já não é ou nunca foi. A vida não é só carne, mas é cotidiano de objetos, de cidades, de espaços e construções e toda essa vida também não está mais hierarquizada. Enfim, de certa forma, poder-se-ia dizer que esse panorama da guerra, essas notícias da guerra, não são só notícias do que acontece nos fronts específicos, mas do que acontece em tempos guerra. Se o poema são fotos de guerra, portanto são fotos de muitos aspectos que envolvem a guerra, não só o combate.

Imagens da guerra, imagens fotográficas

Proponho agora um pequeno recuo, antes de voltarmos à fotografia, antes de falarmos de fotos de guerra novamente. O recuo é importante porque tomamos como possibilidade o argumento de Moura de que o poema incorpora fotos. Não estamos questionando essa observação, mas queremos entender seus limites e possibilidades. Pensamos nisso a partir de um texto de Arthur Danto, "O fim da disputa". Nesse texto, o filósofo estadunidense se centra na última grande querela das artes, em sua opinião, o que chama de paragone entre pintura e fotografia "que consistia na ostentação de que a fotografia era, mais do que a pintura, capaz de mostrar a aparência real das coisas, além de produzida de uma forma que não poderia ser melhorada".[34] Mas, na verdade, argumenta Danto, o que acontece com a fotografia é a criação de uma artificialidade, já que não vemos como a fotografia exibe suas imagens. O exemplo dele são as capturas de

34 DANTO. *O que é a arte*, p. 160.

movimento de Eadweard Muybridge em que um cavalo correndo nunca vai ser daquela maneira, mas que Degas, posteriormente, vai pegar aquelas imagens para pintar um cavalo. O que aconteceria, prossegue Danto, "é uma confusão entre verdade óptica e verdade visual".[35] Assim, uma daquelas imagens de Muybridge ou a maioria das outras fotografias são um instante, um *still* e o *still* "mostra 'a verdade óptica', mas não corresponde à verdade perceptiva, isto é, ao modo como vemos o mundo".[36] Porém, por mais que isso seja constatado, a fotografia acabou criando uma forma como vemos o mundo, sendo reproduzida em pinturas ainda no século XIX a maneira como a verdade óptica cria as imagens, desprivilegiando a verdade visual, como aconteceria no quadro *A execução de Maximiliano,* de Édouard Manet. Manet não tinha fotografias para reproduzir no quadro e dependia de relatos para produzi-lo. As diferentes versões de sua obra mostram que as imagens iam mudando a partir do momento que novas informações chegavam ao ouvido pintor – começa com Maximiliano sendo executado por guerrilheiros mexicanos, indicado pelo uso de sombreiros, até se transformarem em soldados mexicanos, que estão na versão final do quadro e quem de fato executaram o imperador. Nessa versão final, a imagem registra o momento exato do disparo, com a fumaça saindo dos mosquetes e Maximiliano caindo ao chão e isso, segundo Danto, demonstra que "a pintura é organizada de uma maneira que remete a elementos peculiares da fotografia".[37] Mesmo que equipamentos fotográficos à época não fossem capazes de realizar uma fotografia assim, pela sua demora e longo prazo de exposição para poder realizar uma imagem, a ideia da fotografia prevalece no quadro de Manet, conservando um *still* da execução.

35 DANTO. *O que é a arte*, p. 162.
36 DANTO. *O que é a arte*, p. 162.
37 DANTO. *O que é a arte*, p. 164.

Figura 1 – *A execução de Maximiliano,* de Édouard Manet.

Ainda acompanhando Danto, a fotografia teve papel "operativo na transformação da arte tradicional em moderna"[38] e um dos motivos foi porque a câmera diminuiu a profundidade e juntou as coisas de forma que pareciam, inclusive, que estavam umas sobre as outras: o achatamento do fundo ao primeiro plano seria uma característica fotográfica que foi de alguma maneira determinante para a arte moderna. De certo que à época da escrita de Drummond tanto a fotografia quanto as artes em geral já haviam se transformado sobremaneira desde os meados do século XIX, mas a longa história do fundo se fundindo ao primeiro plano, e abandonando a ideia de perspectiva que era determinante desde o renascimento, pelo menos, se desenvolveu de forma mais radical nas primeiras décadas do século

38 DANTO. *O que é a arte*, p. 165.

XX com todas as vanguardas artísticas. Por exemplo, Maliévitch vai afirmar que

> Quando foram estabelecidas as leis da perspectiva, impôs-se um cabresto para as artes plásticas. Um estábulo foi imposto ao pintor, no qual ele estava obrigado a operar. [...] A arte da perspectiva em cunha moveu-se à frente e examinou o mundo somente desse ponto de vista. Para nós não existia o mundo nem abaixo, nem acima, nem ao lado, nem atrás; somente o adivinhávamos. E quanto a arte precisou desdobrar o crescimento de seu corpo, tivemos que quebrar a catacumba cuneiforme.[39]

A fala de Maliévitch pode ser complementar à de Danto. Se a arte moderna produziu um achatamento do fundo, ela o fez em busca de descobrir outras possibilidades de ver um mesmo objeto. Para o teórico e pintor russo, no caso, a arte também estaria sendo "reconstruída" para destacar o movimento, mote tão importante da modernidade como Crary a define: "colocar-se em movimento".[40] Esse questionamento das "leis da perspectiva" é algo bastante presente, por exemplo, na obra de Picasso, que realiza ao longo de sua obra toda uma investigação sobre o fundo e o primeiro plano das imagens.

Interessante notar que, mesmo com a França ocupada, Picasso continuou a sua produção. A sua obra que mais se aproximaria do icônico quadro sobre a Guerra Civil Espanhola é uma obra incompleta, o *Ossuário*, uma obra que "reencontra o eco"[41] de *Guernica*. Se essa obra está incompleta, outra ele terminou, mesmo que para isso tivesse que contrabandear material. Trata-se de sua *Caveira*, que fica pronta em 1944, período mais intenso dos combates da Guerra em França e datação do

---

39 MALIÉVITCH. *Dos novos sistemas da arte*, p. 70-71.

40 CRARY. *Técnicas do observador*, p. 19.

41 LEENHARDT. A impossível simbolização "daquilo que foi", p. 76.

título do poema de Drummond. Se o crânio é um motivo que se apresenta desde a primeira década do século na obra Picasso, na década de 1940 ele alcança novo estatuto: "em 1940, por ocasião da Segunda Guerra Mundial, os crânios entraram seriamente em sua arte [de Picasso]. A morte real estava do lado de fora, o medo real ancorado dentro, e, assim, a iconografia de Picasso concentrou seu foco sobre ele".[42] Assim, essa escultura se torna uma obra fundamental do período, um objeto sólido, cujo objetivo é "negar qualquer lacuna, não permitir nenhuma folga interna imaginável, tornar a superfície o sintoma visível da densidade intransponível até o núcleo mais interno"[43] e, ainda assim, a obra é "uma vitalidade ressurgente em meio à morte. Afirma a indestrutibilidade do centro".[44]

Figura 2 – Pablo Picasso holding a skull in his studio, Paris – Foto de Robert Capa. Disponível em: https://www.icp.org/browse/archive/objects/pablo-picasso-holding-a-skull-in-his-studio-paris-0

42 STEINBERG. *Outros critérios*, p. 156.

43 STEINBERG. *Outros critérios*, p. 159.

44 STEINBERG. *Outros critérios*, p. 159.

Realizei aqui toda essa digressão a respeito da fotografia e das artes plásticas para poder voltar ao poema de Drummond com um outro olhar. Não temos, no poema, simplesmente "fotografias" de guerra e de momentos, mas algo talvez mais interessante, um poema que se move na lógica fotográfica, como aconteceria com o quadro de Manet. Mas, ao mesmo tempo, é um poema que absorve as inovações e transformações das artes do início do século. Boa parte das imagens do poema serão imagens em que tudo se apresenta no mesmo plano como em "os coqueiros rasgados e tombados / entre latas, na areia, entre formigas / incompreensivas, feias e vorazes"[45] e sem uma hierarquização, como já apontado anteriormente. Ao mesmo tempo, dizer que Drummond constrói essas imagens dessa forma nos diz pouco, apenas nos sugere um tipo de visão que se dá como fotografia, como se dá na arte moderna.

Talvez a incompletude de Picasso, com seu *Ossuário*, seja mais sugestiva, ainda mais em contraponto com a *Caveira*. Se naquela obra o pintor apresenta um eco das atrocidades e de um quadro anterior, mas impossível para o momento, ele encontra na escultura, no objeto tridimensional por excelência, a possibilidade de reafirmar algo indestrutível, algo que a superfície é sintoma, não afirmação total. E esse indestrutível é algo que resiste. Impossível daí, não lembrar a imagem de mais uma flor que aparece no livro de Drummond, ao final de "A flor e a náusea": "Façam completo silêncio, paralisem os negócios, / garanto que uma flor nasceu. // Sua cor não se percebe. Suas pétalas não se abrem. / Seu nome não está nos livros. É feia. Mas é realmente uma flor".[46] Mas esse indestrutível está, também, em "Visão 1944", com "os países mutilados como troncos, / proibidos de viver, mas em que a vida / lateja subterrânea e vingadoura" ou "toda essa força aguda e martelante, / a rebentar do chão e das

45 ANDRADE. *A rosa do povo*, p. 136.

46 ANDRADE. *A rosa do povo*, p. 14.

vidraças, / ou do ar, das ruas cheias e dos becos".[47] Ora, de certo modo, se Drummond constrói seu poema em uma lógica fotográfica, mas fotográfica nesse diálogo com a arte moderna, ele é, também, não só superfície, mas profundidade, algo do indestrutível em meio à guerra.

Figura 3 – The Falling Soldier, de Robert Capa. Disponível em: https://www.metmuseum.org/art/collection/search/283315

Curioso notar que é Robert Capa, o incontornável fotógrafo de guerra, que fotografou, entre outros momentos importantes, o Dia D[48], que clica a imagem de Picasso segurando a sua Caveira, em 1944. Capa também é responsável por tirar a mais emblemática foto de um soldado abatido, caindo, tal como acontecia no quadro de Manet, muitos anos antes. A foto *The falling Soldier,* argumenta Capa, foi tirada por acaso: segundo conta[49] em entrevista, ele simplesmente levantou a câmera so-

47 ANDRADE. *A rosa do povo,* p 137.

48 Apesar de ter fotografado esse dia, temos poucas imagens produzidas por ele já que "com a exceção e onze negativos de Capa, todos os outros foram danificados por um funcionário demasiadamente imprudente da câmara escura do escritório da Time Inc.". Cf. CAPA. *Robert Capa,* p. 101.

49 Cf. DHALIWAL. Robert Capa: 'The best picture I ever took' – a picture

bre a cabeça e apertou o clique, sem ver exatamente o que estava acontecendo. De certo não é assim que Drummond poderia construir suas fotografias, apesar desse "clique" de uma "máquina isenta" ser, quase, um discurso muito repetido para a definição da fotografia. Como aponta Juliana Gisi, "a transformação da simples constatação do funcionamento do aparelho em uma valorização do resultado do processo fotográfico é problemática, pois reduz a fotografia como meio de produção de imagens".[50] É bastante óbvio, quando se assunta a possibilidade de pensar "Visão 1944" enquanto fotografia, que não estamos afirmando que Drummond faz uma fotografia tal como a acima, mas constrói a possibilidade de o poema ser *uma fotografia*. E dizer que é *uma fotografia* quer dizer que é, sobretudo, construção e uma forma de ver o mundo, que se instaura enquanto imagens em que a hierarquia é desestabilizada e que tem elementos colocados no mesmo primeiro plano, criando uma amalgamento do caos das imagens da guerra. Importa pouco se Drummond teve acesso a essas imagens, mas ele as constrói tal fotografia, tal como a fotografia se apresenta enquanto ideia e isso acontece, principalmente, através da montagem dos elementos que distribui em cada uma das quadras.

Preto & branco: montagem

Já na década de 1940 a fotografia não transmitia a ilusão de ser apenas um *clic* quase aleatório, como Capa tenta vender suas fotografias e isso ao menos por dois motivos. O primeiro deles é que muitas fotografias, inclusive de guerras, foram sendo desmascaradas como uma encenação, como é o caso, por exemplo, da famosa imagem dos fuzileiros navais estaduniden-

---

from the past.

50 GISI. *60/70*, p. 130.

ses colocando a bandeira americana em Iwo Jima. O segundo é que as fotografias passaram a ser, cada vez mais, incorporadas nos fazeres artísticos, sendo suporte para muitas das manifestações de vanguarda em que obviamente se tratavam de montagens, como é o caso das fotos de Man Ray, para ficar em um só exemplo. Assim, pensar nas quadras dos poemas enquanto fotografias não perpassa por imaginar a "isenção" da máquina fotográfica, mas pensar justamente na construção e no uso da montagem que Drummond faz em seu poema.

Moura aponta, ainda, uma outra característica que chama atenção no poema e que confirma a presença das fotografias que é o uso reiterado de imagens em preto e branco pelo poeta. De fato, no trecho que cita os judeus – "a fila de judeus de roupa negra, / de barba negra, prontos a seguir / para perto do muro – e o muro é branco"[51] – Drummond destaca o negro – a barba, a roupa – em contraste com o muro branco que fecha o quarteto de versos. Interessante notar que em seu conjunto de "fotografias", Drummond dá a ver justamente a partir da maneira primordial de ver fotografias à época, ou seja, em preto e branco. Mesmo que as imagens sejam uma especulação ou sejam reconstruções ou transcriações a partir de outras imagens que ele capturou de jornais ou revistas ou descrições ouvidas pelo rádio, os quartetos nos dão a ver como "fotografias" também a partir das possibilidades que o aparato técnico se construía naqueles anos 1930 e 1940.

Esse ponto tem uma parte interessante em particular. A espionagem aérea dos aliados fotografou os campos de concentração, mas aquelas imagens não conseguiram revelar que eram nesses campos que se aniquilavam os judeus. Imagens bastante nítidas não foram capazes de revelar o que aconteceriam naqueles espaços confundidos, simplesmente, com fábricas. Como coloca Marília Garcia em outro poema:

51 ANDRADE. *A rosa do povo*, p. 136.

33 anos depois já nos anos 1970 a cia percebe
que eles fotografaram também
um dos campos de concentração de auschwitz
na época eles não viram o que já estava nas fotos
porque não sabiam da existência dos campos e por isso
não havia nada para ver
depoisquando começaram a ver
as fotografias com outros olhos
algo aparece:
uma verdade que ainda não existia

aparição fantasma[52]

E completa a poeta, depois de exibir uma imagem aérea do complexo: "neste caso / precisaram de uma distância temporal / para ler".[53]

Interessante que Marília Garcia destaca que a CIA demorou trinta e três anos não para ver o que estava ali exibida na imagem, não, a CIA demorou trinta e três anos para ler aquela imagem. De certo, Drummond leu e fotografou com palavras as imagens e notícias que chegavam da guerra. Moura especula sobre como Drummond constrói suas imagens:

> Drummond pode muito bem ter concebido um poema que trabalhasse com imagens entrevistas nos jornais da época ou figuradas a partir de leituras da literatura de guerra (ou mesmo imagens censuradas, o que então era comum, mas imaginadas a partir da audição do rádio).[54]

Saber disso, empiricamente, é o menos interessante. O mais interessante é pensar em que tipo de fotografia estamos aqui falando, porque, obviamente, não temos uma descrição de fotografias, mas um tipo de construção de imagem específica ao longo do poema, quer dizer, de imagens específicas, mas, em

52 GARCIA. *Parque das ruínas*, p. 33-34.

53 GARCIA. *Parque das ruínas*, p. 34.

54 MOURA. *O mundo sitiado*, p. 193.

geral, de eventos inespecíficos. E, mais do que apenas o registro de um momento – como poderia ser o *clic* da fotografia – o que temos é uma construção de imagens, uma construção que pode ser pensada enquanto montagem e que vê mais do que muitas fotografias davam a ver à época.

Neste trecho sobre o extermínio dos judeus, mas também em quase todos os outros, Drummond decupa um conjunto de elementos e os rearranja criando um significado. Esse procedimento básico de montagem, por mais que possa remeter a uma herança cinematográfica, ela não se relaciona a isso diretamente. A ideia de montagem, antes de ser cinematográfica, pode ser encontrada tanto no romance, quanto nas artes plásticas, principalmente as modernas, mas ela pode remeter para um tempo ainda anterior, como é o caso de Denis Diderot, que Roland Barthes indica como seu precursor no texto "Diderot, Brecht, Eisenstein". Barthes destaca que essa montagem, sobretudo, é sobre ser observado: "o teatro é, na verdade, esta prática que calcula o lugar *olhado* das coisas".[55] "Visão 1944" é um poema de dupla visão: o poeta que tem os olhos muito pequenos para ver, mas que observa e pode ver de uma determinada maneira e que também nos dá a ver, nós, os leitores, as imagens que ele constrói. Mas esse cálculo de colocar os elementos é justamente um processo de montagem dessas imagens e uma montagem que tenta dar conta do caos do mundo, da desordem do mundo, que Brecht entendia como o tema da arte.[56] E, como Brecht entendia, a montagem é justamente aquele momento em que as lutas e disputas coletivas podem ser mais bem trabalhadas e construídas, não deixando a história à mercê de um só indivíduo. Então, por mais que os olhos sejam pequenos para ver, é para ver essa massa coletiva de eventos.

A própria ideia de montagem, mais do que como se apresentava no cinema, se torna tema central no debate na arte alemã na década anterior da guerra, colocando em posições anta-

55 BARTHES. Diderot, Brecht, Eisenstein, p. 85.

56 Cf. PASTA. *Trabalho de Brecht*, p. 224.

gônicas Brecht e György Lukács, por exemplo. Ernest Bloch, vai nos lembrar Georges Didi-Huberman, define a montagem que Brecht utiliza como uma montagem que "faz surgir e ajunta essas formas heterogêneas ignorando qualquer ordem de grandeza, qualquer hierarquia, ou seja, colocando-as no mesmo plano de proximidade, em posição de destaque",[57] tal como aconteceria, anteriormente, quando falávamos da fotografia, da desestabilização da profundidade e do primeiro plano, da hierarquia do que é retratado e assim por diante e do poema "Visão 1944". Porém, a montagem, para Brecht, não era simplesmente um modo de amalgamar imagens e elementos em uma cena, ela tinha uma função:

> A montagem não é entendida univocamente, como uma mescla caótica de elementos não refletidos, uma restauração da empiria, capitulação diante da imediaticidade, expressão de tendências "irracionalistas" e antirrealistas. Brecht não a define, simplesmente. Está longe de suas preocupações o estabelecimento de um novo estilo, como enfatiza Benjamin, a montagem pode ser reutilizada em uma nova função, isto é, levar o leitor à compenetração.[58]

Ou seja, a montagem, mais do que uma técnica ou um modelo – como acontecia com certos debates da montagem no cinema soviético na época – é a criação de um determinado efeito sobre o espectador/leitor. Mais do que criar empatia ou compreensão – como no debate Sontag/Butler – o efeito esperado dessa montagem seria a *compenetração*, ou seja, ao mesmo tempo que provoca uma emoção e comove, faz também entender e saber. Assim, as imagens do poema de Drummond conseguem o que as nítidas imagens da CIA não conseguiram: não só identificar aqueles assassinatos em massa, mas, principalmente,

57 DIDI-HUBERMAN. A prova pela imagem, p. 138.

58 MACHADO. *Um capítulo da modernidade estética*, p. 153.

criar o mínimo de compreensão do que acontecia por ali e dar a dimensão do massacre a partir justamente do contraste entre o preto e o branco. Drummond parece adiantar a lição de Harun Farocki: "uma montagem deve manter em coesão, com forças invisíveis, coisas que de outro modo vagariam sem relação".[59]

Mas esse preto e branco se abre também nos últimos momentos do poema. Como Bosi destaca em outro lugar, em uma entrevista, sobre o "Visão 1944": "é um poema extraordinário, porque fala de tudo o que é violento e dilacerante na guerra, e a partir de um certo momento procura mostrar que por baixo daquelas cidades mutiladas, principalmente da Europa, estava nascendo um outro mundo".[60] Esse momento em que um novo mundo desperta em que "a vida lateja subterrânea e vingadora", em que ele clama "ó povo! Que no mundo te dispersas", constrói uma imagem "atrás da guerra, atrás de outras derrotas, / essa imagem calada, que se aviva, / que ganha em cor, em forma e profusão".[61] Da imagem também se extrai a cor de um mundo que virá, um "outro mundo que brota, qual nelumbo", a flor de lotus, com seu rosa e amarelos delicados, mas que, como lembra Bosi, trabalha em um constante abrir e fechar, "cerra as pétalas e as abre alternadamente". O próprio movimento do poema, de suas imagens, se volta para si mesmo, para essa própria abertura não só para alguma espécie de novo mundo, mas também para um outro tipo de imagem, com cor e que reflete sobre a própria imagem que se abre. Enfim, um poema que se quer abrir para o mundo porvir: um poema que busca um novo enquadramento para a guerra e para a vida depois dela.

59 FAROCKI. Influências transversais / montagem flexível, p. 234.

60 BOSI, Poesia como resistência à ideologia dominante, p. 12

61 ANDRADE. *A rosa do povo*, p. 138.

Considerações finais

Não foi só Drummond que criou fotografias e montagens fotográficas em outros suportes para conseguir criar a possibilidade de representar a Guerra. Por exemplo, o polonês Andrzej Wróblewski vai também criar em suas pinturas um gesto semelhante ao de Drummond: através da montagem, ele emoldura uma cena que aparece como uma fotografia. Como Katarzyna Bojarska nos coloca, essas imagens são tiradas de um contexto de guerra – seja fotografias ou de documentação –, remontadas, "cortando, revertendo, justapondo",[62] tirando delas não o poder de horror, mas criando um outro significado.

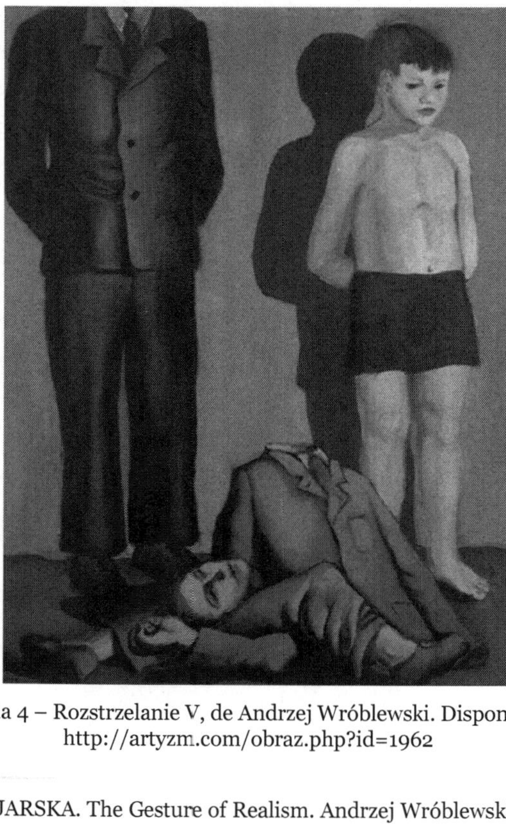

Fotografia 4 – Rozstrzelanie V, de Andrzej Wróblewski. Disponível em: http://artyzm.com/obraz.php?id=1962

62 BOJARSKA. The Gesture of Realism. Andrzej Wróblewski's Photo-Meemory of War, p. 12.

Pode ser que ler "Visão 1944" hoje não se pareça com o acontecimento, tal qual poderíamos presumir com fotografias, mas temos essa sensação porque, geralmente, tomamos o ponto de partida de que a imagem fotográfica é a imagem isenta que apenas passou por um obturador. Na verdade, como nos lembra Natália Brizuela, "toda fotografia é uma duplicação que naufragou – no sentido de estar descontextualizada, de já não fazer parte de um *continuum*, de ser uma citação, de ser um corte" e, acrescenta, "é o naufrágio da realidade o que constitui o terreno da ficção".[63] Assim, o poema de Drummond poderia ser pensado como um desses navios de guerra, perdido no fundo do mar, que testemunham a guerra, a destruição, as mortes e as vontades de vitória, o heroísmo, mas que só o visualizamos se criamos a sua imagem, uma imagem que não é descolada do real, mas que não se apresenta como o real, enfim, como uma fotografia, que dali absorvemos a história a partir das palavras.

Roland Barthes, quando começa a refletir sobre a fotografia, diz que a fotografia "pertence a essa classe de objetos folhados cujas duas folhas não podem ser separas sem destruí-los: a vidraça e a paisagem, e por que não, o Bem e o Mal, o desejo e seu objeto" e essa fatalidade "leva a Fotografia para a imensa desordem dos objetos – de todos os objetos do mundo".[64] A fatalidade que Drummond também parece assumir em seu poema: diante de toda desordem dos objetos do mundo, ainda mais em tempos de guerra, ele ordena o poema tal moldura, quase que como em conflito. O planejamento geométrico dá molde à imagem colocado no avesso do caos do mundo. E dentro dessa moldura o poeta busca alguma forma de falar sobre a guerra, buscando novo enquadramento, juntando no primeiro plano imagens, pessoas, objetos, quebrando hierarquias, e reconstruindo uma outra imagem para outra experiência da guerra.

63 BRIZUELA. *Depois da fotografia*, p. 29.

64 BARTHES. *Câmara clara*, p. 15.

Não se trata do intestemunhável, como alguns teóricos postularam, como citado no início do artigo, mas "a construção de possibilidades de sobrevivência das palavras e das imagens em tempos difíceis",[65] como Leonardo Soares afirmaria sobre os textos em guerra. Construir o poema tal fotografia nos permite, como nos lembra Rancière, redimensionar a guerra: "na mesma chapa fotográfica estão registradas a igualdade de todos diante da luz".[66] E nos lembra ainda o francês, que o irrepresentável da Guerra (e, principalmente, de Auschwitz), ou o infigurável, ou o intestemunhável deveria ser pensado ao contrário do que pregava Adorno: "É o contrário que é verdade: para mostrar Auschwitz depois de Auschwitz, só a arte é possível, porque ela é sempre o presente de uma ausência, porque é a sua missão mostrar um invisível, por meio da força organizada das palavras e das imagens, juntas ou separadas, porque ela é a única capaz de tornar sensível o inumano".[67] Drummond, preso à sua classe, a algumas roupas, não está simplesmente adotando um ponto de vista histórico em "Visão 1944", mas, talvez, condensando uma experiência da história, uma experiência de vida, sendo isso entendido, afirma Ronaldo Brito, como "vivência e pensamento, no qual não se possa separar o sensível do inteligível, o particular do universal, a consciência da inconsciência, o imaginário do real".[68] Brito acrescenta que se assim os historiadores entendessem, eles poderiam começar "a perceber que a história, efetivamente, depende de sua 'imaginação'",[69] algo que Drummond parece saber de antemão, na criação, recriação, transcriação, construção, enquadramentos e montagem das imagens em seu poema.

65 SOARES. *Leituras da outra Europa*, p. 134.

66 RANCIÈRE, *Figuras da história*, p. 21.

67 RANCIÈRE. *Figuras da história*, p. 46.

68 BRITO. Fato estético e imaginação histórica, p. 142.

69 BRITO. Fato estético e imaginação histórica, p. 142.

Referências

ADORNO, Theodor. *Prismas*: crítica cultural e sociedade. Trad. Augustin Wernet e Jorge de Almeida. São Paulo: Ática, 2001.

AGAMBEN, Giorgio. *O que resta de Auschwitz*: o arquivo e o testemunho (Homo Sacer III). Trad. Selvino J. Assmann. São Paulo: Boitempo Editorial, 2008.

ANDRADE, Carlos Drummond de. *A rosa do povo*. São Paulo: Companhia das Letras, 2012.

BARTHES, Roland. Diderot, Brecht e Eisenstein. In: ______. *O óbvio e o obtuso*. Trad. Léa Novaes. Rio de Janeiro: Nova Fronteira, 1990. p. 85-92.

BARTHES, Roland. *A câmara clara*: nota sobre a fotografia. Trad. Júlio Castañon Guimarães. Rio de Janeiro: Nova Fronteira, 2015.

BENJAMIN, Walter. Experiência e Pobreza. Tradução: Sérgio Paulo Rouanet. In: ________, *Obras escolhidas*, Vol. 1. Magia e técnica, arte e política. Ensaios sobre literatura e história da cultura. São Paulo: Brasiliense, 1987, p. 114-119.

BOJARSKA, Katarzyna. The Gesture of Realism. Andrzej Wróblewski's Photo-Memory of War. *View*, Varsóvia, vol. 3, p. 1-15, 2013.

BOSI, Alfredo. *Três leituras*: Machado, Drummond, Carpeaux. São Paulo: Ed. 34, 2017.

BOSI, Alfredo. Poesia como resistência à ideologia dominante. *Revista Adusp*, São Paulo, dezembro 2015. Disponível em: https://www.adusp.org.br/files/revistas/58/mat01.pdf. Acesso em: 16 de jun. 2021.

BRITO, Rolando. Fato estético e imaginação histórica. In: ________. *Experiência crítica*. São Paulo: Cosac Naify, 2005.

BRIZUELA, Natalia. *Depois da fotografia*: uma literatura fora de si. Rio de Janeiro: Rocco, 2014.

BUTLER, Judith. *Quadros de guerra*: quando a vida é passível de luto? Trad. Sérgio Lamarão e Arnaldo Marques da Cunha. Rio de Janeiro: Civilização Brasileira, 2015.

CANETTI, Elias. O ofício do poeta. In: ________. *A consciência das palavras*. Trad. Márcio Suzuki. São Paulo: Companhia das Letras, 2011. p. 310-322.

CANFORA, Luciano. *1914*. Trad. Aurora Fornoni Bernardini. São Paulo: Editora Unesp, 2014.

CAPA, Robert. *Robert Capa*: fotografias. Trad. Beatriz Karam Guimarães. São Paulo: Cosac Naify, 2000.

CRARY, Jonathan. *Técnicas do observador*: visão e modernidade no século XIX. Trad. Verrah Chamma. Rio de Janeiro: Contraponto, 2012.

DANTO, Arthur. *O que é a arte*. Trad. Rachel Cecília de Oliveira & Debora Pazetto. Belo Horizonte: Relicário, 2020.

DIDI-HUBERMAN, Georges. A prova pela imagem. *Revista brasileira de psicanálise*, v. 46, n. 3, p. 137-150, 2012.

DHALIWAL, Ranjit. Robert Capa: 'The best picture I ever took' – a picture from the past. *The Guardian*, Londres, 29 de out. 2013. Disponível em: https://www.theguardian.com/artanddesign/audioslideshow/2013/oct/29/robert-capa-spanish-civil-war. Acesso em: 25 de jun. 2021.

FAROCKI, Harun. Influências transversais / montagem flexível. In: YOEL, Gerardo. *Pensar o cinema*: imagem, ética e filosofia. Trad. Livia Deorsola, Hugo Mader, Pedro Maciel e Raquel Imanishi. São Paulo: Cosac Naify, 2015.

GARCIA, Marília. *Parque das ruínas*. São Paulo: Luna Parque, 2018.

GISI, Juliana. *60/70*: as fotografias, os artistas e seus discursos. Curitiba: Juliana Gisi Martins de Almeida, 2015.

GUMBRECHT, Hans Ulrich. *Atmosfera, ambiência*, Stimmung. Trad. Ana Isabel Soares. Rio de Janeiro: Contraponto; Editora PUC Rio, 2014.

LEENHARDT, Jacques. A impossível simbolização "daquilo que foi". *Tempo Social*, São Paulo, vol. 12, n. 2, p. 74-84, nov. 2000.

MACHADO, Carlos Eduardo Jordão. *Um capítulo da modernidade estética*: debate sobre o expressionismo. São Paulo: Editora Unesp, 2016.

MALIÉVITCH, Kazimir. *Dos novos sistemas da arte*. Trad. Cristina Dunaeva. São Paulo: Hedra, 2007.

MOURA, Murilo Marcondes de. *O mundo sitiado*: a poesia brasileira e a Segunda Guerra Mundial. São Paulo: Editora 34, 2016.

PASTA, José Antonio. *Trabalho de Brecht*: breve introdução ao estudo de uma classicidade contemporânea. São Paulo: Editora 34; Duas Cidades, 2010.

RANCIÈRE, Jacques. *Figuras da história*. Trad. Fernando Santos. São Paulo: Editora Unesp, 2018.

REBELLO, Ivana Ferrante; RODRIGUES, Valéria Daiane Soares. E a rosa se abre: a guerra e a flor na poesia de Drummond. *Aletria*, Belo Horizonte, v. 23, n. 2, p. 129-136, mai – ago, 2013.

REBELLO, Ivana Ferrante; RODRIGUES, Valéria Daiane Soares. Colagens poéticas: guerra e fragmentação em Drummond e Pablo Picasso. *Ipotesi*, Juiz de Fora, v. 18, n. 2, p. 77-89, jul – dez, 2014.

SEBALD, W. G. *Os emigrantes*. Trad. Lya Luft. Rio de Janeiro: Record, 2002.

SOARES, Leonardo Francisco. *Leituras de outra Europa:* Guerras e memórias na literatura e no cinema da Europa Centro-Oriental. Belo Horizonte: Editora UFMG, 2012.

SONTAG, Susan. *Diante da dor dos outros*. Trad. Rubens Figueiredo. São Paulo: Companhia das Letras, 2003.

STEINBERG, Leo. *Outros critérios:* confrontos com a arte do século XX. Trad. Célia Euvaldo. São Paulo: Cosac Naify, 2008.

SULEIMAN, Susan. A borda da memória: a escrita experimental e a geração 1.5. In:________. *Crises da memória e a Segunda Guerra Mundial*. Trad. Jacques Fux & Alcione Cunha da Silveira. Belo Horizonte: Editora UFMG, 2019.

WALSH, Rodolfo. Fotos. In: ________. *Essa mulher e outros contos*. Trad. Sérgio Molina e Rubia Prates Goldoni. São Paulo: Editora 34, 2010.

WEIL, Simone. *Reflexões sobre as causas da liberdade e da opressão social*. Trad. Pedro Fonseca. Belo Horizonte: Editora Âyiné, 2020.

Crianças e adolescentes em meio à guerra: Infância e exceção na literatura

Elcio Loureiro Cornelsen

Introdução

Nossa contribuição visa a refletir sobre a relação entre infância e exceção na Literatura. Conforme ressalta Alessandro Rocha, "tornar-se criança é ter a carne nua e selvagem, é ter o espírito livre e desarmado das supostas seguranças da adultice".[1] Trata-se, pois, de verificar como esse "espírito livre e desarmado" pode ser investido em obras da Literatura que abordam estados de exceção e de conflitos armados. Cabe ressaltar aqui, que, segundo Giorgio Agamben, reconhece-se no estado de exceção "sua estreita relação com a guerra civil, a insurreição e a resistência".[2] E como nos lembra Tânia Sarmento-Pantoja, "[o]s narrares da resistência constituem-se, sobretudo, afinados com o dever de memória e (também por isso) comprometidos a descortinar a presença da exceção em interação com a vida precária e a vida na catástrofe".[3]

1 ROCHA. Um breve elogio à seriedade da infantura, p. 7.

2 AGAMBEN. *Estado de exceção*, 12.

3 SARMENTO-PANTOJA. A escrita da catástrofe na literatura com protagonismo de crianças e jovens, p. 12.

Diante da amplitude do tema, direcionamos o enfoque para a representação de crianças e adolescentes na guerra e em estados de exceção. No âmbito literário, encontramos exemplos típicos dessa relação na chamada *Life Writing* – cartas, diários, biografias, autobiografias, testemunho etc.[4] Certamente, o mais famoso é o *Diário de Anne Frank* (1947; *Het Achterhuis*), em que Anne registrou impressões de sua infância e adolescência em meio à fuga da Alemanha nazista e de uma vida de clandestinidade em Amsterdã, na Holanda, escondida com sua família, até ser descoberta e deportada para o campo de concentração de Bergen Belsen. Um segundo exemplo é a obra *Nicht alle waren Mörder – eine Kindheit in Berlin* (1999; Nem todos eram assassinos – uma infância em Berlim), de Michael Degen, no qual o escritor e ator alemão relata sobre sua infância de perseguição e fuga na Alemanha nazista. Mais um exemplo de *Life Writing* é *O diário de Nina* (2003), escrito por Nina Lugovskaia, pintora e designer, em cuja infância e adolescência, durante o período stalinista nos anos 1930, entre outros assuntos, relatou sobre os desmandos do regime sob o domínio de Stalin. Podemos mencionar também *O diário de Zlata* (1993), da escritora bósnia Zlata Filipović, que ainda criança vivenciou a guerra civil em Sarajevo, dentro do processo de desmantelamento da ex-Iugoslávia.

Todavia, a literatura de ficção também produz obras em que a relação entre infância e guerra é retratada. Alguns exemplos são os romances *A guerra no Bom Fim* (1972), de Moacyr Scliar, *Morcegos* (1995; *Flughunde*), do escritor alemão Marcel Beyer, *O menino do pijama listrado* (2006; *The Boy in the Striped Pyjamas*), do escritor irlandês John Boyne, *A menina que roubava livros* (2005; *The Book Thief*), do escritor australiano Markus Suzak, *As aventuras de Ngunga* (1972), de Pepetela, e *Terra sonâmbula* (1992), de Mia Couto, estes dois últimos sobre

4 WINSLOW. *Life-Writing*: a Glossary of Terms in Biography, Autobiography and Related Forms, p. 11.

infância e guerra em Angola e, respectivamente, Moçambique.

Como bem aponta Tânia Sarmento-Pantoja, na Literatura, "as figurações da infância e da juventude são movimentadas como tópicos e como estratégias artísticas", pois "concentram-se no protagonismo e na focalização da criança, do adolescente ou do jovem adulto e tem estado no cerne de muitas narrativas derivantes da chamada 'era das catástrofes' [Eric Hobsbauwm]".[5] A seguir, versaremos sobre algumas obras que se caracterizam por esses aspectos.

Crianças e adolescentes em meio à guerra e a estados de exceção – produções literárias

O diário de Anne Frank

O *Diário de Anne Frank* tornou-se, ao mesmo tempo, símbolo e documento: símbolo das inúmeras vítimas do racismo, do antissemitismo e do genocídio cometido pela Alemanha nazista contra o povo judeu e, ao mesmo tempo, documento do destino de uma família judia marcado por uma vida confinada e absurda numa Holanda ocupada pelas tropas alemãs.

Existem duas versões do diário, ambas do próprio punho de Anne Frank. A segunda versão resultou de correções, supressões e enxertos da primeira, que não preenchia mais as exigências de Anne Frank em relação a seu texto. Além disso, o pai de Anne, Otto Frank, suprimiu algumas passagens do diário por motivo de discrição nas primeiras publicações.[6]

Desde cedo, Anne vivenciou o horror da perseguição e os medos da época no aconchego do lar. Com a chegada dos na-

5 SARMENTO-PANTOJA. A escrita da catástrofe na literatura com protagonismo de crianças e jovens, p. 12.

6 CORNELSEN. A gênese de 'O diário de Anne Frank' – um legado para a humanidade, p. 10.

zistas ao poder em 30 de janeiro de 1933, quando Hitler foi nomeado Chanceler pelo então Presidente alemão Paul von Hindenburg, os pais de Anne, Edith Frank Holländer e Otto Frank, judeus de origem, decidiram deixar Frankfurt, pois temiam que a política racial e o antissemitismo veiculado pela propaganda nazista antes de 1933 fossem colocados em prática e atingissem a família, sobretudo as filhas Margot e Anne. Seguiram para a capital holandesa, Amsterdã, como fizeram vários outros compatriotas, não só de origem judaica, mas os opositores ao regime de Hitler, que tencionaram permanecer nos países vizinhos por acreditarem que o nazismo seria um fenômeno político passageiro e que a normalidade democrática retornaria ao cenário político alemão tão logo a população reconhecesse o absurdo da política do partido nazista, agora no poder.

Quando a Holanda foi invadida e ocupada pelo exército nazista em 10 de maio de 1941, uma série de leis raciais discriminatórias foi imposta à população judia. No mesmo ano, Margot e Anne foram obrigadas a deixar a Escola Montessori e ir para o Liceu Judaico. Por temer o que ainda estava por vir, e sem ter perspectiva de deixar a Holanda, Otto Frank decidiu esconder a família, juntamente com amigos, num anexo de fundos de um prédio localizado no número 263 da Prinsengracht, em Amsterdã, onde funcionava o escritório da firma Opekta, de sua propriedade, que produzia pectina, um conservante usado na produção de geléia. Para isso, Otto Frank contou com o auxílio de quatro funcionários da Opekta, leais a ele. O anexo secreto era composto de andares: dois habitáveis, além de um sótão. O acesso a ele era possível através de uma porta secreta escondida atrás de uma estante de livros. O fato que determinou a necessidade imediata da mudança da família para o esconderijo foi um comunicado da autoridade nazista de ocupação convocando Margot para trabalhar na Alemanha.

A mudança da família para o esconderijo ocorreu no dia 6 de julho de 1942 e está registrada com detalhes no diário de

Anne, cujas anotações foram iniciadas no dia 12 de junho daquele ano, precisamente no dia de seu 13º aniversário, quando ganhara de presente um diário com capa em xadrez vermelho e branco. Nele, Anne descreve o dia-a-dia no esconderijo, ou seja, a tentativa de sobrevivência de oito pessoas num espaço limitado e os conflitos decorrentes da própria situação, além de suas crises pessoais. Mas seu diário registra também uma série de acontecimentos que marcaram o processo de discriminação e deportação de judeus rumo aos campos de extermínio. Em 09 de outubro de 1942, por exemplo, Anne registra em seu diário a deportação de judeus em trens de gado para o campo de Westerbork, na Holanda (FRANK, 1994, p. 64-65).[7]

O diário documenta também o talento para escrever de uma jovem, que pretendia se tornar no futuro jornalista e escritora. No diário, encontramos os mais variados temas: religião, natureza, sexo, relação entre pais e filhos, antissemitismo, guerra, entre outros. O último apontamento no diário data de 1º de agosto de 1944. Após delação, cuja autoria até hoje permanece incerta, o esconderijo foi descoberto em 04 de agosto de 1944 e todos foram presos pela polícia de ocupação, a chamada "Grüne Polizei" ("Polícia Verde"). Permaneceram poucos dias detidos na Holanda, no campo de Westerbork, pois foram deportados para Auschwitz-Birkenau, o maior campo de extermínio localizado nas proximidades da cidade polonesa de Cracóvia. Anne, a irmã e a mãe foram separadas de Otto Frank na seleção ocorrida na rampa de entrada do campo. Elas seguiram para o "bloco 29" do chamado *Frauenlager* ("Campo de Mulheres"). Em 30 de outubro de 1944, as irmãs deixaram Auschwitz num transporte que tinha por destino o campo de concentração de Bergen-Belsen, na Alemanha. Margot faleceu nos últimos dias de fevereiro e Anne Frank morreu no início de março de 1945 em Bergen-Belsen. Não se sabe ao certo em que dia ela faleceu. Ambas pereceram

7 FRANK. *Anne Frank Tagebuch*, p. 64-65.

devido às péssimas condições reinantes no campo, vítimas de tifo. Edith morrera meses antes em Auschwitz, vítima das péssimas condições com que os prisioneiros eram tratados. O único sobrevivente da família foi Otto Frank, libertado pelo exército soviético juntamente com os demais prisioneiros de Auschwitz em 25 de janeiro de 1945. Em Bergen-Belsen, Anne não sabia que o pai estava vivo. Sentindo-se só no mundo, após a morte de Margot, Anne não teve mais forças para lutar. Otto Frank regressou a Amsterdã após o final da guerra, sabendo que a esposa estava morta, mas tinha a esperança de que Margot e Anne tivessem sobrevivido, até receber um comunicado da morte das filhas em Bergen-Belsen.

Quando o livro foi publicado em junho de 1947 na Holanda, ainda não era comum que se escrevesse sobre temas sexuais, sobretudo em livros tidos como juvenis. Outro motivo importante que levou Otto Frank a não incluir na versão resumida passagens inteiras ou certas formulações presentes no diário foi o fato de querer preservar a memória de sua esposa e dos outros companheiros de infortúnio, que viveram no esconderijo. Anne escreveu o diário dos 13 aos 15 anos e expressou em seus apontamentos suas aversões e dissabores de maneira explícita, da mesma forma que suas simpatias. De início, o livro teve grande impacto mundial, sendo traduzido em 55 idiomas.

Guerra e exceção se fazem presentes em seu diário. Tomemos, por exemplo, o apontamento de 28 de setembro de 1942, em que Anne Frank escreve sobre viver sob o domínio do medo, algo que se torna recorrente no diário: "Aflige-me cada vez mais, quando tenho de dizer que nós não podemos sair nunca mais, e eu tenho um grande medo, que nós seremos descobertos e, então, fuzilados. Naturalmente, essa é uma perspectiva pouco agradável".[8] Outro apontamento de 30 de janeiro de 1943, en-

8 FRANK. *Anne Frank Tagebuch*, p. 41. Salvo outra indicação, todas as traduções do Alemão são de nossa autoria. Na tradução em Alemão: Es beklemmt mich doch mehr, als ich sagen kann, daß wir niemals hinaus dürfen, und ich habe

dereçado a "Kitty", seu "alterego", Anne revela a dimensão da consciência da guerra, não obstante o isolamento em que vivia no esconderijo: "Horas a fio eu poderia te contar sobre a miséria que a guerra traz consigo, mas isso só me deixa ainda mais deprimida. Não nos resta nada além do que aguardar, tranquilamente como se fosse possível, o fim dessa miséria. Os judeus esperam, os cristãos esperam, o planeta todo espera, e muitos esperam por sua morte".[9]

Lá fora, a guerra prosseguia. Os aliados já não se encontravam mais distantes de Amsterdã quando, numa manhã de agosto de 1944, a polícia alemã descobriu o esconderijo. Mas para Anne Frank e todas as outras pessoas a libertação chegou tarde demais. Restou-lhes apenas o caminho para a morte, a deportação para campos de concentração e extermínio no Leste europeu e, posteriormente, na própria Alemanha. O que restou foi justamente o diário, um documento notável e comovente, escrito por uma adolescente em fase de amadurecimento, repleto de anotações aparentemente despretensiosas, e é justamente por essa aparente despretensão que ele se tornou um marco na representação do extremo absurdo a que a Europa foi lançada pela Alemanha nazista.

A guerra no Bom Fim

O romance *A guerra no Bom Fim* foi publicado em 1972. Como se nota pelo título, o bairro étnico ocupa uma posição de destaque tanto no processo de representação da vida cotidiana da comunidade judaica em Porto Alegre, quanto na criação do espaço ficcional, pautado pela transposição de toda uma simbo-

---

große Angst, daß wir entdeckt und dann erschossen werden. Das ist natürlich eine weniger angenehme Aussicht.

9 FRANK. *Anne Frank Tagebuch*, p. 92. Na tradução em Alemão: Stundenlang könnte ich Dir über das Elend, das der Krieg mit sich bringt, erzählen, aber das macht mich nur noch bedrückter. Es bleibt uns nichts anderes übrig als so ruhig wie nur möglich das Ende dieser Misere abzuwarten. Die Juden warten, die Christen warten, der ganze Erdball wartet, und viele warten auf ihren Tod.

logia e um legado cultural, trazidos pelos imigrantes judeus do Leste europeu nas primeiras décadas do século XX.

No romance *A guerra no Bom Fim*, composto por 30 capítulos, o eixo temporal transcorre de 1943 até o final dos anos 1960, início dos anos 1970, embora os relatos se tornem esparsos após 1945, de maneira que praticamente duas décadas e meia se reduzem às últimas catorze páginas do romance. Ligado ao eixo temporal, um acontecimento histórico tem influência direta na forma como seu protagonista, Joel, rememora sua infância: a Segunda Guerra Mundial.[10]

Ao longo do romance de Scliar, aparecem quatro menções explícitas ao pintor russo Marc Chagall, principal artista que eternizou o *shtetl* – a aldeia judaica do Leste europeu – em suas telas. Na primeira delas, o narrador associa a personagem Nathan, irmão do protagonista Joel, com as personagens aladas de Chagall:

> [...] Ao crepúsculo, uma luz mágica, dourada, iluminava o Bom Fim. Nesse bairro, nesse pequeno país, a esta luz, Chagall teria visto os violinistas em lento vôo sobre os telhados; eram quatro; três, quem seriam? O quarto era Nathan, filho de Samuel e Shendl e irmão de Joel; Nathan, que teve uma hemoptise tocando 'A idishe Mame' e caiu morto sobre a estante. Esses violinistas nunca mais foram vistos; desapareceram durante a guerra (seres de pouca velocidade, seriam alvo fácil para os 'Stukas' e 'Messerschmitts'). [...][11]

Como podemos constatar, na passagem anterior o tema da guerra invade a imaginação, certamente pelas idas de Joel ao Cine Baltimore nas matinês de domingo, onde via filmes de guerra em que apareciam os "Stukas" e "Messerschmitts", aviões

---

10 CORNELSEN. Infância e espacialização do bairro judeu nos romances 'Bom Retiro', de Eliezer Levin e 'A guerra no Bom Fim', de Moacyr Scliar, p. 99.

11 SCLIAR. *A guerra no Bom Fim*, p. 7.

da *Luftwaffe* alemã. Mas decisivo mesmo para a cena é o lirismo chagalliano, onírico, um delírio de purezas e inocências, nostalgia de um "mundo perdido" que se torna elemento inspirador para a construção da personagem trágica Nathan, um violinista pairando acima dos telhados do Bom Fim.

Não é por acaso que a infância tenha se tornado um dos aspectos característicos em obras de autores que emigraram. Muitas vezes, a saída traumática de seu habitat e a nova realidade num mundo estranho, e mesmo o trânsito de uma cultura a outra, fizeram com que a geração de autores imigrantes investisse em estratégias de representação literária, nas quais haveria espaço tanto para a nostalgia e para o culto à tradição, quanto para o olhar da criança, que crescia em meio a dois mundos: o mundo familiar arraigado na tradição do shtetl, deixado para traz, e o mundo da rua, marcado no olhar infantil pelo desconhecido e, ao mesmo tempo, pela aventura. Deles, resulta uma tensão dialética entre Identidade e Alteridade, entre preservação e integração.

Em outras passagens do romance de Moacyr Scliar, a Segunda Guerra Mundial ganha nítidos contornos a partir do olhar infantil. Uma dessas passagens é definida por Joel como a "batalha de Capão da Canoa",[12] quando tropas nazistas invadiram a praia de veraneio em pleno verão de 1944, onde Joel e toda a turma passavam férias:

> Os nazistas atacaram o Capão da Canoa numa noite escura de janeiro de 1944. Chegaram em submarinos que ficaram ao largo enquanto eles avançavam para a costa em botes de borracha, estabelecendo ali uma cabeça-de-praia. Passava das onze horas. Todos dormiam, menos Joel que, na porta do quarto, urinava na areia, olhando o mar. Foi então que viu as lanternas piscando em código Morse. Imediatamen-

12 SCLIAR. *A guerra no Bom Fim*, p. 63.

> te deu-se conta da situação. Falava-se num plano nazista de dominar Capão da Canoa e de lá invadir o Bom Fim através de um túnel secreto que, partindo dos fundos do Hotel Bassani, avançava dezenas de quilômetros, terminando em certo bueiro da Rua Henrique Dias. [...][13]

O interessante em passagens como essa é que, para o leitor, a imaginação de Joel é apresentada sem a mediação de comentários do narrador, ou seja, como se, de fato, tivesse ocorrido a invasão de Capão da Canoa pelos nazistas. Entretanto, a percepção infantil do próprio espaço evidencia o olhar de Joel: seu universo é o bairro judeu do Bom Fim e, portanto, a invasão de Capão da Canoa só poderia ter por finalidade o ataque ao Bom Fim. Na sequência dessa passagem, Joel acorda os outros garotos e os conclama à defesa da praia, sem deixar de ressaltar que contariam com "aliados poderosos": "Lá estavam, escondidos entre os cômoros, o Príncipe Submarino, o Homem de Borracha e o Sombra; Sansão e Josué, o *Golem*. Essa figura, que tinha mais de três metros de altura, fora criada do barro pelo Rabi Judah Löw, de Praga, no século XVI, para proteger os judeus da sanha de seus inimigos; agora saía de seu sono secular para enfrentar os nazis".[14]

Na imaginação do "rei Joel", juntam-se personagens das revistas em quadrinhos – o Príncipe Submarino, o Homem de Borracha e o Sombra –, heróis bíblicos – Sansão e Josué –, e uma personagem mítica da tradição judaica – o Golem. Assim, os super-heróis da série *O Globo Juvenil*, que Joel gostava de ler, saem das páginas dos quadrinhos para se aliar aos garotos na defesa da praia de Capão da Canoa, juntamente com Sansão, Josué e o Golem. Mas esses não eram os únicos aliados, pois um grupo respeitável de boxeadores também é conclamado a lutar:

13 SCLIAR. *A guerra no Bom Fim*, p. 58-59.
14 SCLIAR. *A guerra no Bom Fim*, p. 59.

> Ali estavam também os famosos boxeadores judeus: Daniel Mendonza que, no século XVIII, defendeu a comunidade judaica da Inglaterra, contra a peçonha dos anti-semitas; Samuel Elias, o "Dutch Sam", Isaac Bittoon, Abraham Belasco e Barney Aron, "The Star of the East", e os americanos Benny Leonard, campeão mundial de pesos leves, invicto (lutou 210 vezes e só perdeu duas), Abe Atell, "Battling" Levinsky, Barney Ross, Maxie Rosembloom, Al Singer, Max Baer; todos saltitando impacientes na areia úmida, trocando socos para esquentar; e o Homem Montanha.[15]

E a galeria dos aliados de Joel não cessa de crescer: após integrar heróis em quadrinhos, personagens bíblicas e míticas, e boxeadores, outros combatentes são convocados para a defesa de Capão da Canoa contra a iminente invasão nazista:

> [...] [O Homem Montanha e]stava lá ao lado do Vingador, do Calunga e do Zorro; do mocinho e de seu amigo, o gozado. O gozado era um bolaço, vivia arregalando os olhos e caindo do cavalo, mas na hora da briga o gozado puxava o revólver, e não era um, nem dois bandidos que ele matava! Estavam ali os americanos, os ingleses, os franceses, os russos. E a FEB. E os fiéis "pêlos-duros", os nativos de Capão da Canoa. E Deus.[16]

Assim, juntam-se a Joel uma personagem da luta livre – o Homem Montanha –, mais heróis dos quadrinhos – o Vingador, o Zorro e o gozado –, os próprios aliados – os americanos, os ingleses, os franceses, e os russos –, a Força Expedicionária Brasileira, os nativos de Capão da Canoa e, por fim, Deus. Sem dúvida, na imaginação de Joel entrecruzam-se diversos intertextos – dos gibis, da Bíblia, do cinema, dos noticiários etc.

15 SCLIAR. *A guerra no Bom Fim*, p. 59.
16 SCLIAR. *A guerra no Bom Fim*, p. 60.

Todavia, os invasores também tinham seus aliados, se bem que em menor número: "Os alemães também não vinham só. Joel sabia. Traziam consigo os pérfidos amarelos. E Silvana. E o traidor cão 'Melâmpio', com seu único olho brilhando de raiva".[17] Portanto, os nazistas traziam em suas fileiras o Doutor Silvana, mais uma personagem das histórias em quadrinhos, o cientista inimigo do Capitão Marvel. Apresentados os dois "exércitos", faltava prover a turma de armamento para o combate:

> Joel viu que a hora tinha chegado. Deu o sinal. Correram e se espalharam pelos cômoros de areia em frente ao Hotel Bassani, cada um com sua arma. Beto com um lança-chamas. Jean com a soqueira-punhal. Dudi com o canivete de três lâminas. Francisco Zukerkorn com o fuzil e baioneta. Motl Liberman, Pedro e Arnaldo com a bazuca. O Capitão Joel, ele mesmo, tinha uma metralhadora e doze granadas.[18]

O mundo da fantasia e da imaginação, conforme apresentado no romance *A Guerra no Bom Fim*, possibilita produzir certos efeitos a partir do olhar infantil para o conflito armado e a própria *Shoah*. E é assim que Joel e sua turma vivenciam a guerra, perpassada pela imaginação e pelo modo lúdico como lidam com o conflito. E não tarda a se iniciar o combate:

> As granadas explodiram, as metralhadoras crepitaram. Num instante, a praia se transformou num inferno. Surpresos, os alemães gritavam *Ach* e *Himmel*, fazendo fogo por sua vez. Tinham muita munição, isto nunca lhes faltava, e disparavam sem cessar. As balas zuniam no ar, os *Stukas* e *Messerschmitts* roncavam sobre Capão da Canoa.[19]

17 SCLIAR. *A guerra no Bom Fim*, p. 60.

18 SCLIAR. *A guerra no Bom Fim*, p. 60.

19 SCLIAR. *A guerra no Bom Fim*, p. 60-61.

O exército de "heróis" comandados pelo Capitão Joel, como era de se esperar, vence a batalha e expulsa os nazistas da praia. Nenhuma baixa entre os aliados, apenas a satisfação de todos ao terem derrotado o nazismo. Mas o mundo da fantasia e do lúdico – como se fosse uma brincadeira de "polícia e ladrão" – se desfaz, pois as férias logo chegam ao fim e impõem um retorno ao cotidiano:

> Terminado o veraneio, voltaram para o Bom Fim. As férias escoaram-se depressa e breve já estavam carregando as pastas cheias de cadernos, a caminho do Colégio Iídiche. Naquele ano muitos terminariam o primário e começariam o ginásio no Júlio de Castilhos; depois, fariam o científico e depois o vestibular para Medicina, Engenharia, Direito; e outros fariam Odontologia, Química e Filosofia.[20]

Portanto, no romance *A guerra no Bom Fim*, o olhar infantil para a guerra permite esvaziá-la da contundência através da fantasia e da imaginação, que acaba por produzir efeitos humorísticos, no intuito de se rir do infortúnio, um traço, aliás, peculiar do chamado "humor judaico", aqui evocado por Moacyr Scliar.

Nem todos eram assassinos

O livro *Nicht alle waren Mörder: Eine Kindheit in Berlin* (1999; *Nem todos eram assassinos*: uma infância em Berlim), obra autobiográfica do ator e escritor Michael Degen, pode ser considerado um relato de testemunho. Trata-se de um relato sobre a vida de Michael e sua mãe, Anna Degen, que, na iminência da deportação da população judia de Berlim pelos nazistas, em 1943, passaram a viver escondidos, num tempo marcado tanto pelo medo permanente de serem delatados, quanto pelo apoio

20 SCLIAR. *A guerra no Bom Fim*, p. 63.

de amigos e conhecidos que não hesitaram em colocar suas vidas em risco para salvá-los da deportação rumo aos campos de extermínio. Cinquenta e cinco anos mais tarde, Michael Degen rememora a vivência da fuga, aos onze anos de idade, de esconderijo em esconderijo, até a derrocada do nazismo e a ocupação da cidade de Berlim por tropas soviéticas.[21]

Numa "ação" de deportação de judeus da cidade de Berlim, em 1943, Michael e sua mãe, Anna Degen, decidiram se esconder para não serem detidos e, consequentemente, deportados. Tem início, então, uma longa trajetória de dificuldades e perigos, numa vida clandestina que durou dois anos. Várias pessoas os ajudaram nesse longo período de tensão, privações e medo contínuo de serem traídos e descobertos pela Gestapo, o que significaria a deportação e a morte. Entre aqueles que os ajudaram encontravam-se uma sócia de seus pais no comércio de tecidos, uma pianista russa da corte do Czar, que vivia exilada em Berlim, uma família de comunistas, uma freira de uma organização nazista, uma família de prostitutas, um casal proprietário de uma fazenda de criação de aves nos arredores de Berlim, e um maquinista que conduzira transportes de judeus deportados para Auschwitz.

Durante um longo período, Michael Degen não falou publicamente sobre sua infância, marcada por uma vivência traumática durante a guerra. Somente em 1998, durante uma entrevista concedida à jornalista Bettina Böttinger, num programa da televisão alemã, pela primeira vez, ele se pronunciou abertamente sobre aqueles difíceis anos de tensão e medo, que ele e sua mãe passaram na clandestinidade, escondidos em Berlim, para escaparem da deportação. Motivado por esse momento de desabafo, num espaço de três meses, Michael Degen escreveu seu relato autobiográfico referente ao período, o qual intitulou

21 CORNELSEN. O testemunho na literatura e no cinema em 'Nem todos eram assassinos': Michael Degen, p. 35-36.

Nicht alle waren Mörder (*Nem todos eram assassinos*), com o subtítulo "Eine Kindheit in Berlin" ("Uma infância em Berlim"). O livro contendo um longo relato de mais de trezentas páginas foi publicado em 1999 pela Editora Econ, de Munique, e adaptado para a TV (Canal ARD), em 2005, pelo cineasta Jo Baier, autor do roteiro, que foi ao ar em 1º de novembro de 2006.

Além disso, *Nicht alle waren Mörder* não contém digressões acerca do processo de escritura, como costuma ser comum em relatos de testemunho, onde se discute também os limites da linguagem quando se tenta traduzir em palavras o horror. O relato se compõe de um encadeamento de episódios que, às vezes, não segue a sequência temporal linear, sem, no entanto, produzir o efeito de fragmentação. As unidades são concluídas logicamente. E em nenhum momento Michael Degen-autor (sujeito da enunciação), então aos 67 anos de idade, se questiona sobre o distanciamento da enunciação (1998/1999) para o tempo do enunciado (1939-1949). Com isso, o autor produz um efeito de presentificação do olhar – não do tempo narrado, que é pretérito. Michael Degen-enunciador vivencia os episódios a partir dos sete anos de idade.

O relato se inicia em setembro de 1939, quando Michael Degen, aos sete anos de idade, presencia a detenção do pai por policiais da Gestapo.[22] Mais apegado ao pai, Michael sente a sua ausência. Adolf, o irmão quatro anos mais velho do que ele, foi enviado pela mãe para a Palestina, com o auxílio de uma organização judaica. Os pais Jakob e Anna Degen temiam que o filho, pela idade, sofresse maiores perseguições pelos nazistas. O pai permaneceu detido no campo de concentração de Sachsenhausen, nos arredores de Berlim, até fevereiro de 1942, quando foi libertado com o auxílio de um jovem soldado SS, Manfred Schenk, que admirava a beleza de Anna e que se propôs a aju-

22 DEGEN. *Nicht alle waren Mörder*, p. 5.

dá-la para libertar o marido.[23] Para isso, ele consegue que Anna seja recebida por um oficial na central da SS e da Gestapo, na Prinz-Albrecht-Straße, onde ela alegou que o marido tinha um visto de viagem para Shanghai e, por isso, teria direito à emigração.[24] Porém, Jakob é libertado em péssimas condições de saúde, devido aos maus tratos a que fora submetido no campo, com ferimentos graves no tórax e no abdômen. Dois meses mais tarde, em 26 de abril de 1940, ele morre no Hospital Judaico.[25]

Certo dia, ao amanhecer, Michael desperta sua mãe, pois ouve barulho na vizinhança. Soldados da SS retiram as pessoas das casas para conduzi-las à *Große Hamburger Straße*, onde se situava o *Sammellager* ("campo de ajuntamento") de judeus que seriam deportados de Berlim para os campos de concentração e extermínio no Leste europeu. Ele descreve o momento da chegada dos soldados: "Era impossível não ouvi-los chegando com suas botas com solado de ferro".[26] Depois de se vestir às pressas, Anna Degen pega algum dinheiro e jóias e os coloca numa pasta. Ambos arrancam a estrela amarela, costurada nas vestes, para não serem identificados. Eles conseguem passar pelo bloqueio dos soldados e seguem para casa de Käthe, uma amiga da família, assumindo, a partir de então, as identidades falsas de Max e, respectivamente, Rosa Gemberg.[27]

Entretanto, eles não permanecem por muito tempo na casa de Käthe, pois esta possuía um pequeno chalé em Waldesruh, no subúrbio de Berlim, para onde Anna e Michael Degen se mudam.[28] Para que Michael pudesse andar pela redondeza sem

---

23 DEGEN. *Nicht alle waren Mörder*, p. 11.

24 DEGEN. *Nicht alle waren Mörder*, p. 19.

25 DEGEN. *Nicht alle waren Mörder*, p. 20.

26 DEGEN. *Nicht alle waren Mörder*, p. 31. No original em Alemão: Unmöglich sie zu überhören mit ihren eisenbeschlagenen Stiefeln.

27 DEGEN. *Nicht alle waren Mörder*, p. 31-32.

28 DEGEN. *Nicht alle waren Mörder*, p. 149.

chamar atenção, Käthe se propõe arranjar para ele um uniforme da Juventude Hitlerista.[29] Numa de suas andanças, ele fica conhecendo Rolf Redlich, seu único amigo durante o período de esconderijo, que pertence à Juventude Hitlerista.[30] Escondido dos adultos, eles procuram por estilhaços de granada num bosque nas proximidades.[31] Aliás, na época, era uma espécie de sensação entre as crianças colecionar e trocar estilhaços de granada.

Por sua vez, em 22 de abril de 1945, o Exército Vermelho atinge Kaulsdorf-Süd.[32] Após dois anos vivendo de esconderijo em esconderijo, Anna e Michael Degen podem, finalmente, assumir suas verdadeiras identidades e não se passar mais por Max e Rosa Gemberg. Porém, num primeiro momento, os soldados russos não são nada amistosos, pois não acreditam na história dos dois. Um oficial russo, que falava alemão, acha que os dois estão mentindo, querendo se passar por judeus, pois acreditava que todos os judeus da Alemanha tinham sido deportados e mortos nos campos de extermínio no Leste europeu:

> "Eu quero ver o seu passaporte alemão".
> "Eu não tenho. Eu posso lhe mostrar apenas a minha antiga identificação do correio, mas nela está um outro nome".
> "Porque você é uma espiã!", ele gritou subitamente, "você não teve nenhum marido judeu. Você sabe exatamente que os judeus foram deportados e assassinados em câmaras de gás! Bem mais tarde. Lá onde vivíamos eles nem se deram a esse trabalho. Lá eles tiveram de cavar sua própria sepultura!"[33]

29 DEGEN. *Nicht alle waren Mörder*, p. 152.

30 DEGEN. *Nicht alle waren Mörder*, p. 160.

31 DEGEN. *Nicht alle waren Mörder*, p. 166.

32 DEGEN. *Nicht alle waren Mörder*, p. 272-273.

33 DEGEN. *Nicht alle waren Mörder*, p. 280-281. No original em Alemão: "Ich will deinen deutschen Paß sehen./ Ich habe keinen. Ich kann dir nur meinen alten Postausweis zeigen, der auf einen anderen Namen lautet. Weil du eine Spionin bist! schrie er unvermittelt, „du hast keinen jüdischen Mann gehabt. Du weißt genau, dass die Juden abtransportiert und vergast wurden! Viel später. Bei uns hat

Para testá-los, o oficial russo exige que Michael recite o *kaddisch*, a oração dos mortos, que todo filho tem de pronunciar no sepultamento dos pais, segundo a tradição judaica. E Michael recita em hebraico a oração:

> "Você sabe o que você, como judeu, tem de fazer quando teu pai morre?"
> [...]
> "Então, o que você faz quando teu pai morre?"
> Nós nos entreolhamos longamente. Eu irado e ele com olhar de gazela.
> "Pai nosso", eu quase teria dito. Hoje, sei que isso teria sido a nossa morte. Eu olhei para mamãe. Ela me olhou tensa e quase pensativa.
> "A oração dos mortos", eu disse e me virei para a parede. A pausa parecia não ter fim.
> "Você ainda pode recitar o kaddisch?", eu o ouvi perguntar.
> Agora eu já estava de saco cheio. Eu permaneci virado para a parede, recitei o kaddisch velozmente, feito metralhadora e balançava a parte superior de meu corpo feito um velho judeu na sinagoga. Foi simplesmente uma paródia bem ruim, mas ele não notou. Quando terminei, houve novamente uma longa pausa.
> "Diga-me também a oração que o judeu profere antes de morrer".
> Eu recitei rapidamente também o *Schemah Jisrael* e ainda reforcei um pouco mais a pantomima. Então, me ocorreu que mamãe poderia rir, e eu interrompi.
> "Mais eu não quero", disse-lhe e me virei em sua direção.[34]

---

man sich nicht einmal diese Mühe gemacht. Da haben sie sich ihr eigenes Grab schaufeln müssen!"

34 DEGEN. *Nicht alle waren Mörder*, p. 283-284. No original em Alemão: "Weißt du, was du als Jude tun musst, wenn dein Vater gestorben ist"/ [...]/ Also, was tust du, wenn dein Vater gestorben ist?/ Wir sahen uns lange an. Ich wütend und er mit Rehblick./ Vater unser hätte ich beinahe gesagt. Heute weiß ich, dass das unser Tod gewesen wäre. Ich schaute zu Mutter hinüber. Sie sah mich ganz gespannt und beinahe nachdenklich an./ Das Totengebet, sagte ich und drehte mich

Convencido de que mãe e filho falavam a verdade, em prantos, o oficial revela que também era judeu, se chamava Vassili Iakovlevitsch Tunkelschwartz, era pianista de Leningrado.[35] As primeiras semanas após a chegada das tropas soviéticas, por um lado, foram de violência, saques, estupros e execuções,[36] e, por outro, de gestos de misericórdia por parte dos soldados russos, quando, por exemplo, um oficial ordena que um grupo de adolescentes em uniforme não fosse fuzilado: "Vão para casa. A guerra acabou. Diga isso a vossas mães".[37]

Por sua vez, em 30 de abril de 1945, Michael e Anna Degen foram visitar Rolf Redlich e seu pai. A casa ainda estava parcialmente em ruínas, mas Erwin Redlich conseguiu, mesmo assim, torná-la habitável. Rolf e Michael decidem procurar estilhaços de granada no bosque, desta feita sem usarem os uniformes da Juventude Hitlerista. Desta vez, porém, ocorre um acidente. Rolf pisa numa mina e é ferido mortalmente. Michael se esforça para carregar o amigo para casa, mas este já chega morto. Ao ver o filho morto, Erwin Redlich disse uma frase que Michael nunca esqueceu: "Você poderia ter se poupado desse esforço".[38]

---

zur Wand. Die Pause nahm kein Ende./ Kannst du noch Kaddisch sagen? hörte ich ihn fragen./ Jetzt hatte ich aber genug. Ich blieb zur Wand gedereht sitzen, ratterte das Kaddischgebet in rasender Geschwindigkeit herunter und schaukelte dabei meinen Oberkörper wie ein alter Jude in der Synagoge. Es war eine ziemlich miese Parodie, aber er merte es nicht. Als ich fertig war, gab es wieder eine lange Pause./ Sag mir das Gebet, das der Jude spricht, bevor er stirbt./ Ich rasselte auch das, Schemah Jisrael' herunter und verstärkte die Pantomime noch ein bißchen. Dann kam mir in den Sinn, dass Mutter lachen könnte, und ich brach ab. Mehr will ich nicht, sagte ich und drehte mich zu ihm um."

35 DEGEN. *Nicht alle waren Mörder*, p. 286-287.

36 DEGEN. *Nicht alle waren Mörder*, p. 287-288.

37 DEGEN. *Nicht alle waren Mörder*, p. 291. No original em Alemão: "Ihr sollt machen, dass ihr nach Hause kommt. Der Krieg ist zu Ende. Sagt das eueren Müttern."

38 DEGEN. *Nicht alle waren Mörder*, p. 297. No original em alemão: "Die Mühe hättest du dir sparen können."

Não suportando a morte do filho, Erwin tentara se matar, quando Martchen e os Degen foram à Alexanderplatz, no dia 9 de maio de 1945, para presenciar a festa dos aliados pela capitulação incondicional da Alemanha.[39] De certa forma, ele tomou a morte de Rolf como uma punição não só por ter visto atrocidades cometidas contra judeus na Polônia, como também por ter sido parte da indústria da morte nazista, transportando deportados judeus em vagões de gado para Auschwitz.

Sendo assim, em sua infância, Michael Degen vivencia um mundo de cabeça para baixo, esfacelado pela ação nefasta de uma ideologia que custou a vida de milhões. Seu relato é um testemunho daqueles anos de fuga e de permanente tensão, gerados por um regime de exceção que lançou o mundo em guerra e deixou um rastro de sangue, genocídio e morte.

Morcegos

Após o fim da chamada Guerra Fria, com a Queda do Muro de Berlim e a Reunificação Alemã, uma nova geração de autores alemães começou a se ocupar do passado nazista em suas obras. Um dos expoentes dessa nova geração é Marcel Beyer (1965*), autor de romances como romances *Das Menschenfleisch* (1991; A carne humana), *Flughunde* (1995; Morcegos), *Spione* (2000; Espiões) e *Kaltenburg* (2008).[40]

A título de análise do romance *Flughunde* (1996; Morcegos), elegemos o capítulo IX,[41] o último do livro, no qual tem lugar um episódio nefasto dos nazistas em seus dias derradeiros no *bunker*: o envenenamento dos filhos de Joseph e Magda Goebbels. Todavia, antes de iniciar a análise propriamente dita, devemos situar o narrador e protagonista do romance: Hermann

39 DEGEN. *Nicht alle waren Mörder*, p. 303.

40 CORNELSEN. Imagens da derrocada do nazismo na Literatura e no Cinema Alemão Contemporâneo, p. 171-172.

41 BEYER. *Flughunde*, p. 283-301.

Karnau é um jovem sonoplasta, cujo fetiche é a voz humana. Em 1940, em plena guerra, decide pesquisá-la, colecionando, para isso, uma série de gravações em disco, desde as últimas palavras e sons de soldados moribundos no front, e até fazendo experiências com a voz humana a serviço do nazismo.

Esse narrador em primeira pessoa, intradiegético, foi composto enquanto *persona* – instância narrativa e personagem – a partir de uma figura histórica: Hermann Karnau fora sentinela no *bunker* de Hitler – o chamado *Führerbunker* – e uma das primeiras pessoas que testemunharam aos Aliados a morte do ditador em 30 de abril de 1945.[42]

Entretanto, há no romance também uma segunda instância narrativa, igualmente histórica: a pequena Helga, de oito anos no início do romance, filha mais velha do Ministro da Propaganda Joseph Goebbels. A trajetória das duas instâncias narrativas se cruza algumas vezes ao longo do romance, atingindo o seu ápice em abril de 1945, quando Hermann Karnau vivencia seus últimos dias no *bunker*, para gravar a voz de Hitler. No início do capítulo VIII, por exemplo, Helga narra sobre o dia de aniversário de Hitler, 20 de abril:

> [...] O *Führer* faz aniversário, e o papai leva nossos presentes para ele, todos nós preparamos algo para ele, mas, este ano, não podemos entregá-los pessoalmente. Seria perigoso, pois há tiroteio lá fora, caem tantas bombas sobre nossa cidade como nunca antes. O barulho das explosões é a única coisa que interrompe a mamãe ao fazer as unhas de papai, pois a cada estrondo ele recolhe, assustado, suas mãos, fazendo com que a lixa escorregue e o creme lambuze a manga da camisa de mamãe. Finalmente, as unhas de papai estão feitas. Embrulhamos nossos presentes. [...][43]

42 BYFORD-JONES. *Berlin Twilight*, p. 84-85.

43 BEYER. *Flughunde*, p. 239. No original em Alemão:
[...] Der Führer hat Geburtstag, und Papa nimmt unsere Geschenke mit zu ihm, wir haben alle etwas gebastelt, aber wir dürfen die Geschenke dieses Jahr nicht selbst

Portanto, nesse jogo narrativo, surgem dois pontos de vista distintos: aquele de Hermann Karnau, adulto e agente a serviço do nazismo, parte da própria máquina do Estado, e Helga Goebbels, criança e filha do Ministro da Propaganda, que na passagem acima citada revela o cotidiano do *bunker*, em meio ao intenso bombardeio de Berlim nos últimos dias do "Terceiro Reich". Logo as primeiras frases do capítulo IX já nos permitem perceber a complexidade estrutural da obra com essas duas instâncias narrativas principais, cuja relação se estabelece a partir de níveis de temporalidade:

> É o Senhor Karnau, que está vindo até nós?
> Sim, deve ser Helga, a irmã mais velha. E um pouco antes neste disco: Mamãe, o Senhor Karnau vem nos dizer boa noite? Esta é a pequena Heide, eu a reconheço de modo inequívoco, apesar de a sua voz soar um pouco adoentada. Então, a frase pronunciada entre as duas perguntas das crianças é a da mãe: Vocês não precisam dormir logo.[44]

Figura, nesta cena, um Senhor Karnau idoso, ouvindo as antigas gravações efetuadas no *bunker*, em abril de 1945. Nota-se sua fascinação pelas vozes e pela capacidade de poder reconhecê-las e distingui-las, mesmo depois de transcorridos 47 anos: Helga, Heide e a mãe, Martha Goebbels. E ele revela até mesmo a data da gravação de modo preciso: uma segunda-feira, 30 de abril de 1945, data, aliás, em que Hitler cometeria suicídio.

überreichen. Das wäre zu gefährlich, denn draußen wird geschossen, draußen fallen so viele Granaten wie noch nie auf unsere Stadt. Der Krach der Explosionen ist das einzige, was Mamas Maniküre unterbricht, denn Papa zieht bei jedem Einschlag erschrocken seine Hände weg, so daß die Feile abrutsch, so daß die creme auf Mamas Ärmel schmiert. Endlich sind Papas Hände fertig. Wir haben unsere Geschenke verpackt.

44 BEYER. *Flughunde*, p. 283. No original em alemão:
Ist das Herr Karnau, der jetzt zu uns kommt?/ Ja, das muß Helga sein, die älteste der Schwester. Und kurz vorher auf dieser Platte: Mama, kommt denn Herr Karnau noch und sagt uns Gute Nacht?/ Das ist die kleine Heide, ich erkenne sie eindeutig, obwohl ihre Stimme ein wenig krank klingt. Dann stammt der Satz zwichen den beiden Kinderfragen von der Mutter: Ihr braucht jetzt gar nicht gleich zu schlafen.

Em sua profissão de sonoplasta, Hermann Karnau age quase como um "voyeur", com a diferença de que este se sente atraído pelas imagens, enquanto que o protagonista do romance de Marcel Beyer se deixa levar pela sonoridade, consciente de que o que ouve emerge de um passado polêmico: "As vozes das seis crianças foram-me confiadas, elas ressoam na escuridão, seu som enche a cozinha, ninguém as ouve além de mim, ninguém, todos dormem, eu sou o único ouvinte. E as seis crianças nada sabem disso".[45]

Em certo momento, o sonoplasta se questiona se deveria destruir as matrizes dos discos, mas desiste de tal intento: "Seria melhor destruir as matrizes? Não, eu não consigo destruí-las, e tornar inaudível esses últimos dias das seis crianças, eu não quero abandoná-las ao silêncio, essas crianças, que na noite anterior ao de sua morte ainda ouviram de minha boca um conto de fadas".[46] E Karnau relata sobre a gravação derradeira:

> A partir desse ponto ninguém mais fala. Um ruído como que se sorvessem algo, repetido por seis vezes. Houve um grito? Um choro breve? Então, resta apenas a respiração. A respiração de seis pulmões de crianças em ritmo alterado. Diminui em intensidade de volume. Por fim, não se pode ouvir mais nada. Predomina um silêncio absoluto, apesar de a agulha continuar ainda no sulco do disco.[47]

45 BEYER. *Flughunde*, p. 284. No original em Alemão:/ Die Stimmen der sechs Kinder sind in meinen Besitz übergegangen, sie klingen in der Dunkelheit, ihr Klang erfüllt die Küche, niemand hört sie außer mir, niemand, alles schläft, ich bin ihr einziger Zuhörer. Und die sechs Kinder wissen nichts davon.

46 BEYER. *Flughunde*, p. 299. No original em Alemão:/ Wäre es besser, die Wachsmatrizen zu vernichten? Nein, nicht löschen, das bringe ich nicht über mich, nicht diese letzten Tage der sechs Kinder unhörbar machen, ich will sie nicht der Stille überlassen, diese Kinder, die am Vorabend ihrer Tötung noch aus meinem Mund ein Märchen hörten.

47 BEYER. *Flughunde*, p. 301. No original em Alemão:/ Ab diesem Punkt spricht niemand mehr. Ein Schlürfen nur, das sich insgesamt sechsmal wiederholt. War da ein Schrei? Ein kurzes Weinen? Dann bleibt nur das Atmen. Das Atmen von sechs Kinderlungen in versetztem Rhythmus. Es läßt an Intensität und Lautstärke nach. Schließlich ist gar nichts mehr zu hören. Es herrscht absolute Stille, obwohl

Portanto, Hermann Karnau, feito um "morcego" que tem a capacidade de ouvir frequências de ultra-som não captadas pelo ouvido humano, procura reconstituir a partir das gravações secretas e de vários depoimentos os últimos momentos dos filhos de Magda e Joseph Goebbels, os quais se suicidaram em 1º de maio de 1945, após envenenarem os próprios filhos. Além disso, deve ser ressaltado que Marcel Beyer adota, justamente, a perspectiva de um agente do Estado nazista para contar a história da derrocada do "Terceiro Reich", que não só é parte do próprio aparato e conhece bem os meandros do poder, como também circula entre a alta cúpula e vivencia de perto os últimos dias dos líderes nazistas e de seus familiares no *bunker* da Chancelaria. Por assim dizer, o narrador-personagem Karnau é um "anti-herói", que vive ideologicamente conforme o regime e representa o olhar adulto para os acontecimentos, enquanto que Helga Goebbels apresenta o olhar infantil em sua narrativa, trazendo a imagem dos algozes para situações cotidianas em meio à destruição de Berlim, e ao confinamento a que todos estão sujeitos.

O diário de Nina

O diário de Nina: o terror stalinista nos cadernos de uma menina soviética (2003), escrito por Nina Lugovskaia, é um documento singular sobre a vida sob a égide da ditadura stalinista e o cotidiano na cidade de Moscou, nos anos 1930. Nina começou a escrever o diário aos 13 anos de idade, na passagem da infância para a adolescência. O pai, que estivera preso na Sibéria, retorna ilegalmente a Moscou, uma vez que, ao ser libertado, não recebeu permissão de residência na cidade. Em virtude disso, a família vive com o temor constante de que ele seja novamente preso e deportado. Em seu diário, Nina escreve sobre os primeiros namoros, os problemas na escola, os complexos de inferio-

---

die Nadel noch immer in der Rille liegt.

ridade por ser estrábica, a tendência suicida, as críticas contra o tradicional papel da mulher, os conflitos familiares, a aversão às paradas militares e sobre o medo constante que dominava a vida cotidiana da família.

Nina escreveu seu diário entre 1932 e 1937, quando, aos 18 anos de idade, foi presa juntamente com sua família pelo NKVD, a polícia secreta do regime stalinista. A historiadora russa Irinia Osiopova, integrante do Centro de Estudos Memorial de Moscou, encontrou o diário escrito por Nina nos arquivos secretos da era stalinista, em 2003, no Arquivo Público da Federação Russa.[48] Seus apontamentos diários dão conta de maneira sensível e atenta da vida sob o terror do regime, com perseguição e morte de dezenas de milhares de inocentes e de opositores, denunciando, assim, todo tipo de crimes cometidos em um estado de exceção. O pai de Nina, Serguei Fiodorovitch Rubyn-Lugovskoi, antigo membro do Partido Socialista Revolucionário, chefiava uma cooperativa que produzia pão, já havia sido detido pelos órgãos repressores do Stalinismo em 1929, por ter se recusado a integrar, na direção da cooperativa, funcionários comunistas.[49]

Por sua vez, em 1937, Nina foi presa juntamente com sua mãe Liubov e as irmãs Olga e Evgueniya, e condenada a cinco anos de prisão com trabalhos forçados, num campo na cidade de Kolyma, na Sibéria, de acordo com Natasha Perova, autora da "Introdução" do livro, o mais duro campo de prisioneiros no "Arquipélago Gulag".[50] Ao revistarem a casa, agentes do NKVD encontram o diário, que foi arquivado e só se tornou público em 2003. Em 1942, Nina foi libertada e convocada para trabalhar no esforço de guerra. Após o término da guerra, tornou-se pintora de paisagens e cenógrafa, casou-se com Viktor Templin, um artista que também fora prisioneiro político, foi reabilitada

48 PEROVA. Introdução, p. 20.

49 PEROVA. Introdução, p. 18.

50 PEROVA. Introdução, p. 13.

pelo Estado soviético em 1963, e faleceu em 1993 aos 75 anos, na cidade de Vladimir, no interior da Rússia.[51]

Neste ponto, cabe ressaltar que o diário foi utilizado pelos agentes da repressão como prova de conspiração e de planejamento de atos terroristas contra o regime. Algumas passagens do diário foram grifadas com lápis vermelho pelo juiz que conduziu a investigação, e os grifos foram mantidos na versão impressa,[52] de modo que os leitores podem verificar quais apontamentos de Nina teriam sido decisivos para sua detenção e de toda a família, de acordo com as prerrogativas do Estado soviético sob o poder de Stalin, tornando, assim, possível também perscrutar o próprio pensamento vigente nas instâncias de poder e de repressão. Dessa forma, *O diário de Nina* assume a função de dar voz àqueles silenciados pelos órgãos de repressão na União Soviética dos anos 30.

Em termos formais, *O diário de Nina*, encontrado pela historiadora Irinia Osiopova em 2003, é composto por três cadernos, que apresentam apontamentos descontínuos, em que há meses em que não consta nenhuma anotação. O primeiro apontamento data de 08 de outubro de 1932 e o último, de 03 de janeiro de 1937. A título de exemplo, selecionamos algumas passagens do texto que permitem ao leitor perceber o olhar de Nina em relação ao Stalinismo e à União Soviética sob um regime de exceção.

51 PEROVA. Introdução, p. 14-15.

52 PEROVA. Introdução, p. 13.

No dia 02 de novembro de 1932, Nina anotou em seu diário suas impressões de uma ação de busca do NKVD em sua casa:

> "Enquanto isso, vamos ao outro aposento", informou o segundo oficial, que usava uma véstia e uma boina feitas de couro avermelhado e uma ampla calça azul. Entrou no quarto de Genya e Lyalya, tirou a véstia, deixou-a sobre a escrivaninha e começou a revistar livros e cadernos. Eu fiquei no corredor, roendo as unhas e fingindo observar sem emoções como se efetuava a busca, mas na verdade escondendo no meu íntimo a raiva e o ódio que sentia por aquelas duas pessoas.[53] (grifos no original)

Do mesmo modo que a passagem acima, outros apontamentos trazem impressões de Nina em relação ao regime stalinista, sempre a partir de um olhar crítico marcado pela rejeição. Nesse exemplo, revela-se a arbitrariedade dos agentes da repressão em adentrar o apartamento e a revistar todos os cômodos, sem maior cerimônia, em busca de algum suposto material "subversivo", por se tratar de moradia de um ex-preso político. Consciente de que o que escrevia em seu diário poderia ser comprometedor, Nina revela o temor que sentiu frente à possibilidade de seu diário ser encontrado pelos policiais:

> O tempo não passava nunca, Lyalya temia pelo seu diário, e eu mais ainda pelo meu: assim que me lembrei do que estava escrito nele, fiquei apavorada. Quando o homem se dirigiu ao meu quarto, a tensão chegou ao máximo. Ficamos juntas as três, a porta estava aberta. O soldado que vinha pelo corredor olhou para nós e sorriu. Logo chegou a meu quarto o primeiro juiz de instrução. [...][54] (grifos no original)

53 LUGOVSKAIA. *O diário de Nina*, p. 41.

54 LUGOVSKAIA. *O diário de Nina*, p. 42.

Cabe ressaltar que todos os apontamentos feitos por Nina em 02 de novembro de 1932 foram grifados na versão manuscrita pelo juiz de investigação, em 1937 e, portanto, são parte do material considerado à época como prova de atitudes "subversivas" pelas instâncias de repressão do Estado soviético. Em 05 de novembro de 1932, Nina fez um único apontamento, também grifado mais tarde pelo juiz de investigação, no qual volta a criticar o Estado soviético e o modo de encenação do poder:

> Hoje nos obrigaram a marchar pelas ruas, coisa que me deixou morta de raiva, e me irritou mais ainda a situação de impotência em que me encontrava. Enquanto caminhávamos pelo chão lamacento e frio, na luz úmida e tênue de um dia outonal, e, durante as pausas batíamos os pés congelados, eu insultava dentro de mim o poder soviético com todas as suas invenções, os méritos de que ele se vangloria diante dos estrangeiros, etc., e fazia caretas de repulsa pelos cantos desafinados que somos obrigados a entoar. Reforcei firmemente a minha decisão de não ir à manifestação [i.e., ao Aniversário da Revolução], e isso, em parte, acalmou um pouco meu amor-próprio ferido.[55] (grifos no original)

Portanto, para Nina, ações como essa, de demonstração do poder e de propaganda através da mobilização da massa pelo regime stalinista, causam-lhe raiva e repulsa. A título de um último exemplo, selecionamos um apontamento feito em 18 de maio de 1933, em que Nina enfatiza a falta de liberdade na União Soviética:

> Não, os russos não podem conquistar a liberdade e não podem sequer viver em liberdade. Desde os tempos em que os eslavos chamaram os variegos [i.e., mercadores normandos dos séculos IX-XI] para governá-los, os russos estão sob o poder de alguém. *E sempre estarão sob um jugo*. É o

55 LUGOVSKAIA. *O diário de Nina*, p. 42-43.

> caso de concordar com as palavras de Turgueniev, segundo o qual "a liberdade é menos necessária ao povo russo do que qualquer outra coisa". Não é necessária porque ele não tem condições de defendê-la.[56] (grifos no original).

Sendo assim, Nina legitima sua argumentação ao citar o escritor Ivan Turgueniev, considerado um dos principais romancistas russos do século XIX, fazendo com que a perda da liberdade frente à efetividade política de um regime de estado de exceção ganhe contornos socioculturais arraigados. Para uma menina no limiar entre a infância e a adolescência – Nina fez os apontamentos citados até aqui aos 13 anos de idade –, ela demonstra não só uma competência argumentativa, como também uma erudição oriunda da própria constituição familiar, marcadamente politizada.

Crianças e adolescentes em meio à guerra, retratadas na Literatura – a guisa de conclusão

Este breve estudo sobre a representação de crianças e adolescentes na guerra e em regimes de exceção através da Literatura permitiu-nos vislumbrar as diversas formas e procedimentos estéticos para se construir o olhar infantil sobre eventos marcados por extrema violência.

Primeiramente, devemos considerar o sentido etimológico de "infância", conforme proposto por Ana Cristina Pinto Bezerra: "termo [...] originário do latim *in-fans* que significa 'ausência de fala', ou seja, de forma mais ampla, o termo designa não apenas a criança que não possui condições biológicas para falar, mas também aquele que cuja fala não pode ser atribuído valor de testemunho".[57] Isso faz com que se pense num determinado des-

56 LUGOVSKAIA. *O diário de Nina*, p. 75.

57 BEZERRA. Um olhar sobre as "infâncias" nas narrativas de Graciliano Ramos, p. 4.

locamento ao se lançar mão de protagonistas crianças em obras da Literatura, pois o olhar da criança se apresenta desprogramado, ainda em processo de formação, enquanto "aprendizagem do mundo".[58] Trata-se, pois, daquele "olhar míope da criança",[59] de que nos fala Tânia Sarmento-Pantoja.

Cada um ao seu modo, ficcionais ou não, Anne, Joel, Michael, Helga e Nina assumem essa função de descobrirem o mundo em "tempos sombrios". Seja a expressão da vivência em confinamento de Anne, a imaginação e a fantasia ingênua de Joel, o testemunho da perseguição e fuga de Michael, a percepção do cotidiano da guerra por Helga, e a percepção do estado de exceção por Nina, todos possuem algo em comum: a vivência do choque em tenra idade.

A Literatura responde a essa demanda a partir de determinados procedimentos. O predominante é aquele associado à *Life Writing*: os diários de Anne Frank e, respectivamente, de Nina Lugovskaia, assim como o testemunho de Michael Degen, por assim dizer, documentam a vida de seus autores, com a diferença que os diários respondem a uma demanda aqui-e-agora, enquanto o testemunho pressupõe a rememoração do adulto que tenta recriar o próprio passado na infância. Já os romances de Moacyr Scliar e de Marcel Beyer respondem a essa demanda de modo distinto: a livre criação de personagens – históricas ou não – permite-lhes uma gama de estratégias, seja pela imaginação e fantasia – de Joel, em que o inusitado se torna concreto, seja pela construção narrativa em que se dá voz à criança – como no caso de Helga Goebbels. Sendo assim, através do olhar infantil de suas personagens, a Literatura nos ensina a retirar os arames farpados de nossos olhos.

58 BEZERRA. Um olhar sobre as "infâncias" nas narrativas de Graciliano Ramos, p. 2.

59 SARMENTO-PANTOJA. O olhar da infância em narrativas pós-ditatoriais na América Latina, p. 1901.

Referências

AGAMBEN, Giorgio. *Estado de exceção*. Trad. Iraci D. Poleti, São Paulo: Boitempo, 2004.

BEYER, Marcel. *Flughunde*. Frankfurt am Main: Suhrkamp, 1996.

BEZERRA, Ana Cristina Pinto. Um olhar sobre as "infâncias" nas narrativas de Graciliano Ramos. *Desenredos*. ano IV, n. 14, Teresina-PI, p. 1-17, jul./ago./set. 2012.

BOYNE, John. *O menino do pijama listrado*: uma fábula. Tradução de Augusto Pacheco Calil. São Paulo: Companhia das Letras, 2007

BYFORD-JONES, Wilfred. *Berlin Twilight*. London; New York: Hutchinson, 1947.

CORNELSEN, Elcio Loureiro. A gênese de *O diário de Anne Frank'* – um legado para a humanidade. Arquivo Maaravi: *Revista Digital de Estudos Judaicos da UFMG*. Belo Horizonte, v. 13, n. 24, maio 2019. Disponível em: https://periodicos.ufmg.br/index.php/maaravi/article/view/14538/pdf. Acesso em: 27 jul. 2021.

CORNELSEN, Elcio Loureiro. Imagens da derrocada do nazismo na Literatura e no Cinema Alemão Contemporâneo. In: JAECKEL, Volker; CORNELSEN, Elcio Loureiro (orgs.). *Memórias da II Guerra Mundial*: imagens, testemunhos, ficções. Rio de Janeiro: Ed. Jaguatirica, 2019, p. 171-191.

CORNELSEN, Elcio Loureiro. Infância e espacialização do bairro judeus no romance *Bom Retiro*, de Eliezer Levin e *A guerra no Bom Fim*, de Moacyr Scliar. *Revista do CESP*. Belo Horizonte, v. 26, n. 35, p. 97-106, jan./jun. 2006. Disponível em: http://periodicos.letras.ufmg.br/index.php/cesp/article/viewFile/6650/5650. Acesso em: 27 jul. 2021.

CORNELSEN, Elcio Loureiro. O testemunho na literatura e no cinema em *Nem todos eram assassinos*: Michael Degen. In: NASCIMENTO, Lyslei; JEHA, Julio (orgs.). *Estudos Judaicos*: Shoá, o mal e o crime. São Paulo: Humanitas, 2012, p. 35-65.

COUTO, Mia. *Terra Sonâmbula*. São Paulo: Companhia das Letras, 2007.

DEGEN, Michael. *Nicht alle waren Mörder*: Eine Kindheit in Berlin. 3. ed., München: Econ, 2001.

FILIPOVÍC, Zlata. *O diário de Zlata*: a vida de uma menina na guerra. Trad. Antonio de Macedo Soares, São Paulo: Companhia das Letras, 1994.

FRANK, Anne. *Anne Frank Tagebuch*. Trad. Mirjam Pressler, Frankfurt a.M.: Fischer, 1994.

JENSEN, Meg; JORDAN, Jane (org.). *Life Writing*: The Spirit of the Age and the State of the Art. Newcastle: Cambridge Scholars Publishing, 2009.

LUGOVSKAIA, Nina. *O diário de Nina*: o terror stalinista nos cadernos de uma menina soviética. Trad. Joana Angélica D'Ávila Melo. Rio de Janeiro: Ediouro, 2005.

PEROVA, Natasha. Introdução. In: LUGOVSKAIA, Nina. *O diário de Nina*: o terror stalinista nos cadernos de uma menina soviética. Trad. Joana Angélica D'Ávila Melo. Rio de Janeiro: Ediouro, 2005, p. 13-22.

ROCHA, Alessandro. Um breve elogio à seriedade da infantura. *Leitura em Revista*. Rio de Janeiro, n. 5, p. 7, fev. 2014.

SARMENTO-PANTOJA, Augusto. O jogo como estratégia de defesa, sedução e erotismo no cinema latino-americano. *Anais do SILEL* – Simpósio Internacional de Letras e Linguística. v. 2, n. 2. Uberlândia: Ed. UFU, 2011, p. 1-9.

SARMENTO-PANTOJA, Tânia. A escrita da catástrofe na literatura com protagonismo de crianças e jovens. In: SARMENTO-PANTOJA, Tânia. *Narrares da exceção*: estudos sobre a infância e a juventude na literatura e na cultura. Campinas, SP: Mercado de Letras, 2021, p. 11-21.

SARMENTO-PANTOJA, Tânia. O olhar da infância em narrativas pós-ditatoriais na América Latina. In: REIS, Lívia (org.). Anais da JALLA BRASIL 2010 – IX. *Jornadas Andinas de Literatura Latino-americana*. Niterói-RJ, 2010, p. 1900-1906.

SCLIAR, Moacyr. *A Guerra no Bom Fim*. 8. ed., Porto Alegre: L&PM, 2001.

WINSLOW, Donald J. *Life-Writing*: a Glossary of Terms in Biography, Autobiography and Related Forms. 2. ed., Hawai'i: University of Hawai'I Press, 1995.

ZUSAK, Markus. *A menina que roubava livros*. Trad de Vera Ribeiro. Rio de Janeiro: Intrínseca, 2013.

A PAIXÃO DE *ANTÔNIO CONSELHEIRO* SEGUNDO JOAQUIM CARDOZO: CENAS DA GUERRA DE CANUDOS NA DRAMATURGIA MODERNA BRASILEIRA

Gilberto Figueiredo Martins

Para Alexandre Mate, em militância.

Inda me lembro... Era, há pouco,
A luta!... Horror!... Confusão!...
A morte voa rugindo
Da garganta do canhão!...
O bravo a fileira cerra!...
Em sangue ensopa-se a terra!...
E o fumo – o corvo da guerra –
Com as asas cobre a amplidão...

Castro Alves, Espumas flutuantes

Esta refrega, atroando ao norte, ecoava no acampamento, alarmando-o. Atestadas de curiosos, todas as casinhas adjacentes à comissão de engenharia formavam a plateia enorme para a contemplação do drama. Assestavam-se binóculos em todos os rasgões das paredes. Aplaudia-se. Pateava-se. Estrugiam bravos. A cena – real, concreta, iniludível – aparecia-lhes aos olhos como se fora uma ficção estupenda, naquele palco revolto, no resplendor sinistro de uma gambiarra de incêndios. Estes progrediam constrangidos, ao arrepio do sopro do Nordeste, esgarçando-lhes a fumarada amarelenta, ou girando-a em rebojos largos em que fulguravam e se diluíam listrões fugazes de labaredas. Era o sombreado do quadro, abrangendo-o de extremo a extremo e velando-o de todo, às vezes, como o telão descido sobre um ato de tragédia.

Euclides da Cunha, Os Sertões

A verdade era uma história muito longa e complexa, rica de narrativas encaixadas alternadas, simultâneas, polifónica.

Isabela Figueiredo, Caderno de memórias coloniais

Uma das marcas mais constantes da poesia aberta para o futuro é a coralidade. O discurso da utopia é comunitário, comunicante, comunista. O poema assume o destino dos oprimidos no registro da sua voz. [...] O coro atua, necessariamente, um modo de existência plural. São as classes, os estratos, os grupos de uma formação histórica que se dizem no tu, no vós, no nós de todo poema abertamente político. Mas o coro não se limita a evocar uma consciência de comunidade; ele pode também provocá-la, criando nas vozes que o compõem o sentimento de um destino comum. A palavra coral é não só expectante como propiciadora.

Alfredo Bosi, O Ser e o Tempo da Poesia

O homem, meu general, é muito útil:
Sabe voar, e sabe matar.
Mas tem um defeito
    Sabe pensar.

Bertolt Brecht[1]

1 *Apud* CARDOZO. *Poesia completa e prosa*, p. 410 (tradução de Joaquim Cardozo).

Eu vejo o tempo parado
Num relógio fabricado
Do que sempre não passou [...].

Joaquim Cardozo, Poesia completa e prosa

Em breve ensaio de outubro de 1956, o poeta-engenheiro pernambucano Joaquim Cardozo (1897-1978), tendo assistido a uma exibição da Ópera de Pequim, versa entusiasmado sobre o que nomeia de "Teatro total"[2], "estruturado numa linguagem universal", cuja aceitação no Ocidente só se tornara possível "depois das transformações sofridas, depois da experiência expressionista, da revivescência da mímica e de outras tentativas", para que se pudesse enfim romper uma concepção estreita de teatro e "compreender uma arte de representar mais pura e de mais permanente compromisso com os espetáculos reais que dominam a existência dos homens" – uma arte de "síntese", de "grande comunicação" entre os artistas e a plateia. Em que pese a falta de familiaridade "com todos os sinais dessa estranha semiótica chinesa", para ele se reafirmava ali, no palco – graças a certa "flutuação", "abertura" ou "capacidade de extensão, de prolongamento de valores interpretativos" –, "uma linguagem aberta, livre e rica de sugestões", de "mobilidade excepcional na apreensão dos fenômenos observados e na sua reprodução":

> Pela mímica, pela música e pela cor da indumentária, os artistas chineses vão se fazendo entender pelos povos do mundo. [...] porque no seu trabalho transluz a mais perfeita harmonia: o gesto corresponde ao som; o salto, o golpe e a vibração são elementos de um só corpo; a linha, a flutuação, a modulação são águas que correm juntas no mesmo rio. [...] somente uma música liberta das leis matemáticas da acústi-

2 CARDOZO, *Poesia completa e prosa*, p. 537-539. Originalmente publicado no jornal *Para Todos:* quinzenário da cultura brasileira. V. 1, n.10. Rio de Janeiro/São Paulo, 1ª. quinzena de out./1956, p. 20.

> ca conseguiria associar, ou melhor, fazer coincidir, os golpes de sabre dos *Três encontros* com as chicotadas sonoras que lhes correspondem; somente o rumor angustiante do atrito de uma roda no seu eixo, o do vento nas frinchas de uma porta poderiam transmitir a densa atmosfera de expectativa e receio que, na mesma peça, precede a luta.[3]

Impactado sensória e emocionalmente, o espectador privilegiado recupera em seu relato avaliativo justamente as cenas *dançadas* de contenda, frutos híbridos de "um sistema, de um complexo funcional", de onde resulta uma combinação bem dosada de "exame meticuloso dos fenômenos naturais" e "possibilidade de improvisação", ou seja, entre "virtualidades arbitrárias, mas compatíveis com a estrutura interna do conjunto observado". Assim, "examinados com toda a minúcia os lances de uma luta entre dois homens em plena escuridão", construíram-se as coreografias com "certa independência e liberdade, mas conservando nas suas partes essenciais os gestos, as posições e as atitudes que foram coligidas na análise inicial". Resultado:

> [...] a dança se coordena em disposições fáceis e espontâneas. Essas figuras dançantes, deslizantes sobre o plano do palco, [...] essa fluição, esse discorrer sereno [...]. Não é sem razão, portanto, a impressão de uma presença líquida e movediça que se tem diante de boa parte das cenas representadas, [...] onde a luta antes do assalto à montanha se verifica dentro de um lago. Então nessa última peça a sensação é impressionante, os corpos se atiram no chão como se mergulhassem, saltam uns sobre os outros, nas peripécias variadas e particulares de uma luta dentro d'água. [...] há a mesma sensação de fluidez, pois a treva, com o seu poder de absorção e o seu envolvimento, tem a natureza de um líquido, fluido e penetrável, que é o espaço cênico por excelência do teatro chinês.[4]

---

3 CARDOZO, *Poesia completa e prosa*, p. 537-539.

4 CARDOZO, *Poesia completa e prosa*, p. 538-539. Confirma a apreciação feita por Cardozo o parecer no qual ROSENFELD (*O teatro épico*, p. 109-110) des-

No mesmo periódico, um mês antes, Cardozo homenageara Bertolt Brecht (1898-1956), morto em meados de agosto, distinguindo-lhe o perfil de "poeta político e pacifista", um "trovador moderno" que exaltou "a beleza da paz", fazendo "cantar nas ruas as verdades de nosso tempo", "sempre ao lado do povo", a quem se identifica e por isso programaticamente "usa a mesma linguagem coloquial e simples, emprega os mesmos refrãos ao fim de cada estrofe, introduz em cada poema alguma coisa de si e da sua precária condição humana". Assim, o poeta-dramaturgo alemão desenvolvera um "novo lirismo, inteiramente original, imanente nas coisas e nas ações comuns da vida", em linguagem "despojada, tão despossuída de halo poético": "É verdade também que as induções existentes nesse processo poético foram motivadas pela utilização, originariamente, de elementos alheios à poesia (*Verfremdungseffekt*), introduzidos para completá-la, como a música, o desenho, os cartazes etc., processo característico dos cantores de feira (*Bankelsanger*) que Brecht largamente cultivou nos seus poemas e nas suas peças teatrais".[5]

Se as referências estrangeiras ajudam, portanto, a rastrear uma possível ascendência ou linhagem continuada pelo leitor e espectador Joaquim Cardozo,[6] é primordialmente na cultura brasi-

---

taca a influência crescente que a arte asiática vinha exercendo no teatro ocidental do século XX, sobre "quase todos os diretores da época, de Meyerhold a Reinhardt, e os grandes dramaturgos, mormente Brecht, Claudel e Wilder", interessados em "um teatro que, antes de ser veículo de um gênero literário, é sobretudo espetáculo, quer dizer, uma arte visual, plástica, coreográfica, pantomímica, fortemente apoiada pela música [...].". Ver, ainda, "Efeitos de distanciamento na arte dramática chinesa", de BRECHT (*Estudos sobre teatro*, p. 75-88), texto no qual o autor elenca e comenta alguns expedientes epicizantes do teatro chinês, usados para gerar o *Verfremdungseffekt* (efeito de distanciamento/estranhamento).

5 CARDOZO, *Poesia completa e prosa*, p. 534-536.

6 "O *Tao-Te King* também povoa as peças de Cardozo: às vezes, subterraneamente, em eternos seres caminhantes, desterrados; outras vezes, explicitamente, em caracteres chineses projetados na cena e em sua tradução vocal, amplificada eletronicamente. Esses elementos [...], somados às influências que acolheu de tradições teatrais antigas ou modernas, e aos experimentos poético-teatrais dos expressionistas August Stramm, Lotar Schreyer e Rudolf Blümners, formaram um

leira de matriz popular, contudo, que ele se nutre para configurar sua dramaturgia, frutificada em seis peças, publicadas nas décadas de 1960 e 70: *O coronel de Macambira*: bumba-meu-boi em dois quadros (1963), *De uma noite de festa*: bumba-meu-boi em três quadros (1971), *Os anjos e os demônios de Deus*: pastoril em doze jornadas (1973), *O capataz de Salema* uma conjetura dramática (1960/1975), *Marechal, boi de carro* (1975) e *Antônio Conselheiro*: drama em dez quadros e dois atos (1975).[7] É a última delas que interessa especialmente ao desenvolvimento do tema deste estudo.[8]

Em *Antônio Conselheiro*, a opção de levar ao título o nome do personagem histórico, dispensando as alternativas ligadas à localidade, palco da contenda, ou mesmo ao modo como ficou conhecido o sangrento episódio de 1897 – a Guerra de Canudos –, serve, no mínimo, para marcar diferença com a versão literária mais conhecida sobre o embate, *Os Sertões* (1902), o "livro vingador" de Euclides da Cunha.

A rubrica inicial da peça instala o Primeiro quadro no cenário urbano da praça pública, em Salvador, no fim do século XIX; e para compor o ambiente com tintas realistas, preenche a cena o

---

autor muito particular entre as singularidades dos autores nordestinos." (LEITE, *Um Teatro da Morte*, p. 45).

7 Cf. CARDOZO, *Poesia completa e prosa*. Sobre a produção dramatúrgica do autor, afirma LEITE: "As seis peças que compõem a dramaturgia de Cardozo são marcadas por uma requintada construção poético-teatral, todas numa perspectiva popular, ou seja, em que o povo, mais precisamente o subalterno, é o protagonista, construtor e condutor da história, resultando numa original experimentação estética que denuncia e critica as elites dominantes no solo onde as tramas e enredos se desenvolvem." (*Um Teatro da Morte*, p. 16). E, em linha similar, se lê em DANTAS: "No caso de Joaquim Cardozo, a terra é de fato o alvo de um interesse, mas de forma a transcender – sem no entanto minimizar – o substrato que vem da cultura popular, especialmente no teatro." (*Joaquim Cardozo – Contemporâneo do futuro*, p. 19):

8 "Em entrevista a Marcos Lontra Costa [Revista *Módulo*, n. 40, 1975], [...] embora sem precisar a data nem o diretor, o dramaturgo menciona a montagem de [...] *Antônio Conselheiro* (1975), por uma companhia de amadores de São Paulo, o Grupo Gruta, de Guarulhos. Em verdade, trata-se do Grupo TATU – Teatro de Artes de Turma Universitária da Faculdade de Direito de Guarulhos, dirigida por Napoleão de Lima, em 1969." (LEITE, *Um teatro da morte*, p. 40).

grupo de atores que figura o povo, a postos quase como espectadores ou testemunhas, para também visualmente ressaltar a centralidade da figura que logo ingressará, feito prisioneiro e no figurino com o qual o líder cearense passou a integrar o imaginário popular:

> [...] pelo lado esquerdo entra Antônio Conselheiro, vestido na sua batina de azulão, e ladeado por dois soldados; preso, em Itapicuru, tinha sido remetido para a capital do Estado, onde seria processado por crime de morte; seu rosto lívido, cadavérico, seus olhos fundos, seus cabelos compridos e longas barbas faziam parar os homens, e dar gritos nervosos às mulheres; vem algemado, ou melhor, tem as mãos amarradas por trás das costas, por uma corda, cujas pontas seguram, de cada lado, os soldados.[9]

Acusado indevidamente de matar a esposa e a própria mãe, Antônio provoca reações divergentes nos cidadãos, expressas na agressividade judiciosa de "Uma mulher" e no tom conscencioso (e de alta voltagem poética) da réplica de outro representante do povo – polarização avaliativa que, aliás, marcou toda a trajetória do *verdadeiro* Antônio Vicente Mendes Maciel:

> "**Um homem** – Este homem deve ter chorado,
> Deve ter deixado cair
> Quase todas as suas lágrimas;
> Nele, tudo é agora erosão e aridez;
> O seu rosto de lágrimas lavado
> Se desbotou, se desvelou;
> Através dos seus olhos profundos e secos,
> Pode-se ver a sua face interior;
> A face que cada um de nós
> Tem guardada e consentida. [...]".[10]

9 CARDOZO. *O capataz de Salema* e *Antônio Conselheiro*, p. 55.
10 CARDOZO. *O capataz de Salema* e *Antônio Conselheiro*, p. 56.

Com isso, é a poeticidade da enunciação o primeiro expediente mobilizado por Joaquim Cardozo para romper o naturalismo que o tema histórico poderia impor; e aquela que a ruptura da unidade de espaço vem secundar.[11]

Logo transformado de praça aberta a sala de tribunal de justiça, o palco acolhe e faz reverberar as primeiras falas do protagonista, misto de confissão e autodefesa, com pendor de prédica visionária proferida por um profeta redivivo: seu verdadeiro crime estaria nele mesmo e, para disto se redimir, "caminh[a] nos desertos / Em constante peregrinação", em sua "missão sobre a terra": "Vim para redimir o país". Além dos juízes e escrivães, o réu vê no ambiente outras presenças ameaçadoras –

> Os demônios que ouço gritar nas noites intermináveis, [...] Os demônios que aqui estão presentes diante de mim.
> (*Olha por cima das cabeças dos juízes*)".;[12]
> Eles me invadem, eles me perseguem...
> Eles me limitam [...]. Sim os que querem impedir
> O que vai, o que deve acontecer;
> Os mortos, os paralisados

11 "[...] um poeta de verdade, quando ama o teatro (e Joaquim Cardozo sempre o amou) mais cedo ou mais tarde se transforma em um autor dramático de verdade. E que é um autor dramático senão um poeta que dialoga com o mundo, dialogando consigo mesmo? Pois Joaquim Cardozo sempre fez isto em seus poemas, tão fáceis de dramatizar, por que não haveria de fazê-lo em suas peças, demonstrando sua compreensão de que o espaço cênico é por si próprio um amplificador do espaço poético? Joaquim Cardozo não usa a temática do Nordeste apenas por identificação sociológica com seus problemas e muito menos para aproveitar-se da comunicação fácil trazida pela linguagem folclórica, ele a reestrutura, tanto em termos sociais quanto poéticos, ele a universaliza e atualiza, libertando-a da terminologia típica, contida tanto no linguajar quanto na repetição, gênero papel carbono dos personagens do ABC do Nordeste. Joaquim Cardozo, tal como João Cabral de Melo Neto, é um poeta internacional que fala em linguagem internacional dos mistérios e das realidades de sua terra. Esperamos que seja o próximo autor brasileiro a conquistar as plateias estrangeiras com nossa verdade poética." (LEITE, *O poeta Joaquim Cardozo e seu teatro*, p. 139-140).

12 CARDOZO. *O capataz de Salema* e *Antônio Conselheiro*, p. 58.

Na sombra do inferno, e que negam
E gritam, e sofrem, e clamam...
Sob o peso e o pesadelo da eterna
Condenação: os demônios...
(*Olha por cima das cabeças dos juízes*)".[13]

Tendo o júri baiano decidido que o caso deveria retornar ao estado de origem do prisioneiro, o Ceará, ocorre nova transfiguração cênica: "imediatamente a mesa onde estavam os juízes desaparece e a parede, por trás da mesa, se abre; além, descortina-se um cais e nele, atracado, um navio; deste, veem-se apenas a prancha de acesso a bordo, uma parte do convés e de um mastro; Antônio Conselheiro, acompanhado de dois soldados, caminha na direção da prancha de acesso", informa a rubrica.[14] A alternativa estética anti-ilusionista expõe os mecanismos da *carpintaria* cênica e, ainda, institui o embaralhamento de certos parâmetros de concepção e representação da realidade, juntando algo de mágico ao desdobramento puramente factual dos acontecimentos; como se sabe, combinação, de resto, sempre atuante nos relatos (até mesmo oficiais) que tentaram dar conta da participação do personagem no histórico comba-

13 CARDOZO. *O capataz de Salema* e *Antônio Conselheiro*, p. 60-61. "Entre teatro e tribunal vigora uma relação de homologia fundada num parentesco estrutural. [...] Ambos aparecem como o lugar de uma incerteza, de um conflito, pois questões morais ou políticas não se resolvem a golpes de leis absolutas, nem no teatro, nem por ocasião da sessão do tribunal. Como sugere essa afinidade original, podemos então conceber o palco, a exemplo do tribunal, como lugar do debate e do confronto de interesses, ideias, teses antagônicas, segundo as regras de um protocolo rigorosamente estabelecido e mediante o uso de uma fala reportada à sua função agonística. [...] o teatro adota em várias circunstâncias a forma do julgamento como que para melhor servir suas pretensões militantes. A utilização de um material documentário vai então de par com um esforço radical de formalização. [...] Quando a dramaturgia recorre ao agenciamento do tribunal, por exemplo, é acima de tudo a relação entre o palco e a plateia que está em pauta. Antes mesmo de disponibilizado aos seus herdeiros, o paradigma do processo acompanha a concepção do teatro épico brechtiano." (David Lescot, in SARRAZAC, *Léxico do drama moderno e contemporâneo*, p. 150-152).

14 CARDOZO. *O capataz de Salema* e *Antônio Conselheiro*.

te. A última imagem do quadro é predominantemente acústica: "Ouve-se o apito do navio anunciando a partida; [...] no escuro há um rumor de água batendo na pedra do cais".[15] Porém, logo *o mar vai virar sertão.*

O Segundo quadro já se situa na "paisagem sertaneja" de Canudos, onde ingressa um coro processional de mulheres, cantando e portando um oratório com santos e crucifixo;[16] em seguida, entra o Conselheiro, de batina azul, trazendo cajado e rosário. Tomado "de puro êxtase religioso", ajoelha-se em frente ao oratório, "em atitude de quem está inteiramente absorvido pela oração". *Renascido*, como prometera, volta em outra condição, não mais como prisioneiro, mas já um místico peregrino. Com ele, ouvimos vozes: a Primeira – uma espécie de Superego que porta os ditames da religião oficial e se expressa na primeira pessoa do plural – determina que "passou o tempo dos profetas [...] e místicos pregadores espontâneos", afinal, o evangelismo seria agora uma profissão, um ofício que exigia formação erudita, poder econômico e (re)conhecimen-

15 CARDOZO. *O capataz de Salema* e *Antônio Conselheiro*, p. 63.

16 No livro organizado por SARRAZAC (*Léxico do drama moderno e contemporâneo*, p. 61-63), M. Losco e M. Mégevan revisitam o coro como "uma das invariantes estruturais da cena dramática ocidental" e seus "papéis de intermediário" coletivo: "Por sua fala épica e distanciadora, ele comenta, generaliza e exprime um *pathos* que simboliza o próprio *pathos* dos espectadores; com a adjunção à fala poética da dança e do canto, ele se dirige ao mesmo tempo ao espírito e ao corpo, mobilizando assim tanto o imaginário quanto o pensamento discursivo. [...] Portanto, convocar a forma coral nos dias de hoje é situar historicamente a obra: no teatro ocidental, entre os anos 1950 e 1980, as obras com coro situam sempre as peças na tradição dramática, nem que seja para estabelecer o balanço crítico: o brechtismo [...]; os escritos de Artaud [...]; as 'escritas no presente' que têm como ponto comum um conteúdo frequentemente explícito ou implícito de crítica social ou política" (p. 61). O essencial, destacam, é recuperar a ideia de que "a presença dos coros cria, invariavelmente, sobre a representação, feixes de efeitos convergentes visando modificar a relação do espectador com a fábula. O trabalho operado pelo coro no interior da forma dramática desestabiliza as categorias usuais da representação segundo as quais opomos o inteligível ao sensível, o palco à plateia, a fala ao canto [...]. o coro é sempre um *estranho* à representação, pelo excesso de real que se precipita com ele no palco, como se sua lei fosse permanecer nas franjas do representável." (p. 62).

to institucional.[17] Em contraponto a tais imperativos, o Conselheiro responde ancorando no chão histórico-geográfico local o que se apresenta como verdade cristalizada e supostamente universal, estabelecendo-se na cena um verdadeiro duelo teológico:

> **Conselheiro**
> Aqui nesta terra dura e árida
> A vida não surgiu das águas [...].
> O nosso Deus é pobre
> Porque é o Deus dos pobres.
> O nosso Deus é triste
> Porque é o Deus desta terra triste e seca.
> As minhas vestes são de algodão
> Não são de púrpura;
> O altar da minha igreja
> Não está revestido de ouro.
> [...] Nesta terra abandonada,
> Onde vive boa parte de uma nação,
> Não se bebe vinho
> Nem se come pão.
> A água com que batizo os pequeninos
> Não é lustral, nem limpa, nem benta:
> É a água do Vaza-barris:
> Água barrenta. [...]
> Mas o Sangue e o Corpo de Deus

17 Também no livro de SARRAZAC (*Léxico do drama moderno e contemporâneo*, p. 185-189), G. Jolly e A. M. da Silva apresentam desdobramentos do conceito de "voz" na cena, desde a definição mais comum, de "dado físico ou fonético resultante de uma enunciação", até a multiplicidade daqueles "efeitos de voz", os quais "pulverizam a identidade ou integridade" de personagens, a criar formas outras de "hipertextualidade" ou de "minimalismo textual". Explicam as autoras: "O drama moderno e contemporâneo, como a escrita cinematográfica, anexa outras origens possíveis à voz, com a *voice off* (interna à ficção, fora do palco) ou a *voice over* (extraficcional, no palco ou fora do palco). Distinta da categoria de personagem – como voz coral, narrativa ou comentadora – e inclusive, às vezes, do ator – no caso de uma voz gravada ou sintetizada –, essa voz introduz, para o espectador, uma 'incerteza sobre sua origem e sobre o sujeito do discurso' (Patrice Pavis). Pode, por essa razão, participar da epicização do drama, ou ocupar lugar no poema dramático." (p. 186-187).

São recebidos, mesmo na escassez do que bebemos,
Na pobreza da nossa alimentação.[18]

Depois, uma Segunda voz, de inflexão mais filosofante e enigmática, repercute como "uma ameaça, uma blasfêmia", anunciando em forma de vaticínio escatológico o mal maior que está por vir:

Pois Canudos será destruída. / Não como Sodoma, nem Babilônia, / Que o foram pelo fogo divino, / Mas pelo fogo dos homens, pelo fogo / Das armas por eles inventadas. [...] Pela ferrugem das suas máquinas / Um dia serão também / Contaminados e consumidos... [...] corrompidos / Pela ferrugem deles mesmos: [...] Que na ferrugem do tempo acabarão.[19]

Da destruição, o Conselheiro afirma estar ciente, por já ter recebido "aviso do Céu"; e, por isso, os motivos do ataque ele pode interpretar e apregoar: as "armas infiéis" simbolizam o "delírio", a "hipocrisia", a "ignomínia" e a "impostura" dos "filhos da ambição, da maldade, / Da injustiça".

Finalmente, retorna à cena o coro das mulheres, em cujo canto ressoam versos do poema "A onda", do pernambucano Manuel Bandeira,[20] e se combinam recursos sonoros de feitio simbo-

18 CARDOZO. *O capataz de Salema* e *Antônio Conselheiro*, p. 65-66. Certamente, não é mera coincidência que nos anos 1970 se desenvolvam e divulguem as ideias da Teologia da Libertação, doutrina elaborada por Gustavo Gutiérrez, Leonardo Boff e colaboradores latino-americanos, uma espécie de práxis católica segundo a qual seguir os passos dos Evangelhos pressupõe fazer a opção pelos pobres.

19 CARDOZO. *O Capataz de Salema* e *Antônio Conselheiro*, p. 67-68.

20 Sobre o recurso da citação, a saber, "a integração efetiva de outros textos na textura e/ou na estrutura dramática das peças", Kerstin Hausbei (in SARRAZAC, *Léxico do drama moderno e contemporâneo*, p. 49-51), apoiada nos preceitos de Peter Szondi, lembra seu viés de oposição "ao caráter absoluto e primário do drama", colaborando para deste excisar sua "unidade orgânica" e atuando, portanto, como sinal de uma "tendência à epicização": "Quando as citações são colocadas na boca dos personagens, sua força de epicização ainda é amplamente dissimulada, uma vez que a origem da repetição está localizada no interior do universo dramático. Mas mesmo nesse dispositivo atenuante, a citação atualiza seu contexto inicial e o ins-

lista e erudito e os da poesia oral de matriz popular – repetições, paralelismos, assonâncias e aliterações, zonas de rimas –, imiscuindo-se o tradicional e o novo, para mobilizar e potencializar as fontes sonoras de significação, fundantes no gênero lírico.21 Até que a cena fica vazia e, nela, toma lugar a Terceira voz, a aludir à ligação entre passado distante e desdita atualizada. Afinal, naquele espaço-tempo de caos, onde se cruzam Mito e História para afinal se (re)encenar um "antigo drama", encontram-se e se reconhecem os errantes de "vida em pânico", os vitimados pela opressão, a fim de retomar seu ancestral e messiânico "gesto de defesa":

> **Terceira voz**
> Nesta terra deve ter havido um mar,
> Um mar profundo, um mar que se abriu,
> Se retirou; por onde passa um povo fugindo
> Um povo perseguido e maltratado;
> Esta terra é o chão de mar aberto,
> Onde um povo se acolhe, e se recolhe
> Para receber o seu profeta [...].[22]

---

tala numa relação frequentemente implícita com o contexto citante. Nesse caso, ela recorre à atividade interpretativa do espectador, tornado 'terceiro da relação dual, negociador e não hermeneuta' (Compagnon). Numa primeira fase, a citação com intertexto externo causa acima de tudo um efeito de real [...].".

21 "Observamos enfim que muitas vezes a presença de coros no teatro contemporâneo assinala e manifesta um desejo, que não deixa de lembrar aquele que arrasta o indivíduo para a ideia de comunidade. [...] o recurso ao coro é quase sempre, na hora do desencantamento do mundo, oportunidade para uma deploração fundamental, aplacando a maldição do disjunto e a insuperável separação dos seres. A coralidade [...] corresponde a um questionamento da concepção do microcosmo dramático e da dialética do diálogo, tradicionalmente organizadas em torno do conflito. No nível da palavra, a coralidade manifesta-se como um conjunto de réplicas que escapam ao enunciado lógico da ação, e que podem estruturar-se de forma melódica, qual um canto em várias vozes; no nível dos personagens, corresponde a uma comunidade que não está mais propensa ao desafio do confronto individual [...], privilegiando estruturas de irradiação e fragmentação do discurso." (SARRAZAC, *Léxico do drama moderno e contemporâneo*, p. 62). Retome-se, ainda, a bela e engajada declaração de Alfredo Bosi (*in memoriam*) usada como epígrafe deste estudo.

22 CARDOZO. *O capataz de Salema* e *Antônio Conselheiro*, p. 70

Na peça de Joaquim Cardozo, os quadros possuem títulos, os quais apresentam, sumarizam e antecipam o que se lerá/encenará. Assim, o do primeiro é "O Conselheiro preso na Bahia"; o do segundo, "O Conselheiro em Canudos"; o seguinte, "O Conselheiro constrói uma igreja". Como se vê, são inscrições estruturadas em frases curtas, conferindo posição de destaque ao epíteto do protagonista e mobilizando recursos presentificadores da ação e/ou situação.

A rubrica inicial do Terceiro informa ser este quadro "constituído de duas cenas separadas por um septo no centro": à esquerda, estão cinco mulheres à beira de um açude, a conversar enquanto lavam roupa; do lado direito, quatro homens, atuando na tarefa de erguimento arquitetural (e simbólico) que o título metonimicamente anuncia. Indica-se, ainda, a ocupação da parte superior do cenário: no novo templo, há um andaime, em que estão dois outros trabalhadores (sem falas)23; e, finalmente – a refletir a formação acadêmica do autor que fora topógrafo e, depois, engenheiro calculista de Niemeyer, desde a Pampulha, em Belo Horizonte, até a construção de Brasília –, se dá a ver "uma tábua da parte mais alta do andaime; dele sai, e se apoia numa pedra ao fundo de cena, que é constituída de um terreno ondulado, deixando pressentir, por trás das ondulações, um caminho cavado, meio encoberto, e que se perde para um dos lados".[24]

Representando um salto temporal em relação aos dois quadros anteriores, as cenas instalam nesse momento de "espaçamento da ação" a realidade da guerra: as mulheres relatam epicamente a vitória, em passado próximo, de seus homens frente aos inimigos, obrigados a recuar, derrotados, em meio "às chuvas de janeiro".[25] E deixando ressoar no diálogo ecos shakespearia-

23 Certamente, um reaproveitamento funcional da "prancha de acesso a bordo" do navio no qual o Conselheiro embarcara, no encerramento do primeiro quadro.

24 CARDOZO. *O capataz de Salema* e *Antônio Conselheiro*, p.71.

25 "Graças a esse movimento retrospectivo, que implica um recuo ou um espaçamento com relação ao presente absoluto da forma dramática, o *tableau* [qua-

nos, elas leem nos fenômenos naturais prenúncios metafísicos: "Há qualquer coisa ruim no ar"...; "Nessas chuvas pesadas, [...] / Há sempre rumores, ameaças e lamentos". Por sua vez, no plano paralelo possibilitado com a engenharia cênica que sugere simultaneidade temporal e disjunção espacial, eles atribuem, via-personificação, vontades aos objetos, em semelhante atmosfera de predição e sortilégio: "A antiga porta rangeu, / E foi, como se com voz falasse, / Como se com voz se lamentasse".[26]

Entretanto, o dramaturgo sabe sobrepor ao ponto de vista supersticioso e matizado pela crença no augúrio o parecer de fundamentação sócio-histórica, que busca explicar e não naturalizar o atual estado de coisas: noutra parte da conversa, sabemos que as terras da Fazenda Velha, ocupadas pelos sertanejos seguidores de Antônio Conselheiro, estavam há muito abandonadas, depois da morte de seus antigos proprietários; e só então, após a ocupação, os poderosos os "querem expulsar".[27] Um dos homens sintetiza em sua fala tão significativa o sentido histórico daquele momento:

> **Terceiro homem**
> Dentro de três meses deve estar pronta
> A Igreja Nova; muita gente virá,
> Muita gente de longe, como nós, peregrinos,
> Como nós retirantes, fugindo da injustiça
> Implacável dos homens, retirantes!
> Somos um mar de gente que se retira
> Um povo que se retrai, que se retrai...

---

dro] apresenta a ação de maneira indicativa; longe de se confundir com ela, ele autoriza o exame de seu processo. [...] Dependendo do caso, o recuo suscitado [...] dá lugar a um investimento emocional, meditativo ou crítico." (Cf. Mireille Losco, in *Léxico do drama moderno e contemporâneo* SARRAZAC, p. 176-178).

26 CARDOZO. *O Capataz de Salema* e *Antônio Conselheiro*, p. 72-73.

27 No Segundo ato, entoará o "Coro das mulheres": "Senhor! Senhor! [...] / Proteja esta terra inútil aos seus primeiros povoadores / E, porque estava abandonada, / Fizemos sede de nossos lares [...]." (p. 104).

Somos uma nação, um país morrendo,
Um povo morrendo e matando para poder viver.[28]

Recorde-se o fundo referencial da obra artística: a ação coletiva e comunitária em Canudos, antes menosprezada, passara a ser vista e divulgada na imprensa como potencialmente ameaçadora – porque seria ideologicamente motivada, anacronicamente regressiva e politicamente revolucionária –, graças às primeiras derrotas sofridas pelas forças militares republicanas. O objetivo da empreitada de resistência e do empenho dos sertanejos na mudança de cenário ganha, inclusive, figuração alegorizante na fala do Segundo homem: "Tolices, deixemos para lá a igreja velha / E vamos prosseguir na construção da nova". (p. 73). Assim como se imantam nas falas das mulheres sentidos outros trazidos pelo contexto de ditadura instalado no país quando a peça foi escrita:

"**Segunda mulher** – Antes de nascer a estrela
É verde o girassol!
O tempo é verde, parado. [...]
Terceira mulher – O tempo gira e as espigas se enchem
De grãos amarelos...
Mas, antes, é preciso o tempo – verde. [...]
Segunda mulher – Antes do encarnado e do amarelo:
– Cores do que é maduro – [...]".[29]

---

28 CARDOZO. *O capataz de Salema* e *Antônio Conselheiro*, p. 77

29 CARDOZO. *O capataz de Salema* e *Antônio Conselheiro*, p. 74. "Quero lembrar, isso sim, o momento mais alto de sua criação, quando a opressão se fez o quotidiano do povo brasileiro, quando à miséria antiga e permanente se somou o látego tentando fazer-nos escravos sem vontade, castrados. A poesia de Cardozo, nesse tempo longo e cruel, buscou a arena, o teatro, foi drama e reinação popular, arma afiada, punhal, fuzil, clamor de protesto. Virou soldado quem tinha horror à guerra e à violência. Nos anos feios e tristes que começaram em 1964, Joaquim Cardozo levou o bumba-meu-boi aos palcos para defender a liberdade." (Jorge Amado, na revista *Módulo*, em 1978, *apud* LEITE. *Um teatro da morte*, p. 33).

Neste Terceiro quadro, o ressurgimento em cena de Antônio Conselheiro, agora aclamado o "Bom Jesus", se dá como visão e aparição muda, anunciado por "um ligeiro som de sino": ele caminha resoluto sobre uma tábua, no alto do muro da igreja nova, "com as mãos estendidas na direção do local onde tinha cessado a luta" dos dias anteriores. A rubrica continua: "depois benze-se e desaparece por trás da pedra; os homens e mulheres olham surpresos, e logo prosternam-se, ajoelham-se, benzem-se também, baixando as cabeças até o chão; vão-se depois erguendo-se aos poucos" (p. 76). Conforme o que relatam, não é a primeira vez que a mise-en-scène do líder ocorre alteada pelo halo da magia e da religiosidade. O "milagre" parece recuperar e materializar cenicamente aquelas lembranças que o dramaturgo guardara do espetáculo chinês; e o discurso verbal reveste-se da poeticidade dos neologismos, para ratificar a excepcionalidade dos fatos:

> "**Terceira mulher** – Andou solto no ar,
> Nada o sustinha, e, ele, no ar
> Fez, com o braço, um gesto
> De condenação. Um gesto
> Esconjurando o inimigo que se aproximava
> E logo a notícia correu:
> Estávamos salvos! [...]
> Terceira mulher – O seu andar é como o de Jesus...
> Passeando sobre o mar! [...]
> Segunda mulher – Há uma lonjura, uma longidão... [...]
> Lá no Longetudo, no longelento / Onde deve nascer a estrela".[30]

A cena mais impactante é aquela com que se encerra o quadro, derivada da prática do cortejo cristão dos aflitos ou mesmo como variante estática da tradição medieval das danças macabras: antecede a entrada da "procissão dos jiraus" o "som de uma ladainha que vem se aproximando" e os personagens

30 CARDOZO. *O capataz de Salema* e *Antônio Conselheiro*, p. 77.

emudecem no palco. Afinal, como explica a fala pungente da Primeira mulher: “São os nossos mortos agora recolhidos / Que vêm em procissão. Os nossos mortos”.[31] E a didascália delineia e expande o abalo grupal representado no episódio:

> Aparece na curva do caminho cavado, ao fundo, a procissão dos jiraus; os pálios feitos de faxinas, suspensos pelos braços dos jagunços, aparecem do lado direito do caminho cavado que há ali; dos homens que conduzem os jiraus onde estão estendidos os mortos da guerra somente são vistos os braços; dentro desses jiraus, os mortos estão em diversas posturas; a procissão passa lentamente, as vozes crescem, e à medida que passam vão aos poucos se extinguindo; reina silêncio.[32]

A primeira e a segunda expedições dos exércitos republicanos que baixaram no sertão baiano com o intuito de destruir a “Troia de taipa” – como a Canudos se referiu Euclides da Cunha[33] – sofreram derrota vexatória e tiveram de bater em retirada; na peça, sabemos disso pelas alusões indiretas nas rubricas ou pelas cenas simbólicas que reativam a imagem do líder carismático alteado em pódio consagrador. O quarto e o quinto quadros encenam a terceira campanha, a mais célebre, comandada pelo Coronel Moreira César,

31 CARDOZO. *O capataz de Salema* e *Antônio Conselheiro*, p. 78

32 CARDOZO. *O capataz de Salema* e *Antônio Conselheiro*, p. 79. “Joaquim Cardozo revela um aguçado conhecimento das técnicas de escritura teatral contemporânea. [...] Seu sentido didascálico ultrapassa a simples indicação cênica. Ele apresenta, no texto, esboços da planta do espaço cênico, indicação de entrada dos personagens, espirais de desenvolvimento da ação e disposição da plateia. O autor dá tanta importância às suas didascálias que chega a construí-las no mesmo nível de linguagem poética dos diálogos; como se elas tivessem idêntico estatuto dos diálogos.” (LEITE. *Um teatro da morte*, p. 164).

33 Em breve rubrica, de efeito secundário para a ação, o dramaturgo alude didaticamente ao motivo por que a localidade recebeu o toponímico: “Entra um jagunço, acocora-se a um canto, sobre os calcanhares, bate o isqueiro, acende o cachimbo de longo canudo, fuma.” (p. 81). E, com a imagem, recupera a representação do homem do campo brasileiro eternizada nos quadros de Almeida Jr. e nas descrições pouco empáticas de Monteiro Lobato.

o temido “Corta cabeças” – “homem de muita feitura. / De muita audácia e combate”. –, enviado do Sul do país justamente para corrigir e vingar os insucessos das diligências anteriores.[34]

Agora, personagens mais individualmente singularizados, portadores dos nomes de figuras populares que também se tornaram historicamente conhecidas devido aos documentos jornalísticos de época e, sobretudo, graças à publicação da epopeia de Euclides, abrem o diálogo do Quarto quadro (“Aproxima-se a 3ª. Expedição”), enquanto esperam, à noite, após a pregação religiosa, o achegamento dos “macacos” do exército: João Abade, Manuel Quadrado (o curandeiro), Pajeú, José Félix e Lalau. A inclinação ética e estética de Joaquim Cardozo pelos oprimidos, pelos homens do povo, em detrimento dos poderosos opressores, cria um dos mais belos e ideologicamente marcados diálogos da peça:

> **Pajeú**
> Desta vez, como das outras,
> Não passarão dali
> (faz um sinal com o beiço)
> [...] Mas vão ver novamente
> Que é a terra toda que os repele,
> Que a terra, o chão, a seca
> É que os vencem e os reduzem a frangalhos;
> Só vencerão quando destruírem a terra.
> Quando fizerem vir até aqui
> O mar salgado, e a terra toda se tornar
> Um campo de sal; então eles serão
> Os vencedores, eles os donos
> De tudo, até das coisas inúteis,
> Das coisas largadas no abandono;
> Querem vencer pra restabelecer

34 CARDOZO. *O capataz de Salema* e *Antônio Conselheiro*, p. 81. Completam o retrato do militar as falas de outros personagens, como vozes em coro: “Homem de muita desgraça.”; “Homem de muita traição!”

O "sem uso", e o desperdício;
Heróis da ruína, da miséria e da fome
Donos, donos, donos dos sobejos da morte
Donos da carne e da carniça.[35]

Teorias progressistas sobre o uso e o acúmulo de bens e propriedades, certas bandeiras das demandas ancestrais pela reforma agrária, figurações de um pensamento imagético solidamente assentado acerca da configuração e reposição da luta de classes no Brasil e de nossa modernização inconclusa e conservadora, pautada por aquilo que *sempre não passou*, tudo vem à cena – durante a vigência da linha dura do regime ditatorial militar pós-64/68! –, como metralhadora verbal alimentada pela dicção dos livros bíblicos e pela poeticidade épico-lírica das mensagens visionárias e imprecatórias de Virgílio, Camões e Pessoa.

A vocação telúrica das forças que movem a resistência dos *canudenses*, seu conhecimento da terra, fauna e flora locais e sua infiltração mimética na paisagem viram táticas possantes contra o inimigo, o qual está em condição belicamente superior, porém guiado por estratégias cristalizadas e mal aclimatadas, repetidas automaticamente por batalhões de deslocados naquele território a que nunca as forças oficiais deram atenção.[36] O cenário construído ganha a organicidade do ambiente natural e o Arraial se mostra pleno e forte, potencialmente vivo

35 CARDOZO. *O capataz de Salema* e *Antônio Conselheiro*, p. 81-82.

36 Parece se adequar com perfeição à configuração da Guerra de Canudos o par conceitual tática X estratégia, desenvolvido por Michel de Certeau, no primeiro volume de seu *A invenção do cotidiano*: enquanto as táticas dos sertanejos são modalidades de ação *desviacionistas*, criadas por meio de apropriações astuciosas e manipulações combinatórias de diferentes instrumentos e procedimentos, as estratégias das tropas republicanas são operações *tecnocráticas* próprias à "arte do general", "gestos da modernidade científica, política ou militar", compondo um sistema organizado, rígido e normatizado de práticas já mapeadas e (auto)impostas. Cf. CERTEAU. *A invenção do cotidiano*. cap. III.

e mágico[37] para a defesa coletiva do *sentimento de um destino comum*, sustentando-se com a muralha indevassável de uma formação *histórica* o avanço reativo que o espírito comunitário e o *modo de existência plural* transformam em rizoma tático *comunicante:*[38]

> **João Abade** (*olhando para o fundo da cena*)
> Por baixo desses telhados
> Há um povo ameaçado,
> Um povo perseguido nos seus desejos
> Na sua fome e cuidado:
> Desses telhados feitos de chão,
> Feitos de barro e lama, feitos de passos e caminhadas,
> Feitos de marchas cansadas;
> Feitos, pisados, em estiradas léguas.
> Nesses casebres cobertos de sol.
> – De terra seca de sol –
> Nesses casebres cobertos de chuvas,

37 Sozinho em cena, no quadro seguinte, um oficial faz um curto e belo monólogo, no qual ganha visibilidade a aparência de irrealidade fantasmática que a paisagem assume na perspectiva dos invasores, reafirmando-se a parcela de absurdo e sem-sentido que toda guerra parece guardar: "[...] Dentro daquela terra, / Dentro daqueles casebres / Já não se distingue jagunço / De soldado; e a noite / Os confundirá ainda mais. / A noite! Acho que esta batalha / Não tem solução; é uma luta / Contra ninguém, contra o barro, / Contra o vazio; os nossos soldados / Se debatem dentro de uma rede. / Dentro de uma rede de coisas anuladas. / Dentro de um labirinto / De direções impossíveis." (p. 90-91). Logo adiante, "meditativo", outro oficial ratifica a impressão do colega: "E a verdade desta batalha? / Será que ela se deu? / A realidade numa região como esta / É esquiva e fugidia; / Uma batalha na região de Canudos / Será que pode haver algum dia? / As regiões adequadas a uma campanha militar / Trazem já um cenário de ação e atividade. / Na região de Canudos tudo está parado, / Tudo está acabado, desolado, morto." (CARDOZO. *O Capataz de Salema* e *Antônio Conselheiro*, p. 93-94).

38 Parte das armadilhas criadas pelos sertanejos para surpreender as tropas invasoras encontram-se descritas nas falas do curandeiro Manuel Quadrado: os espinhos das plantas, por exemplo, haviam sido previamente envenenados, tal como as águas das cacimbas. Saberemos depois que, após subirem o íngreme morro, os soldados encontravam no topo "um pico e um poço, uma cratera" (CARDOZO. *O capataz de Salema* e *Antônio Conselheiro*, p. 102), onde despencavam.

De chuvas depressa e passageiras,
Há um povo ameaçado,
Corrido, maltratado;
Mas, ao avanço do inimigo,
Todas as portas se cerrarão,
Todos os caminhos deterão a sua passagem,
Como muralhas, como trincheiras.

Pajeú
Através dessas grotas
Se escoam os perigos;
Os nossos limites se estendem,
Se encurtam e se alongam,
Como um fole. Canudos
É uma grande rede de taipas,
Que descerá sobre os invasores;
Os telhados cairão sobre eles,
Como uma rede de túmulos abertos.
Ficarão sepultados sob este chão
Que aí está armado no ar.
[...] Do miolo da terra, do miolo
Das pedras e das árvores, [...]
Abertos estão muitos olhos,
Em mira, olhos como balas;
É como se a terra toda visse;
A terra toda chovesse,
Em muitas direções. [...]

João Abade
Canudos é um mundéu, uma arapuca
Aqui montada para apanhá-los;
Ligados, presos; no mesmo instante
Participarão da nossa condição.[39]

39 CARDOZO. *O capataz de Salema* e *Antônio Conselheiro*, p. 82-84. Com grifo meu, a fim de destacar a sugestiva força cênico-visual da imagem criada por Joaquim Cardozo.

O dramaturgo não abre mão da caracterização quiçá ambivalente – e mais afim ao espírito do lado do conflito que elege para protagonizar sua peça – do líder místico: a fala de Antônio Conselheiro, ao final do Quarto quadro, mais uma vez insufla de fluido milenarista e messiânico o pragmatismo do embate presente, projetando para um espaço-tempo menos concreto o resultado final da guerra. Diz ele: "devemos resistir como se nada houvesse / Como se nada tivesse havido; / É uma nova luta, uma nova dor, / Entre as muitas das quais / Devemos ter o alívio / Nas regiões do mundo da salvação, / Entre as muitas que deveremos / Ainda sofrer antes de chegarmos [...] ao reino do céu!" E finaliza, em tom de predição fatalista: "Este país será invadido por uma legião de ratos / Depois os ratos começarão a correr. / E é a peste... Um dia este país / Será assolado por uma grande peste". No meio da "noite já quase completa",[40] o tiro de canhão ouvido, disparado pelos adversários, assim como "o troar da artilharia" por horas seguidas, impõem e contrapõem a realidade iniludível e material do combate a qualquer promessa utópica de postergação salvífica: "**Pajeú** – Aqui estão eles! É a voz / Da 'matadeira', esses monstros / De garganta de fogo,[41] / Esta voz do inferno".[42]

No entanto, quando finalmente entra em cena, o coronel Moreira César está numa padiola, ferido por uma bala (mais uma escolha significativa de Cardozo, que no mínimo problematiza o retrato altivo construído nos escritos do engenheiro militar Euclides da Cunha); embora "às portas da morte", o oficial insiste em não autorizar a retirada da tropa, recusando-se a "aceitar o alvi-

40 Mais adiante, dois oficiais declararão, em falas secundárias nem por isso carentes de poeticidade e apelo visual: "Canudos mesmo de dia / É uma cidade noturna. [...] Suas casas escuras, escuras, / Cobertas de terra, de argila vermelha: / Nelas o telhado e o chão / Não se distinguem." (CARDOZO. *O Capataz de Salema* e *Antônio Conselheiro*, p. 89-90).

41 A imagem resgata a do poema de Castro Alves utilizado como epígrafe.

42 CARDOZO. *O capataz de Salema* e *Antônio Conselheiro*, p. 85-86.

tre" e a consequente desmoralização de seu poder. Manda então chamar o coronel Tamarindo, o qual se encontra do outro lado do rio, "em luta acesa, / À frente do seu batalhão". Não chegará a encontrá-lo, pois morre antes, "Ouvindo os clarins da derrota".

A epicização do drama moderno faculta que um personagem descreva o que por ora está ausente do enquadramento da cena, tal como alcançado pela visão do espectador: sabemos assim que, antes mesmo de se ordenar a evacuação, os soldados iniciaram a debandada, conscientes do insucesso da empreitada. O reconhecimento de mais uma derrota das forças republicanas pelo que tendenciosamente se apregoava na imprensa como sendo um mero foco remanescente de atraso no interior do país, só então finalmente norteado pelo dístico positivista de *ordem e progresso*, traz consigo o reconhecimento da *verdade polifônica* e complexa do real imposta a sonhos de completude narcísica que partem da premissa de subjugação e eliminação do outro: "**Segundo oficial** (*olhando, longe, a batalha*) – [...] Canudos / Foi vencida, expugnada, e / Contudo ficou intata, inalterável; / As leis da guerra não são aqui / Aplicáveis. Como num sonho, / A posse, aqui, é sempre incompleta".[43] Tal como ensina o poema de Brecht, usado em epígrafe, o homem que sabe matar também sabe pensar...

Espelhando, por contraste, as cenas coletivas anteriores, das ritualísticas e lentas procissões de devotos conselheiristas, encerra-se o Quinto quadro ("Derrota da 3ª. Expedição") – e com ele o Primeiro ato – pela célere retirada (em arranjo, imagina-se, ao gosto de Antunes Filho ou Pina Bausch), "gradual e crescente", das levas de soldados e oficiais do Estado-Maior, os quais invadem o *palco revolto* "espantados, confusos", aturdidos pelo dobre dos "sinos, intensos, crescendo cada vez mais". Interrompendo o silêncio que logo se instala e o *sombreado do quadro que o vela de todo,* uma

43 CARDOZO. *O capataz de Salema* e *Antônio Conselheiro*, p. 92.

luz matinal deixa entrever uma paisagem de estranha primavera, na qual "as árvores ressequidas da região como que florescem, pois todas elas estão enfeitadas de trapos coloridos das fardas dos soldados", "farrapos" agitados por um "pequeno vento", ao "som de sino matinal, chamando para a missa". Entra nesse cenário em que está ausente o elemento humano, "um homem vestido à moda da época em que se leia ou se represente esta peça, entra e atravessa a cena da esquerda para a direita, e de passagem fala para a plateia", rompendo a imaginária quarta parede da encenação teatral naturalista, como a desprezar o euclidiano *telão tecido sobre um ato de tragédia.*[44] Ressaltando, por meio de um jogo de antíteses, a instabilidade do momento ("Há um sino cantando no ar, / Um sino triste e contente, / Um sino fúnebre e festivo"...), a alocução traz a esperança surgida com o novo amanhecer ("Um sino... uma voz humana... / Humana e... matutina".).[45]

Uma batalha de soldados mortos

Para Luiz Fernando Ramos, as rubricas são, "no fenômeno teatral, um território privilegiado de interseção entre os planos literário e cênico", já que "naquele espaço específico do texto dramático está esboçada uma primeira encenação virtual, transcorrida simultaneamente à sua criação":

> Será ainda ali, contudo, onde o dramaturgo indicou sua primeira leitura do texto encenado, que restará a única pista concreta da cena que ele imaginou ou já construiu, e agora se recorda. [...] é a forma literária da cena na cabeça do autor, este encenador conceitual, e como tal se torna vital para o leitor que encena imaginariamente, também sem o espetáculo para se referir. [...] É através dela que qualquer leitura, seja a de fruição literária seja a pragmática, visando uma encena-

44 Conforme o excerto em epígrafe.

45 CARDOZO. *O capataz de Salema* e *Antônio Conselheiro*, p. 94-95.

> ção, vai melhor vislumbrar a materialidade e a tridimensionalidade cênicas potenciais naquele texto dramático. A rubrica é, enfim, como literatura, um gênero muito específico. Tem o espetáculo como tema e finalidade e está a meio caminho entre o romance e a poesia lírica, entre a prosa do livro técnico e o texto narrativo e descritivo do jornal. [...] é o único resquício confiável de uma viagem transcorrida, escritura que narra uma luta consumada entre o literário e o espetacular.[46]

A importância conferida à rubrica por Joaquim Cardozo e sua concepção de que o texto dramatúrgico também se destina à leitura e não só ao devir cênico confirma-se com a longa didascália que abre o Segundo ato da peça *Antônio Conselheiro*. Sem o perfil antecipatório dos anteriores, o título do Primeiro quadro situa temporal e espacialmente a cena ("Uma noite no Alto da Favela"), enquanto a literariedade do estilo sustenta a descrição do ambiente, aproximando-se do registro híbrido (de ciência e arte) da primeira parte de Os Sertões ("A Terra") – o "terreno convulso" e sem "um plano de horizonte", "tão perturbado de erosões" e "repleto de cortes abruptos", será o cenário de uma passagem aterradora, vislumbrada pelas tropas da 4ª. Expedição enviada para o novo cerco a Canudos. De conformação expressionista[47] e meio à moda do *jogo de sonho* de Strin-

46 RAMOS. *O parto de Godot e outras encenações imaginárias*, p.15-17. No verbete de SARRAZAC (*Léxico do drama moderno e contemporâneo*, p.165-167) dedicado ao conceito, ele vincula à abundância pletórica e à "precisão quase maníaca" das rubricas na dramaturgia naturalista e na contemporânea, "para além do caráter prescritivo dessas indicações", o fenômeno denominado por M. Bakhtin de "romancização da forma dramática": "epílogo" de um romance "virtual", "não escrito", a longa didascália faz "uma temporalidade romanesca invadir o espaço do teatro", por meio da mistura da voz do "autor-rapsodo" às falas dos personagens, com quem passa a concorrer. "Aqui, a mediação romanesca – essas brechas que o autor-rapsodo opera no drama – substitui de certa forma a mediação pictórica. A voz do autor dedica-se à *hipotipose* permanente: ela procura, ao longo de toda a representação, nos fazer ouvir e ver o *tableau* (quadro). Em sua dupla dimensão visionária e exemplar." (SARRAZAC. *Léxico do drama moderno e contemporâneo*, p. 167).

47 Em seu livro, LEITE (*Um teatro da morte*, p. 31) cita trecho de uma carta de Joaquim Cardozo a Souza Barros, a confirmar a vinculação do emissor "à linguagem

dberg,[48] o "quadro macabro" impacta, pois, numa das "árvores ressequidas" de que se compõe a vegetação rala,

> à direita, ao fundo, pendurado está, ou melhor, depositado sobre ramos secos, o corpo do Chefe da 3ª. Expedição, coronel Moreira César; está escanchado na árvore ainda vestido com a sua farda de coronel, as mãos, caídas, ainda calçadas de luvas pretas; o corpo, mumificado, decapitado, quase esquelético, veste calças de montaria e dólmã de cujas mangas sobressaem as divisas; embaixo da árvore está a cabeça do comandante, também descarnada, ressequida, mumificada como o corpo; ao lado da cabeça encostadas ao tronco da árvore, as bolas do coronel.[49]

Com algum deboche escatológico, o quadro não deixa fora do registro o descaso vingativo com o corpo insepulto, arruinado pela passagem do tempo, tornado um espantalho-múmia grotesco e castrado, ridiculamente trajado com seu uniforme de gala. Completa a fantasmagoria do entrecho a disposição, no proscênio, de um conjunto de "vários cadáveres de soldados da 3ª. Expedição", "deitados, alinhados, como em pelotões que rastejassem", "também esqueléticos e ressequidos, dentro das suas fardas ainda conservadas". Se, em princípio, os vivos quedam horrorizados ao mirarem

---

anticonvencional assimilada dos primeiros expressionistas alemães": "O meu conceito de teatro é semelhante ao de certos poetas alemães dos primeiros vinte anos deste século, conceito que estendeu à sua *Poesia Absoluta*." O pesquisador completa: "E segue citando poetas e dramaturgos do movimento *Sturm*, sobretudo August Stramm e Lotar Schreyer, deste apresentando um trecho da peça *Meer*, cuja experiência com a linguagem, com palavras suspensas e essenciais, com neologismos e uma busca de novas sonoridades, se refaz pelas raízes. Cardozo, por sinal, escreverá o 'Poema para uma voz e quatro microfones' (1970) seguindo os esquemas de Schreyer."

48 Trata-se de uma "espécie de colagem de naturalismo e *féeries*", na qual se misturam "o maravilhoso, o onírico e o simbólico com uma dramaturgia resolutamente do cotidiano". Segundo o próprio Strindberg, ele procurou "imitar a forma incoerente, aparentemente lógica, do sonho. Tudo pode acontecer, tudo é possível e verossímil [...]. Os personagens se duplicam, desdobram, evaporam e condensam. Mas uma consciência os domina a todos, é a do sonhador.". Cf. SARRAZAC (2012: 100-102).

49 CARDOZO. *O capataz de Salema* e *Antônio Conselheiro*, p. 95-96.

a representação da alteridade radical da morte, logo naturalizam a barbárie, como sói acontecer em terríficos contextos de conflagração bélica, no "inferno" onde medram a "aflição" e *a banalidade do mal.* No diálogo entre os soldados Antônio e Francisco, a batalha teria continuidade mesmo com aquela legião de defuntos, os quais, por sua vez, enfrentariam "jagunços" ressurrectos pelo Conselheiro e logo lutariam contra "fantasmas / Contra almas do outro mundo".[50]

Na cena seguinte, "iluminada pela lua", entra o general Artur Oscar e apresenta seu monólogo, no qual ressoam ideias de Hannah Arendt (morta naquele ano de 1975),[51] acerca do exercício monopolizado da violência pelo Estado homicida, com sua demanda de cumprimento de metas, a despersonalizar/impessoalizar o crime, cometido em nome de uma imagem mitificada da segurança nacional:

> **O general**
> Nem sempre morrer numa batalha
> É ato de heroísmo, pode ser um ato sem convicção,
> De simples rotina.
> Ato de quem exerce uma profissão
> Com zelo e dignidade. [...]
> É bestial a sorte de quem perde a vida
> Em nome de um conceito vão qualquer,
> Criado como mentira, ilusão;
> Morrer para os outros, ser história
> (sorri melancolicamente)
> Para os outros; história comovente
> Para os que continuam vivos
> E gozam a beleza dos atos sublimes,
> E amam as histórias românticas:
> Pois o que morre acaba para sempre,
> O que morre não tem depois [...].[52]

50 CARDOZO. *O Capataz de Salema* e *Antônio Conselheiro*, p. 96-97

51 Especialmente no livro *Eichmann em Jerusalém* – Um relato sobre a banalidade do mal, publicado originalmente em 1963.

52 CARDOZO. *O Capataz de Salema* e *Antônio Conselheiro*, p. 98.

Após esse instante de reflexão consciênciosa e antecipando o tom antirrealista que predominará praticamente até o desfecho da peça, mais uma longa rubrica oferece ao leitor e a potenciais encenadores o misto de beleza e horror de uma marcação quase coreográfica de cena: oscilando entre a vigília e o estado onírico de semiconsciência, o oficial da 4ª Expedição "tem a impressão de que vê os soldados mortos se moverem dentro de um jogo de sombra e luz lunar; os soldados mortos rastejam em ordem". Não consegue resistir a um breve cochilo e, quando desperta, "vê que o coronel Moreira César, sem cabeça, começa a descer da árvore; vê, nitidamente, as suas mãos descarnadas, enluvadas de preto, agarrarem-se aos ramos da árvore e fazerem o corpo deslizar até o chão, apanhar a cabeça e colocá-la entre os ombros; e ainda, tomando as botas, calçá-las [...]", para dar, "com voz cava", "uma ordem de comando" aos "soldados mortos"! Encarnando o sucessor, como um seu duplo, Moreira César "fala, ao mesmo, tempo, como se fosse ele próprio e o coronel Tamarindo", iniciando o diálogo com o ensonado General. Ambos numa "fronteira entre dois mundos / Paralelos. Entre dois espaços / Contíguos que não interferem": sono e vigília, morte e vida. O Coronel, alternando a voz com a de Tamarindo, parece assumir papel semelhante ao dos espectros que Ulisses encontra em sua descida ao Hades, como conta a *Odisseia* de Homero; e relata como lutou e morreu, alertando para os riscos que a expedição sucessora corre ao enfrentar o "céu dos jagunços": "Fui vencido / Pela vontade do Céu / De Antônio Conselheiro. [...] Aniquile, destroce essa canalha!"[53] Assim será. O título do Segundo quadro anuncia a efetivação do crime: "Destruição de Canudos".

Estendido no chão do interior da Igreja Nova, jaz o corpo de Antônio Conselheiro, apenas entrevisto pela plateia, pois cercado por um grupo de mulheres que rezam e o pranteiam. Mobilizando

53 CARDOZO. *O capataz de Salema* e *Antônio Conselheiro*, p. 100-102.

e reatualizando expedientes cênico-alegóricos dos teatros medieval e barroco, Cardozo propõe um segundo plano, "separado da cena por uma espécie de nuvem", alçado "em anfiteatro", "mais para o fundo, mais ou menos na altura do altar". Nele, em círculo e de pé, instala "figuras que representam historiadores, sociólogos, jornalistas que estudaram a personalidade de Antônio Conselheiro":

> São seis: o primeiro usa chapéu de couro e alpercatas, o segundo, fraque e chapéu coco, o terceiro, uma farda antiquada e boné de soldado, o quarto, uma velha batina e barrete de clérigo, o quinto, roupa branca e chapéu do Panamá e, o sexto, usa um barrete cônico e sobrecasaca; todos sobraçam grandes livros e têm máscaras com orelhas grandes, os olhos oblíquos e as bocas largas; na boca, um sorriso meio imbecilizado; este grupo está de pé e acima da nuvem que o separa do resto da igreja.[54]

O "Coro das mulheres" alterna suas falas e rezas com as declarações judicativas e formais daquela "Terceira voz" surgida no Primeiro ato, a qual por ora parece aderir empaticamente às causas do morto, alteado à condição de mártir e líder político:

> Antônio! Que trataste com teu cuidado
> Esta terra virgem do carinho das águas [...]
> Vencido estás agora no chão de tua igreja
> Vencido e julgado, vencido e morto. [...]
> Morreste mártir
> Como os mais santos da cristandade.
> (*pausa*)
> Morreste lutando contra a República
> Pois imaginaste que os republicanos
> Um dia loteariam as terras deste país
> E as venderiam ao estrangeiro.[55]

54 CARDOZO. *O capataz de Salema* e *Antônio Conselheiro*, p. 104.

55 CARDOZO. *O capataz de Salema* e *Antônio Conselheiro*, p. 104-105.

Enquanto avança o cruzamento polifônico das vozes – que não chegam a constituir um diálogo intersubjetivo –, ouve-se, em tom crescentemente alto, o "riso alvar", "irônico e bestial" das "formas mascaradas" do plano contíguo – "Os doutores que sempre legislam sobre o que não sabem, / Nem têm os pré-requisitos necessários / Para estudar e saber",[56] diz a Terceira Voz, entrecortada pelo som aterrador das "descargas de uma fuzilaria mais cerrada", a representar a chacina genocida que se efetiva fora de cena visível. Cravando no chão histórico brasileiro a proposição universalizante das três virtudes cristãs, prega tal Voz descarnada, em *off*:

> **Terceira voz**
> [...] Era a Fé num destino. A Esperança de sobreviver.
> A Caridade da assistência igual e mútua:
> Todas as mãos no mesmo nível;
> Ao teu Evangelho chamaram de Fanatismo,
> E de ti procuraram afastar o teu povo recolhido,
> Como, há milênios, os que vivem felizes e fartos
> Sempre se fingem piedosos, preocupados
> Pelos que estão famintos. Piedosamente!
> [...] e a caridade
> De mãos, que descem de muito alto,
> Enluvadas e perfumadas; caridade precária
> Para quem dela precisa certa, unida e constante. [...].[57]

56 CARDOZO. *O capataz de Salema* e *Antônio Conselheiro*, p. 108.

57 CARDOZO. *O capataz de Salema* e *Antônio Conselheiro*, p. 109. "A partir da matriz de Euclides da Cunha, Cardozo amplia e aprofunda a problemática histórica, política, social e religiosa de Canudos, criando uma territorialidade dramática de reverberações universais poucas vezes alcançadas no texto teatral brasileiro. [...] Cardozo desconstrói a história, fazendo com que passado, presente e futuro se aglutinem dialeticamente na cena, num desafio crítico perturbador. [...] Destacam-se na peça sobre o povo de Canudos a síntese da carnificina, os desdobramentos da infâmia, as orações, o deboche bestial das elites 'competentes': historiadores, sociólogos, jornalistas, clérigos, entre outros, quais santos nos altares. A recusa aos grandes discursos salvacionistas que exaram promessas e uma mal disfarçada piedade pelos famintos e desamparados percorre as peças cardozianas." (LEITE., *Um Teatro da Morte* p. 51).

Uma explosão põe fim à cena, tornando concretas – embora com sentido ampliado – as ruínas expostas no palco, fazendo submergir até mesmo as figuras mascaradas, "que reafundam na nuvem aos seus pés". Restam "os quatro últimos combatentes de Canudos" – os quais a história oficial também tratou de registrar fotograficamente ao fim da guerra, como troféus: a rubrica indica que os prisioneiros "lutam desesperadamente e vão, um a um, caindo", até que irrompem na cena alguns soldados, "atraídos depois pelo espetáculo dos últimos combatentes mortos".[58] É a Terceira Voz que encerra o quadro:

> Canudos terminou. Todos os seus defensores
> Morreram: resta apenas no campo de batalha
> Um braço erguido, com a sua mão aberta:
> O braço erguido de uma criança;
> Um braço erguido como uma bandeira
> De uma infância, de uma dor, de uma pátria.
> (Antes da chegada dos soldados o braço do rapaz cai e fica imóvel.)[59]

Com finalidade dialética e crítica, o momento histórico mais próximo ao tempo da escrita da peça instala-se no Segundo ato, a partir do Terceiro quadro; inaugura-se em cena "O açude de Canudos", como de fato o foi: construída a partir de 1910 sobre as ruínas da destruída em 1897, *a segunda Canudos* será novamente apagada do mapa, agora pelo lago artificial de Cocorobó, a partir de 1968, durante o regime de exceção da ditadura militar, em novo esforço da *civilização* republicana para silenciar e nulificar a memória dos movimentos coletivos de emancipação. E mais uma vez o engenheiro dramaturgo deixa-se identificar nos traços de estilo em uma rubrica, para denunciar o conluio perverso de técnica moderna e projeto conservador, na reposição festiva do atraso e da barbárie:

58 CARDOZO. *O capataz de Salema* e *Antônio Conselheiro*, p. 110.
59 CARDOZO. *O capataz de Salema* e *Antônio Conselheiro*, p. 110-111.

> "vê-se um trecho da barragem de terra, no seu encontro com o sangradouro que é de concreto armado; a soleira do sangradouro está alta, nada se vendo da bacia do açude, que vai encher, a não ser as partes já indicadas; logo abaixo da soleira do sangradouro está um pano corrido, encobrindo uma inscrição ou placa com o nome do açude".[60]

Na cerimônia de inauguração do já-velho, outras figuras públicas – e patéticas – ajuntam-se próximas a um palanque, acompanhadas por "uma fanfarra de quatro ou cinco músicos bisonhos" que "executa algumas notas de um dobrado", a testemunhar o "dia memorável" de instauração de uma "era de abundância" no "Cenário de um drama que abalou / A consciência nacional". Emite o prefeito seu discurso (que o todo da peça torna tendenciosamente auto envenenado), em meio a "aplausos que se esganiçam, no fim, em quase assobio":

> [...] As águas do açude de Canudos
> Cobrirão o cenário do crime e da heresia
> (o vigário faz com a cabeça sinal de assentimento)
> Apagarão as manchas dos crimes praticados
> Pelos cangaceiros e jagunços que aqui se acoitaram:
> Verdadeira vergonha para os nossos foros de povo
> Civilizado. Reinará agora aqui a paz e a felicidade.
> [...] (*ouve-se ao mesmo tempo um pio de ave*)[61]

Por sua vez, o juiz de direito homenageia o militar que, comandando a 4ª Expedição, derrotara finalmente os últimos moradores do Arraial: "Artur Oscar, o grande soldado! Que desencantou / Esta terra dos milagres, e das fábulas / Será o patrono desse novo milagre: / Obra da ciência e da tecnologia, /

60 CARDOZO. *O capataz de Salema* e *Antônio Conselheiro*, p. 111. Destaque-se a sugestiva ambivalência de significados da palavra "sangradouro", atinente ao campo da engenharia e da guerra.

61 CARDOZO. *O capataz de Salema* e *Antônio Conselheiro*, p. 112.

Redimindo esta terra pelas águas". Participam, ainda, do rito de batismo da obra um fazendeiro, um repórter e, com parecer diferenciado, um engenheiro, o qual comenta à parte: "Mais um açude, mais um açude / Para ficar perdido, assoreado, inútil". No entanto, publicamente, também ele participa do interessado jogo de cena, exaltando a "fama imorredoura" do general, "O seu brio, a sua bravura de soldado".[62] Encerrada a farsa da festa dos vencedores, "*a cena fica por um momento vazia*".

O fantasma de Artur Oscar ("Triste, indelicado... e orgulhoso"), apartado da convivência e do julgamento dos vivos, fora do tempo social, exara seu mea culpa, sua confissão contrita, a amargar a má consciência triunfante e pôr em xeque a própria honra, matizando o discurso oficial da História, primeiro em um monólogo, depois, entremeando seu pungente discurso às perguntas de um jornalista de televisão, o qual, no entanto, ele nem ouve nem vê:

> **Artur Oscar**
> [...] Vitória?! Tenho remorso dessa vitória!
> Vitória? A Quarta Expedição também foi derrotada.
> (tosse secamente e cospe)
> (ouvem-se um gemido longo, uma voz estrangulada, o piar de uma ave)
> É o vento? Alguma ave agourenta?
> Uma voz surda, decepada, uma voz de medo,
> Voz de garganta sem cabeça;
> O gemido, o estertor dos degolados?
> A guerra de Canudos foi uma auto batalha
> Uma luta contra o nosso próprio medo,
> Contra os nossos próprios fantasmas;
> [...] A glória
> Nessa arte de matar? Glória ou infâmia? [...]
> Sim! Eu os vejo em fila:
> Os velhos trôpegos, as mulheres cadavéricas;
> Em fila, em longa fila pelos caminhos;

62 CARDOZO. *O capataz de Salema* e *Antônio Conselheiro*, p. 113-114.

> Vi o rosto de uma menina destruído
> Em parte por uma granada:
> Rosto de uma só face: uma só ferida.
> Por uma face somente é que sorria,
> Pela outra, a destruída, certamente chorava.
> Vi a mulher louca que os meus soldados
> Degolaram. Vi as crianças pequeninas
> Também decapitadas. Glória?
> Remorso! A glória dos homens! Glória? [...]
> Cinco mil soldados, cinco mil, contra a sombra
> De alguns poucos.
> Agora reina aqui a solidão, o deserto.[63]

Alma penada, o general retorna – “depois de tantos anos” (o personagem histórico morreu em 1903) – para resgatar um botão de sua túnica. Encontra-o, no mesmo lugar onde caíra, e só então “*olha para cima e vê, pela primeira vez, o seu nome inscrito no sangradouro*”. E diz, “*lendo surpreso*”:

> Açude Artur Oscar, por quê? [...]
> Podia ser Pajeú, podia ser Moreira César...
> E por que não João Abade, o chefe do povo? Por quê?
> Todos combateram e aqui morreram,
> Todos cumpriram o seu dever.
> Devia ser Pajeú... Moreira César...
> Mas nunca Artur Oscar, o general
> Que tem remorso dessa vitória.

A rubrica final do Terceiro quadro alude à cena vazia e em silêncio, a qual vai sendo gradativamente tomada por sons de chuva, trovão e vento forte; a água cobre a placa do “Açude Artur Oscar”; momentos depois, cessa a tempestade, o líquido recua e a inscrição ressurge, contudo alterada: “Açude Antônio Conselheiro”.[64]

63 CARDOZO. *O capataz de Salema* e *Antônio Conselheiro*, p. 115-117.

64 CARDOZO. *O capataz de Salema* e *Antônio Conselheiro*, p. 118.

Os dois últimos quadros da peça situam-se na atualidade, considerando-se o tempo da(s) encenação(ões), quando sintomaticamente o genocídio finissecular na região de Canudos já virou tema de museu e se banalizou como inspiração de badulaques tornados atrativos para turistas e meras mercadorias de feira. Talvez inspirado em casos reais de coleções como as do Pitt Rivers, em Oxford (Reino Unido), ou de mórbidas instalações como a de Piranhas, em Alagoas, quando foram exibidas numa escadaria as cabeças de Lampião, Maria Bonita e de outros cangaceiros decapitados pelas forças policiais do Estado brasileiro – antes de serem levadas para o Museu do IML Nina Rodrigues, na Bahia, para serem estudadas com base nas teorias do psiquiatra criminalista Cesare Lombroso e onde permaneceram expostas de 1938 a 1969 –, Joaquim Cardozo investe na potência da alegoria e cria o antológico quadro "O museu de cabeças". Numa galeria, cujo rigor técnico-científico das "vitrinas alinhadas, dispostas na mais perfeita e bem estudada ordem museográfica", contrasta com o escabroso apelo das peças exibidas – "as cabeças das grandes personagens históricas que foram decapitadas" –, entra um casal de jovens namorados (João e Maria), que avança pela exposição "sem prestar atenção aos objetos que estão sendo apresentados, e muito menos prestando ouvidos às palavras do alto-falante que anuncia [...]".[65]

Lá estão João Batista, ou melhor, sua santa cabeça, relíquia resultante da vontade imperativa de Salomé, "bailarina e amante de Herodes"; Cícero, o "grande advogado e orador romano", líder da campanha republicana, cujas cabeça e mãos foram postas à vista por Marco Antônio na tribuna do Fórum Romano ("Parece que ainda tem na boca / Suas últimas palavras", comenta com naturalidade mórbida a voz do Alto-falante); e o poeta André Chénier, guilhotinado na França no final do século XVIII, em decorrência

65 CARDOZO. *O capataz de Salema* e *Antônio Conselheiro*, p. 119

da Revolução Francesa.[66] Depois, chegando a uma encruzilhada, os visitantes que – "De acordo com seus princípios e sentimentos" – tomassem a direita encontrariam "várias cabeças de santos, / De monges, bispos e arcebispos, / Que foram decepadas pelos pagãos, hereges e gentios", enquanto os que optassem pela esquerda veriam "Cabeças de hereges e gentios / Degoladas pelos monges e arcebispos", numa remodelada variante da Lei de Talião; em seguida, uma vitrina é iluminada e exibe "a cabeça com longos cabelos e barbas negras" de Tiradentes, "um homem / Que sonhou com a liberdade, / E morreu por ela, e por ela / Foi despedaçado, mas, em vão"...; em outro mostrador, se encontra "uma cabeça encerrada numa gaiola de ferro", a de "Ribas, o revolucionário", jovem líder da luta de independência da Venezuela (século XIX), na casita em que "a puseram os franciscanos / E a levaram em procissão pelas ruas de Caracas / Cantando aleluias!";[67] last but not least, "Um dos mais belos espécimes da nossa coleção:/ É a cabeça de um bandido, dizem uns. / De um herói, dizem outros [...]" – a do "governador do Sertão", Virgulino Lampião, logo seguido pela de Maria Bonita, a qual fora decapitada viva; já quase próximo à saída, o casal se depara enfim com a "última peça / Conservada nesta galeria":

> **Alto-falante**
> [...] Olhos fundos cheios de terra,
> Boca fendida como fenda de terra,
> Terra seca do Nordeste!

66 Em deferência solidária ao colega de ofício, Joaquim Cardozo faz falar o mecanismo acústico: "Ninguém mais se lembra dele / Como poeta, mas o ouve cantar / Em muitos palcos, por atores / Que esqueceram os seus versos." (CARDOZO. *O capataz de Salema* e *Antônio Conselheiro*, p. 121).

67 Registra-se que o rei Francisco Tomás (daí a referência aos "franciscanos") mandou fritar a cabeça de José Ribas Félix em azeite, antes de a exibir numa jaula. Uma coincidência – certamente notada pelo leitor-espectador da década de 1970 – vincula o caso do venezuelano ao do guerrilheiro brasileiro homônimo, militante do PC do B e atuante no Araguaia, cujo corpo desapareceu em 1973.

É a cabeça de Antônio Conselheiro
Patriarca de Canudos.
– Região deserta e muda e triste –
Guia de homens abandonados
Numa região convulsa e destroçada,
Que aos seus olhos iluminados
Pareceu uma terra prometida,
E por isso batizou de Belo Monte.[68]

Enquanto caminhavam nesse túnel do tempo da longa e produtiva história ocidental de inimizades, revoluções e guerras, sem prestar atenção nos troféus ruinosos (ou tétricos despojos de barbárie?) e tampouco nas lições verbalizáveis que deles se pode tirar, João e Maria emitem falas deslocadas, construindo um diálogo de alienação sob a forma de *fragmentos de um discurso amoroso*; no entanto, sua interlocução vai sendo influenciada, invadida subliminarmente pela emissão "semênica" dos "ultra-sons" do Alto-falante, gerando contrapontos novos, diferentes ressonâncias e múltiplos sentidos. Em três momentos, João chega a esboçar percepção e reação ao que ouve: quando se pronuncia o nome de seu xará consagrado; depois, ao Maria fazer referência a um "batismo de sangue" (expressão que servirá posteriormente de título ao livro de Frei Betto acerca do assassinato de Carlos Marighella, pelos agentes do DOPS, em 1969); e, finalmente, ao escutar o nome do herói-bandido nordestino: "Agora ouvi uma voz; / Tenho quase certeza de que ouvi uma voz, / Uma voz apagada, como vinda de muito longe, / Como feita de gemidos, / Como feita de choro e fome".[69]

Assim como se iniciara, a peça *Antônio Conselheiro* encerra-se em "larga praça" aberta e coletiva, estando os motivos da revolução e da guerra definitivamente desalojados do espaço privado, próprio ao padrão do drama burguês absoluto. O Quinto e último quadro nomeia apenas o ambiente ("A Feira"), com seus pregões e cantores (mencionados no artigo de Joaquim Cardozo dedicado

68 CARDOZO. *O capataz de Salema* e *Antônio Conselheiro*, p. 126.
69 CARDOZO. *O capataz de Salema* e *Antônio Conselheiro*, p. 125.

a Brecht), em balbúrdia contínua e alto fluxo de mercancia; e o espetáculo se inscreve na tradição do teatro popular, de remota origem, abrindo-se ao acaso e ao improviso das ruas, atendendo à sua mais funda vocação. Emitidas pelos feirantes – dispostos em suas barracas-vagões-estações que se apagam e acendem, por recursos de iluminação acionados pela aproximação dos passantes – , as falas pendulam da farsa à ironia trágica, propagando contundente diagnóstico crítico: anuncia-se de início uma "vala comum", onde o comprador poderá "dormir tranquilo / Até o fim dos séculos", com direito a reconhecimento diferenciado do proprietário pelos "anjos de Deus", no dia do Juízo Final; para além da promessa espiritual, sempre resta a possibilidade de, com sorte, se encontrarem soterrados os tesouros e riquezas de "antigos reis e rainhas que foram poderosos / Na terra, e fabricaram túmulos, mausoléus / Luxuosos e ricos, deslumbrantes de ouros e pedrarias";[70] outro feirante vende mercadorias de alta circulação, "As mais usuais e baratas e fáceis de encontrar" – "ódios e vinganças", "glórias perdidas", "ambições fanadas", "leis ilusórias, decretos incertos e capciosos" e, ainda, o que bem fácil grassa, tal como as "mães famintas", os "filhos dos flagelados", a "fome dos indigentes", os "pais dos desempregados".[71] Em tempos de exceção e de guerras "feitas a máquina", vendem-se exércitos mercenários e "soldados desocupados", a fim de se promoverem outros "levantes e insurreições". Em recorte cômico e com um quê de revisteiro, que remete ao teatro de Maiakovski ou de Oswald de Andrade, Hitler aparece querendo muito consumir para desta vez vencer e se vingar; logo, entra Napoleão Bonaparte, exigindo o resgate de suas "Belas batalhas vencidas em terras germânicas"; não demora muito para se portarem ambos como sedentos participantes de um leilão anacrônico, logo interrompidos pelo enfermeiro que vem recolher desequilibrados, porém não os

70 É evidente a referência intertextual ao poema épico-dramático *Morte e vida Severina*, escrito duas décadas antes por João Cabral de Melo Neto (que, aliás, dedicou vários textos seus em homenagem ao poeta-engenheiro).

71 CARDOZO. *O capataz de Salema* e *Antônio Conselheiro*, p. 128-129.

originais, apenas os dois evadidos de um hospício local. Outrossim, também há produtos sazonais, até meio clandestinos, embalados em tons fortes de lirismo melancólico: "Para os que morreram em cidades destruídas / Pelos bombardeios, e arrasados tiveram / Os seus parques e jardins. / Vendemos flores. / Mas para os assassinados por atos de covardia, / E [que] não deixaram os seus nomes, nem mesmo nas sepulturas, / Para esses não vendemos, oferecemos de graça / Os seus nomes".[72] Enfim, graças à generalizante lei de oferta e procura do mundo-mercado, tudo circula na voracidade de redemoinho do (auto)consumo, com o que se "Vende e desvende" quedando disponível na "barraca da liquidação": "Filosofias, religiões, macumbas, / Teorias científicas", "galáxias mais distantes que a distância", "partículas, mais finas que o neutrino", "a impostura e a sua modéstia, a honra e a sua infâmia / A pouca vergonha e o seu pudor / A verdade e o seu erro".[73] É o Quinto feirante quem faz a oferta derradeira:

> Aqui vendemos a água do açude
> Que se construiu em Canudos, aqui junto em Canudos.
> – Água que ficou mais salgada que a do mar;
> Salgada pelo sangue dos que morreram na luta
> Pela sua fome, e pela sua sede.
> – Água que se juntou nestes vales
> Devastados pela vergonha e a ignomínia [...].
> A água que cobre o corpo de Antônio Conselheiro. [...]
> Aqui vendemos a água do mar. (pausa)
> Vendemos a saudade, o mistério,
> A infinita tristeza do mar.
> (*A barraca se apaga, de repente, e termina.*)[74] (p. 136-138)
>
> FIM

Assim seja.

---

72 CARDOZO. *O capataz de Salema* e *Antônio Conselheiro*, p. 130.

73 CARDOZO. *O capataz de Salema* e *Antônio Conselheiro*, p. 135.

74 CARDOZO. *O capataz de Salema* e *Antônio Conselheiro*, p. 136-138

Referências

ALVES, Castro. Espumas flutuantes. *Obra completa*. Rio de Janeiro: José Aguilar, 1960.

ARENDT, Hannah. *Eichmann em Jerusalém*: um relato sobre a banalidade do mal. São Paulo: Companhia das Letras, 1999.

BOSI, Alfredo. *O Ser e o Tempo da Poesia*. São Paulo: Cultrix, 1983.

BRECHT, Bertolt. *Estudos sobre teatro*. 2. ed. Trad. Fiama Pais Brandão. Rio de Janeiro: Nova Fronteira, 2005.

CARDOZO, Joaquim. *O Capataz de Salema e Antônio Conselheiro*. 2. ed. Recife: Fundação de Cultura Cidade do Recife, 2001.

CARDOZO, Joaquim. *Teatro de Joaquim Cardozo* – Obra completa. Recife: CEPE, 2017.

CARDOZO, Joaquim. *Poesia completa e prosa*. Rio de Janeiro/Recife: Nova Aguilar/Fundação Joaquim Nabuco/Massangana, 2007.

CERTEAU, Michel de. *A invenção do cotidiano*. Vol. 1. Artes do fazer. 8. ed. Trad.de Ephraim Ferreira Alves. Petrópolis: Vozes, 2002.

CUNHA, Euclides da. *Os Sertões* (edição crítica de Walnice Nogueira Galvão). São Paulo: Brasiliense/Sec. de Estado da Cultura, 1985.

DANTAS, Maria da Paz Ribeiro. *Joaquim Cardozo – Contemporâneo do futuro*. Recife: ENSOL, 2003.

DANTAS, Maria da Paz Ribeiro. *O mito e a ciência na poesia de Joaquim Cardozo*. Rio de Janeiro/Recife: José Olympio/FUNDARPE, 1985.

FIGUEIREDO, Isabela. *Caderno de memórias coloniais*. São Paulo: Todavia, 2018.

LEITE, João Denys Araújo. *Um Teatro da Morte* – Transfiguração poética do Bumba-meu-boi e desvelamento sociocultural na dramaturgia de Joaquim Cardozo. Recife: Fundação de Cultura Cidade do Recife, 2003.

LEITE, João Denys Araújo. "O texto teatral de Joaquim Cardozo: chão cósmico de singulares transfigurações". In CARDOZO, Joaquim. *Teatro de Joaquim Cardozo – Obra completa*. Recife: CEPE, 2017, p. 7-39.

LEITE, Luiza Barreto. O poeta Joaquim Cardozo e seu teatro. In: ______. *Teatro e criatividade*. Rio de Janeiro: SNT/MEC, 1975, p. 138-140.

RAMOS, Luiz Fernando. *O parto de Godot e outras encenações imaginárias* – A rubrica como poética da cena. São Paulo: HUCITEC/FAPESP, 1999.

ROSENFELD, Anatol. *O teatro épico*. 4. ed. São Paulo: Perspectiva, 2000.

SARRAZAC, Jean-Pierre (org.). *Léxico do drama moderno e contemporâneo*. Trad. André Telles. São Paulo: Cosac Naify, 2012.

Contra Auschwitz: "O retorno de Lorenzo", de Primo Levi

Jaime Ginzburg

"O retorno de Lorenzo" é uma narrativa de Primo Levi publicada originalmente no ano de 1981, dentro do volume *Lilith*. Dentro da diversificada produção do autor, que inclui relatos de testemunhos, cartas, ensaios e poemas, esse texto merece atenção. Seu principal assunto é a sobrevivência, e o texto permite acompanhar um período da vida de Lorenzo, no campo de concentração de Auschwitz, construído pela Alemanha durante a Segunda Guerra Mundial, e também um período compreendido entre sua saída desse campo e seu falecimento na Itália, "em solidão".[1]

O escritor Primo Levi foi prisioneiro nesse campo de concentração nazista, na Segunda Guerra Mundial. Após sua libertação, teve a iniciativa de escrever, ao longo de décadas, relatos que detalham ocorrências guardadas em suas memórias. "O retorno de Lorenzo" é um desses relatos, e nele o autor apresenta, com especificidades e detalhamento, condições de existência no campo de Auschwitz. Hannah Arendt descreveu o campo: "[...] Auschwitz, o maior e mais famoso campo de morte. Entretanto, Auschwitz, ocupando uma área de dezoito milhas quadradas, na

1 LEVI. O retorno de Lorenzo, p.393.

Silésia do norte, não era, de forma alguma, apenas campo de extermínio; era uma enorme empresa com quase cem mil pessoas e havia toda espécie de prisioneiros, aí, incluindo não-judeus e escravos para trabalho que não estavam sujeitos à gasificação".[1]

Por ser um sobrevivente, ciente de que milhões de pessoas morreram por ações do nazismo, em 1965, vinte anos após o final da guerra, refletiu a respeito da hipótese de que as condições de existência impostas pelo regime nazista poderiam ter sido expandidas, e publicou o ensaio "A resistência nos campos de concentração". Nesse texto, Primo Levi, tomando uma posição que valoriza a importância da consciência histórica, questiona diretamente o que teria acontecido se as forças do nazismo tivessem sido vitoriosas na Segunda Guerra Mundial. O mundo poderia ser submetido, para essa hipótese, a um regime no qual pessoas viveriam sem acesso a seus direitos. Ele afirma:

> Só nos últimos anos o triste fenômeno da carnificina e da escravidão modernamente restaurada nos campos de concentração está encontrando a devida perspectiva histórica na consciência coletiva da Europa e do mundo. Só agora é possível avaliar sua importância e dimensionar sua ameaça, compreender qual teria sido o destino de nossa civilização se o hitlerismo tivesse prevalecido. Caso essa hipótese nada absurda tivesse se realizado, viveríamos num mundo monstruoso, um mundo bipartido, de senhores e escravos: de senhores acima de qualquer lei, de escravos destituídos de qualquer direito, submetidos a toda espécie de arbítrio, condenados a uma existência de trabalho extenuante, ignorância, exclusão e fome.[2]

Nesse "mundo monstruoso", a população é dividida em duas partes; a primeira é referida como "senhores", e a segunda,

1 ARENDT. A solução final: matar, p.104.

2 LEVI. A resistência nos campos de concentração, p.27.

como "escravos". A dominação opressora do primeiro grupo sobre o segundo é definida como uma condenação. Ao propor que a hipótese não é "nada absurda", Levi aponta para o fato de que é necessário evitar que forças totalitárias, similares às hitleristas, determinem o curso da civilização. Nos relatos de testemunho de Levi, são encontrados diversos episódios de ações dos nazistas, que podem ser associados à expressão "da carnificina e da escravidão", ou seja, episódios que confirmam a percepção de um contexto no qual os direitos civis foram removidos, e a sobrevivência diária é extenuante e impregnada pela fome.

Dentro desse contexto, a presença de Lorenzo surpreende, em razão de que ele contribui para combater a fome do escritor. Lorenzo não era um prisioneiro, mas um civil italiano trabalhando, em 1944, dentro do campo de concentração de Auschwitz.[3] Entre os agentes do totalitarismo, e os prisioneiros destituídos de direitos, sem ser incluído em nenhuma das duas categorias, ele realizou ações em acordo com sua consciência individual. "O retorno de Lorenzo" consiste em um relato de testemunho que permite compreender a importância que esse homem teve para que Primo Levi sobrevivesse.

É difícil definir uma classificação desse texto específico dentro de um gênero, embora ele tenha sido incluído em um volume que, em seu título, apresenta a palavra "contos". Como um relato de testemunho, o texto pode ser lido como uma manifestação escrita, referente a tempos de catástrofe, na qual um sobrevivente poderia expressar verbalmente acontecimentos ocorridos durante esses tempos.

A voz narradora apresenta marcas explícitas de referências ao próprio escritor, de modo a estabelecer uma convergência entre a construção do narrador e a posição de autoria. Essa convergência é favorável ao efeito do relato de testemunho,[4] pois

3 LEVI. O retorno de Lorenzo, p. 387.

4 Além de ser encontrada em relatos de testemunho, uma proximidade en-

o emprego da primeira pessoa discursiva pode despertar empatia e motivar uma aproximação afetiva por parte dos leitores, através de uma proposição de interlocução direta entre eles e o escritor. Embora breve, o texto se assemelha a uma construção autobiográfica, e determina parâmetros temporais e espaciais para que as ocorrências expostas sejam situadas, em lealdade ao trabalho de evocação da memória por parte do autor.

A principal indicação de referência autoral aparece na segunda frase – "Lorenzo ainda vivia quando eu estava escrevendo *É isto um homem?*, e a tarefa de transformar uma pessoa viva numa personagem bloqueia a mão de quem escreve".[5] O livro citado, provavelmente o mais conhecido em sua produção, consiste em uma narrativa de testemunho. Essa frase manifesta claramente um estatuto duplo para Lorenzo. Por um lado, como uma "pessoa viva", Lorenzo faz parte de memórias fundamentadas em ocorrências factuais. Como "personagem", por outro lado, Lorenzo se constitui como uma construção imaginativa, com propriedades ficcionais. Essa explicitação de duplicidade consiste em um desafio de leitura, uma vez que não é viável delimitar com precisão as fronteiras que distinguiriam "pessoa viva" e "personagem". Em razão disso, é necessário considerar, ao refletir sobre o texto, as especificidades de Lorenzo, sem classificá-lo de modo restritivo ou conclusivo como entidade ficcional. A imagem do bloqueio da escrita reforça a importância de respeitar a duplicidade, e permite compreender que, para o autor, ela não é gratuita, ao contrário, ela constitui um desafio para a escrita.

tre o narrador e o autor é uma escolha criativa que pode ser observada em outras formas de narração. Como observa Julián Fuks a respeito, na produção literária contemporânea, "vão surgindo romances cujo princípio originário parece ter sido subtraído, peças de ficção em que não se ressaltam traços ficcionais (...) Narrações sem narradores típicos, conduzidas pela voz quase imediata dos autores, dos sujeitos cujos nomes se estampam nas capas dos livros" (FUKS. A era da pós-ficção: notas sobre a insuficiência da fabulação no romance contemporâneo, p.77).

5 LEVI. O retorno de Lorenzo, p. 386.

Outros elementos em conformidade com as práticas de relatos de testemunho são referências específicas de tempo e espaço, que situam os acontecimentos em contextos que podem ser reconhecidos, em articulação com fundamentos históricos. Na parte inicial, o narrador afirma que Lorenzo era um pedreiro em 1939, e que o conheceu em 1944. O final do mesmo ano de 1944 é citado, quando é mencionada uma escarlatina contraída por Levi. Posteriormente, é indicada explicitamente a data de 1 de janeiro de 1945, quando os italianos se dispersaram. O local no qual o narrador é prisioneiro, Auschwitz, é nomeado diretamente. O mapeamento de deslocamentos ganha visibilidade com referências às cidades de Turim (a cidade onde o escritor nasceu, em 1919) e Fossano, além de uma menção a uma viagem para a Rússia.

Um fator específico de acentuação da possibilidade de identificar o narrador com o autor consiste na presença de marcas de conhecimentos adquiridos. Em 1937, Primo Levi foi estudar química na Faculdade de Ciências da Universidade de Turim.[6] Ao descrever uma sopa, entregue por Lorenzo, no relato de 1981, o narrador atribui a ela uma quantidade de calorias, e avalia a relação matemática entre as necessidades diárias de calorias para sobrevivência e a quantidade trazida na sopa. Em razão disso, reconhece o papel decisivo que essa sopa teve para que ele não morresse.

Caso a entrega desse alimento fosse descoberta pelos nazistas, ocorreriam punições, e por isso era necessário que a entrega ocorresse de maneira cautelosa, em segredo. A esse risco Levi se refere com a expressão "o perigo", incluída em um momento do relato no qual o narrador afirma que, depois de algumas semanas recebendo a sopa, ocorreu uma modificação de tarefas, e "ele (ou eu, não me lembro) foi transferido para outro ponto

6 FERRERO. Chronology, p.12

das obras, e então o perigo aumentou".[7] O perigo está associado à imagem dos "olhos onipresentes",[8] que representa a permanente vigilância por parte dos nazistas dentro do campo de concentração. A imagem da onipresença, expressando um terror contínuo, acentua, dentro da narrativa, a tensão resultante do risco que Lorenzo estava disposto a correr, o que reforça a importância da generosidade do operário.

O risco representado por essa ação clandestina pode ser compreendido, dentro dos quadros nazistas, como uma parte de uma estratégia geral, adotada pelo regime, de suprimir toda ação ou expressão que pudesse representar uma defesa de uma posição divergente com relação ao controle rígido por parte dos nazistas. Como explica Siegfried Kracauer, os nazistas rastreavam qualquer expressão de pensamento independente, para eliminá-la, retendo eventuais impulsos de ações resultantes dessas divergências.[9] A vigilância interditava inciativas associadas a posições divergentes.

Essa passagem do texto apresenta um elemento que merece atenção: uma incerteza com relação a quem foi transferido. A indeterminação, em si mesma, pode ser interpretada como um rastro da maneira como Levi sentia a presença de Lorenzo. É como se ambos constituíssem, de algum modo, uma vida partilhada, ou uma mesma existência, em razão da generosidade solidária de Lorenzo. A essa atitude corresponde uma disposição semelhante por parte de Levi, que divide a sopa recebida com o companheiro Alberto, contribuindo para que ele sobrevivesse; para realizar essa partilha, ele corria risco de punição.[10]

É nítido um esforço, na narrativa, em relatar ocorrências com fundamentos factuais, e esse esforço é apoiado pelos mar-

7 LEVI. O retorno de Lorenzo, p. 388.

8 LEVI. O retorno de Lorenzo, p. 388.

9 KRACAUER. Conflict with reality, p.298.

10 VUOHELAIEN. The concentrationary universe: Primo Levi's spatial consciousness, p. 139.

cos temporais e espaciais mencionados anteriormente. Para além disso, em diversos momentos, o texto apresenta comentários, por parte do narrador, que não se restringem a empregar uma função referencial da linguagem para transmitir dados factuais. Esses comentários permitem verificar uma configuração complexa do ponto de vista. Ao longo do relato, surgem elementos reflexivos, opiniões ponderadas, e traços afetivos. Em sua variedade, esses aspectos resultam de um trabalho com alta consciência da escrita, no qual é importante cuidar da forma, e apresentar desafios de leitura que mobilizem, para os leitores, necessidades de interpretação. O cuidado com a forma é responsável pela presença de elementos retóricos, que funcionam como recursos literários, capazes de suscitar desafios para os leitores. Levi, na opinião de Judith Butler, teria escrito uma "ficção fiel àquela realidade histórica"[11] e aos traumas vividos em Auschwitz, demandando da linguagem "uma tarefa retórica e referencial ao mesmo tempo".[12] De acordo com Marc Nichanian, "a oscilação entre literatura e documento é parte integrante da produção testemunhal".[13] A inclusão de recursos literários ou retóricos em um relato de testemunho se justifica, na medida em que esses recursos possam ser utilizados "para contar a estória de uma maneira que tente lhe fazer justiça".[14]

A frase final do relato – "Ele, que era um sobrevivente, morreu do mal dos sobreviventes"[15] – exemplifica um interesse em ampliar o alcance do texto, para além da função referencial da escrita; "o caráter insuportável da perda" de Lorenzo, para o

11 BUTLER. Para pensar o presente, Primo Levi, p.183.

12 BUTLER. Para pensar o presente, Primo Levi, p.194.

13 NICHANIAN. A morte da testemunha. Para uma poética do "resto" *(reliquat)*, p.24.

14 BUTLER. Para pensar o presente, Primo Levi, p.204.

15 LEVI. O retorno de Lorenzo, p. 393.

escritor, "corrói a capacidade referencial da linguagem".[16] Essa frase concentra diversos recursos expressivos, como por exemplo, a reiteração, a passagem de singular a plural, e a especificidade dos verbos. Ela apresenta um efeito reiterativo pela presença de "sobrevivente", no singular, e "sobreviventes", no plural, e a reiteração chama a atenção para a relevância do termo, que efetivamente expressa o tema principal do relato. Os verbos no passado – "era" e "morreu" – sinalizam que o narrador observa essa morte a partir de um distanciamento temporal. Esse distanciamento permite compreender o plural; no momento em que escreve o texto, o narrador observa o que ocorreu com Lorenzo como um caso entre outros (não quantificados e não nomeados), indicando que o impacto do problema enunciado foi coletivo, sendo exemplar o caso específico de Lorenzo.

A frase final se propõe a atribuir uma causa para a morte do operário, como se o narrador informasse, em hipótese, um resultado de uma autópsia (talvez ele mesmo tivesse realizado o exame). A polissemia da expressão "mal dos sobreviventes" permitiria debater seu significado; essa causa da morte de Lorenzo pode ser entendida, simultaneamente, como metáfora e como conceito.

Uma interpretação metafórica poderia sugerir que a frase final, para ser entendida, exige a consideração do texto como um todo. O relato apresenta vivências de sofrimento físico e psíquico, com manifestações de medo, necessidade de cautela, dificuldade de confiar em outros, risco contínuo de destruição, entre outros elementos. O "mal dos sobreviventes" poderia ser entendido como um conjunto de consequências físicas e psíquicas dessas vivências.

Uma interpretação conceitual da expressão poderia assumir uma afinidade entre o relato e um questionamento próprio da filosofia. Uma premissa, nesse caso, poderia ser uma impossibilidade humana de superar a carga de sofrimento imposta a

16 BUTLER. Para pensar o presente, Primo Levi, p.192.

prisioneiros de campos de concentração nazistas. Jeanne-Marie Gagnebin o descreve como "o sofrimento indizível que a Segunda Guerra Mundial" levaria "ao cume da crueldade dos campos de concentração", do qual os nazistas não queriam deixar "nenhum rastro".[17] Por ser impossível superá-la, uma escrita sobre esse sofrimento pode ser constituída como um ato dirigido a um sentido que não pode ser completado, como uma configuração formal que se aproximaria "do irrepresentável, do indizível".[18] Diante de "O retorno de Lorenzo", falar sobre as vivências de sofrimento físico e psíquico exige um comprometimento ético, com um posicionamento de respeito a mortos e sobreviventes.

Essa carga foi reforçada ao longo do tempo, para Levi e para Lorenzo, no contexto de Auschwitz. A expressão "mal dos sobreviventes" precisa ser interpretada em acordo com uma impossibilidade de explicitar, de maneira justa, as características, as durações e as intensidades desse sofrimento em face de uma "aniquilação de corpos humanos nessa sua dimensão originária de corporeidade indefesa e indeterminada",[19] realizada e reiterada continuamente na Segunda Guerra Mundial. Tanto em uma leitura metafórica, como em uma interpretação conceitual, a expressão "mal dos sobreviventes" pode ser considerada uma importante mediação para reflexões a respeito das condições de existência de sobreviventes de catástrofes.

Na frase final, como foi mencionado, Lorenzo é apresentado como "um sobrevivente". Para Primo Levi, essa descrição contempla o homem que efetivamente conheceu em Auschwitz, e ela deve contemplar também a construção da imagem de Lo-

17 GAGNEBIN. *Memória, história, testemunho*, p.90.

18 GAGNEBIN. "Após Auschwitz", p.107. Jean Améry escreveu, a respeito das torturas a que foi submetido em Auschwitz: "Não seria razoável querer descrever as dores que eu sentia nesse momento. (...) As características das sensações são incomparáveis e indescritíveis. Elas marcam o limite de nossa capacidade de comunicação verbal." (AMÉRY. *Além do crime e castigo. Tentativas de superação*, p.68.)

19 GAGNEBIN. "Após Auschwitz", p.106.

renzo ao longo da narrativa, ainda que essa construção seja resultante de uma imaginação estética, que emprega recursos de linguagem encontrados em textos literários. É no início do relato que uma preocupação com a forma da escrita ganha visibilidade, quando aparece uma reflexão a respeito da conversão de uma pessoa em uma personagem.

> Cada um de nós elabora, conscientemente ou não, uma imagem de si, mas essa figura é fatalmente distinta daquela, ou melhor daquelas, por sua vez diferentes entre si, que são construídas por quem se aproxima de nós, e ver-se retratado em um livro com traços que não coincidem com os que nos atribuímos é sempre traumático, como se o espelho de repente nos restituísse a imagem de um outro, quem sabe mais nobre que a nossa, mas não a nossa. Por esse e por outros motivos mais óbvios, é recomendável não escrever biografias de vivos [...] De resto, qual seja a "verdadeira" imagem de cada um de nós é uma pergunta sem sentido.[20]

Nesse trecho, a escolha da primeira pessoa do plural faz com que o discurso possa, através do efeito da dêixis, motivar uma adesão dos leitores, que poderiam ser incluídos no âmbito coberto pelo pronome "nós". Considerando o pronome como dêitico, ele deixa de se prender ao momento temporal no qual o relato foi escrito, e potencialmente se torna capaz de fazer referência, em cada leitura individual, ao momento em que essa leitura é concretizada. O trecho contém elementos que poderiam ser interpretados como sendo próximos de uma reflexão em Antropologia ou em Psicologia, envolvendo identidade e alteridade, ou igualdade e diferença.

Parafraseando o trecho, a maneira como um sujeito observa a si mesmo é diferente das maneiras como outros o observam, e a descoberta dessa diferença pode ser considerada um trauma; de modo similar, o impacto seria negativo se um sujeito

20 LEVI. O retorno de Lorenzo, p. 386.

observasse a si mesmo no espelho e encontrasse a imagem de um outro. No final do trecho citado, uma generalização é apresentada: não é possível definir uma imagem verdadeira de cada um.

Além de se assemelhar a uma reflexão conceitual, o trecho inclui um horizonte que pode despertar uma reflexão teórica sobre em que consiste, para o autor, uma personagem. O problema prático que motiva essa reflexão está na dificuldade de elaborar imagens de uma pessoa viva. Esta poderia ser vítima de um trauma, de acordo com o trecho, se encontrasse em um livro de Levi uma caracterização que ela atribui a si mesma. Considerando esse risco, o autor acredita poder rever sua relação com Lorenzo após a morte do amigo. A preocupação com a elaboração de imagens de uma pessoa mostra uma sensibilidade, por parte de Levi, com o sofrimento de outros, e uma determinação em não causar sofrimento, nem mesmo pelo incômodo de uma pessoa ao saber o modo como ela foi caracterizada em um livro. Essa determinação é convergente com o comprometimento ético mencionado anteriormente, pois expõe um respeito pela humanidade daqueles que foram próximos de Levi, e foram transformados, pelas mãos do autor, em personagens.

Nesse sentido, Ética e Estética podem ser inteiramente integradas. Ao respeitar Lorenzo, Alberto e outros próximos, Levi os retira da condição brutal como eram tratados, desqualificados como seres humanos, destituídos de integridade física e moral.[21] O respeito ao sofrimento é um fator que influi nas escolhas formais do escritor, ou seja, esse respeito condiciona a construção da forma do relato; Levi decidiu "encarregar-se de transmitir algo que pertence ao sofrimento humano, mas cujo nome é desconhecido. Algo que faz implodir as definições da dignidade humana e as coerências discursivas".[22]

Entre os termos do estatuto duplo de Lorenzo, anteriormente mencionado, entre a lembrança da "pessoa viva" e a construção

21 Cf. COSTA. A ética democrática e seus inimigos, p.70.

22 GAGNEBIN. Apresentação, p. 15.

de personagem, entre a memória do campo e a escolha de palavras ao escrever, existe uma interdependência. O relato de testemunho não se ocupa em expor uma construção de Lorenzo de maneira direta, documental ou realista; a narrativa propõe uma construção eticamente mediada, de modo que o impacto da perda de Lorenzo possa ser formalmente expresso. Essa configuração permite que o movimento propositivo e construtivo do relato seja configurado como se fosse um procedimento de um ritual fúnebre, ou de uma despedida íntima, como se ao texto correspondesse uma cerimônia marcada por um lamento. A semelhança entre o relato e um ritual pode ser assinalada levando em conta algumas propriedades constantemente atribuídas a ritos, como um sentimento de partilha em grupo (com os leitores), uma diminuição de tensão (associada a um senso de pertencimento a uma comunidade), e a vivência de uma compensação ao envelhecimento (em favor de um sentimento de bem-estar).[23] É possível realizar uma leitura de "O retorno de Lorenzo" como um gesto de partilha do passado, que em si mesmo poderia, em hipótese, reelaborar o impacto traumático do que foi vivido, contrariando a cristalização de traumas.

A descrição da sopa consiste em um dos trechos de maior impacto na narrativa. A sua importância está associada ao fato de que Levi compreendia que "a ração alimentar era nitidamente insuficiente", e que "a morte por fome, ou por doenças induzidas pela fome, era o destino normal do prisioneiro".[24]

> Sem ela, não teríamos conseguido sobreviver até a evacuação do Lager: no fim das contas, aquele litro extra de sopa

---

23 Cf. ARGYLE. The effects of ritual, p.170-172.

24 LEVI. A zona cinzenta, p.35. No segundo volume de *Maus*, Art Spigelman apresenta, em desenhos, uma cena de alimentação em um campo de concentração. Um dos quadros apresenta uma fila de prisioneiros, aguardando para receber uma porção de sopa; em outro, um prisioneiro segura nas mãos um pedaço de pão. As legendas indicam que era possível receber apenas água em vez de sopa, e o pão era "crocante como vidro" (SPIGELMAN. *Maus*, p.49, tradução minha).

> serviu para completar a balança das calorias diárias. A ração do Lager nos proporcionava cerca de mil e seiscentas calorias, que não bastavam para viver naquele regime de trabalho. A sopa a mais nos oferecia outras quatrocentas ou quinhentas [...] Era uma sopa estranha. Nela encontrávamos caroços de ameixa, cascas de salame, às vezes até uma asa de passarinho com todas as penas ou um pedaço de jornal italiano. Só mais tarde fiquei sabendo a origem desses ingredientes, quando reencontrei Lorenzo na Itália; ele dissera aos colegas que entre os judeus de Auschwitz havia dois italianos, e todas as noites ele fazia a ronda no alojamento, recolhendo os restos de todos. Eles também passavam fome, embora não tanto quanto nós, e muitos se arranjavam do jeito que dava, cozinhando coisas roubadas ou achadas no campo.[25]

A sopa era constituída de restos; Lorenzo os recolhia, e transformava essa matéria em alimento. A análise de calorias expressa a importância dessa refeição, diante da insuficiência do que era oferecido como ração diária; a existência dentro do campo de concentração "exigia, sobretudo, agilidade corporal e extrema coragem física".[26] As imagens de um pedaço de jornal e de uma asa de passarinho dão visibilidade à matéria residual, caracterizada como "estranha", que efetivamente foi capaz de prover recursos necessários para a sustentação do narrador. Como é explicado, cozinhar "coisas roubadas ou achadas" consistia em uma estratégia de sustentação, no contexto hostil.

O livro *É isto um homem?*, no capítulo intitulado "Os acontecimentos do verão", se refere diretamente a Lorenzo. Essa obra foi inicialmente publicada em 1947, em um período historicamente muito próximo do final da Segunda Guerra Mundial. Cabe registrar que, para realizar este trabalho, foram consultadas uma edição do

25 LEVI. O retorno de Lorenzo, p. 389.

26 AMÉRY. *Além do crime e castigo. Tentativas de superação*, p.30.

original em italiano (LEVI. *Se questo è un uomo*), uma tradução brasileira, publicada pela Editora Rocco (LEVI. *É isto um homem?*), e uma tradução para o inglês (LEVI. *If this is a man*). Na tradução inglesa, Lorenzo aparece nomeado adequadamente, conforme o original. No entanto, Luigi Del Re realizou uma escolha inesperada e utilizou o nome "Lourenço". Essa escolha não resultou em nenhum benefício, e tornou difícil para que os leitores da tradução brasileira de "O retorno de Lorenzo", por parte de Maurício Santana Dias, identifiquem de modo imediato que o mesmo Lorenzo foi referido em *É isto um homem?*. Esta ressalva é necessária para contextualizar a próxima citação, pois ela foi extraída da edição publicada pela Rocco, e onde aparece "Lourenço", deveria estar escrito, em acordo com o original italiano, "Lorenzo". O trecho citado a seguir apresenta um encontro inicial entre os dois:

> Nesse mundo, cada dia sacudido mais profundamente pelos estremecimentos do fim próximo, entre novos terrores e esperanças e intervalos de escravidão exacerbada, aconteceu-me encontrar Lourenço.
> A história da minha ligação com Lourenço é, a um tempo, longa e breve, simples e enigmática; é a história de uma época e de uma situação já canceladas de qualquer realidade atual e portanto creio que não será compreendida a não ser, talvez, como se compreendem as lendas e os tempos mais remotos.[27]

A relação entre os dois é descrita com dois pares de termos – "longa e breve, simples e enigmática". A escolha corresponde a um interesse em caracterizar essa trajetória comum como singular e específica, como se ela não correspondesse a convenções nas relações humanas. A aparência de um paradoxo temporal pode ser lida metaforicamente, como uma imagem de uma experiência plural, na qual o tempo é desdobrado em acor-

27 LEVI. *É isto um homem?*, p.121.

do com as intensidades dos episódios vividos, e a duração pode ser interpretada em acordo com os impactos desses episódios. A percepção subjetiva, que atribui simplicidade às vivências comuns de ambos, propõe também que o significado da relação entre eles é enigmático, portanto, exige interpretação, e não se submete a conclusões imediatas.

Em "O retorno de Lorenzo", o narrador afirma que o operário italiano "quase nunca falava. Parecia não ter necessidade de falar".[28] O conhecimento que obteve a respeito da vida de Lorenzo foi resultado de conversas com colegas e familiares, bem mais do que pela interação com o próprio. Essa limitação ajuda a compreender a descrição dessa convivência como "enigmática", em *É isto um homem?*. Outro aspecto que contribui para essa imagem é a menção ao fato de que Lorenzo "era um homem que não sabia mentir, ou talvez pensasse que mentir fosse fútil, ridículo, sobretudo após ter visto a abominação de Auschwitz".[29] No interior de um contexto em que são necessários segredos, no qual a entrega da sopa era um ato clandestino, o afastamento do ato de mentir pode ser enigmático para Levi, que elabora uma hipótese de compreensão (exposta com o termo "talvez"), sem estabelecer uma solução para a sua incerteza a respeito dos motivos para essa postura contra a mentira.

Em *É isto um homem?*, a comparação com "lendas" mostra que Levi considera a estória do companheiro incomum, ou extraordinária. Isso acentua a singularidade da convivência com Lorenzo, cuja estória se distingue e particulariza entre as muitas estórias contadas dentro do mesmo livro. Uma das razões para essa particularização é o perfil do comportamento dele, definido como "simples e bom".[30] Em Auschwitz, ser "simples e bom" era extraordinário; a bondade, mais do que uma exceção, era uma postura notável.

28 LEVI. O retorno de Lorenzo, p. 388.

29 LEVI. O retorno de Lorenzo, p. 392.

30 LEVI. *É isto um homem?*, p.121.

Nesse livro, a convivência entre Levi e Lorenzo é exposta nos seguintes termos:

> um operário italiano me trouxe um pedaço de pão e os restos de suas refeições, cada dia, durante seis meses; deu-me de presente uma camiseta cheia de remendos; escreveu por mim um cartão postal à Itália e conseguiu resposta. Por tudo isso não pediu nem aceitou compensação alguma, porque ele era simples e bom e não pensava que se deve fazer o bem a fim de receber algo em troca [...] creio que devo justamente a Lourenço[31] o fato de estar vivo hoje. E não só por sua ajuda material, mas por ter-me lembrado constantemente (com a sua presença, com esse seu jeito tão simples e fácil de ser bom) que ainda existia um mundo justo, fora do nosso; algo, alguém ainda puro e íntegro, não corrupto nem selvagem, alheio ao ódio e ao medo [...][32]

Comparando esse trecho com a narrativa de "O retorno de Lorenzo", é possível verificar que as porções alimentares entregues (como "ajuda material") foram nesse caso caracterizadas como "um pedaço de pão e os restos de suas refeições", sem a descrição específica de uma sopa. O texto publicado em 1981 não faz referência a um cartão postal.

A enumeração de três ações, separadas por ponto e vírgula, e com uma reiteração de tonicidade (nos três casos, a palavra final, antes do ponto e vírgula, é paroxítona),[33] foi construída de maneira a sugerir coesão entre elas, o que pode reforçar a percepção de uma coerência no perfil e na conduta de Lorenzo. O perfil de Lorenzo é expresso como "puro e íntegro", e Levi compreende que esse perfil representaria a existência de "um mundo justo". É como se, nesse

31 Conforme exposto anteriormente, no livro original, em italiano, o nome apresentado é Lorenzo.

32 LEVI. *É isto um homem?*, p.121-124.

33 No original, as palavras são "mesi", "toppe" e "risposta" (LEVI. *Se questo è un uomo*, p.198).

aspecto, Lorenzo constituísse um antípoda de Auschwitz, espaço no qual o medo era constante. Um tópico comum aos dois relatos é a importância de Lorenzo para assegurar a sobrevivência de Levi – "devo justamente a Lourenço o fato de estar vivo hoje". De acordo com Millicent Marcus e Risa Sordi, o escritor reconheceu, em diversas entrevistas, ao longo de anos, que Lorenzo salvou sua vida, ao custo de "risco e sacrifício para ele mesmo".[34]

A presença desse homem no campo de concentração pode ser interpretada como um desafio. Sua condição não corresponde à de um prisioneiro, e ele também não era um nazista. A partir dessa posição intervalar, ele elabora sua solidariedade, em práticas clandestinas, em segredo. Como Levi afirma no trecho citado, não existia de sua parte qualquer egoísmo, ele "não pediu nem aceitou compensação alguma" pelas porções de alimentos. Lorenzo era um homem cujo comportamento era radicalmente oposto aos modos como os nazistas tratavam os prisioneiros. Primo Levi o considerava como um homem externo ao mundo de negação em que consistia o campo de concentração.[35]

Cabe refletir a respeito das relações entre as formas de expor seu perfil na parte de *É isto um homem?* referente a Lorenzo e "O retorno de Lorenzo". A primeira narração é bem mais concisa do que a segunda. A aparição do personagem no volume *Lilith* amplia e reelabora, de modo significativo, a construção do perfil de Lorenzo, como se seguisse um princípio ético de "não deixar o passado cair no esquecimento".[36]

Um dos fatores que podem ajudar a compreender a necessidade de contar a estória de Lorenzo uma segunda vez é o reconhecimento das limitações do ato de narrar. É como se Primo Levi tivesse considerado os termos com que se referiu ao operário italiano, em "Os acontecimentos do verão", insuficientes, e por essa

34 MARCUS; SORDI. Introduction, p.4. (Tradução minha).

35 VUOHELAIEN. The concentrationary universe: Primo Levi's spatial consciousness, p. 139.

36 GAGNEBIN. Memória, história, testemunho, p. 90.

razão tivesse decidido, décadas depois, escrever um relato novo e específico. É como se o escritor quisesse evitar uma "perda da própria perda", que poderia resultar do fato de não ter contado uma estória da forma mais justa para o personagem exposto.[37]

Independentemente disso, ambas as situações narrativas são lacunares.[38] "O retorno de Lorenzo" está configurado de maneira a situar dois períodos de tempo, definidos em articulação com referência a descrições de espaço (a primeira parte se situa dentro do campo de concentração, e o restante da narrativa aborda a trajetória de Lorenzo fora dele). Com essa configuração, o narrador conduz a leitura de maneira a atribuir visibilidade a um contraste – a atitude propositiva do personagem no campo, e a renúncia a suportar o mundo depois de retornar para a Itália – que suscita dúvidas. A premissa de que Lorenzo sofria muito dentro do campo pode ser sustentada pelos efeitos danosos e destrutivos que sua vida na Itália expõe (por exemplo, não conseguir manter um trabalho, não ter cuidados com a própria saúde, entregar-se ao estado de embriaguez). No entanto, essa premissa não é demonstrada na primeira parte, uma vez que não aparecem sinais suficientemente expressivos a respeito do quanto o próprio Lorenzo sofria fisicamente e psiquicamente, talvez com a exceção de que ele se comunicava verbalmente muito pouco. Mesmo o fato de que ele falava pouco não é em si necessariamente uma evidência de sofrimento extremo, mas um comportamento compatível com um estado de alerta, que de fato ele mantinha, diante da ameaça da vigilância permanente.[39]

---

37 BUTLER. Para pensar o presente, Primo Levi, p. 191.

38 A função constitutiva das elipses em relatos de Primo Levi foi analisada por Judith Butler: "O momento da elipse acontece precisamente quando algo não é dito, um momento de recuo ou lapso dentro da narrativa, mas que também faz parte dela como característica formal de sua trajetória. [...] O que não é dito é, não obstante, transmitido ou comunicado de alguma maneira, o que sugere que a narrativa tem de ser entendida também como um modo de interpelação, um que tente capturar nosso entendimento" (BUTLER. Para pensar o presente, Primo Levi, p.184).

39 Embora não deva obrigatoriamente ser interpretada como uma expressão

Leitores podem inferir que, dentro de Auschwitz, Lorenzo passava por um "sofrimento indizível", mas o relato de Levi não traz as lentes que permitiriam ver com precisão esse sofrimento, pois a ênfase na primeira parte da narração está em atentar sobretudo para a sopa clandestina, para as necessidades do próprio narrador, e estar alerta para tudo o que ocorre à sua volta. É possível compreender a ausência de sinais evidentes de sofrimento extremo na primeira parte do relato como uma opacidade textual, ou como uma elipse constitutiva da construção de personagem, diante da qual os leitores podem refletir.

Retomando a abordagem de Lorenzo proposta em "Os acontecimentos do verão", sua brevidade não permite detalhar ou atribuir complexidade ao perfil do operário. Essa referência breve, comparada com o texto de *Lilith*, é ainda mais elíptica. Ela é insuficiente, e opaca com relação à possibilidade de que Lorenzo apresentasse qualquer traço autodestrutivo. As elipses referentes ao operário civil, em ambos os relatos, confirmam que nenhum dos dois cumpre uma função explicativa com relação ao comportamento do personagem, nenhum deles consegue "realmente dizer a experiência inenarrável do horror"[40] vivido por Lorenzo.

Uma diferença fundamental entre a aparição de Lorenzo, em *É isto um homem?*, e a sua trajetória, exposta no relato publicado em 1981, está na extensão temporal dos acontecimentos expostos. A segunda narrativa, além de comentar a interação entre Levi e Lorenzo no campo de concentração, expõe o que ocorreu com ele a partir de sua saída de Auschwitz, em 1945. O

---

de sofrimento extremo, a inclinação para falar pouco poderia, efetivamente, expressar isso. Essa hipótese pode levar em conta uma conversa relatada por Jean Améry, na qual o interlocutor falava "mecanicamente, com monossílabos". O autor atribuiu esse comportamento ao fato de que o interlocutor não acreditava mais, dentro do campo, na existência "de um mundo espiritual" (AMÉRY. *Além do crime e castigo. Tentativas de superação,* p.35), o que modificou sua maneira de se relacionar com a linguagem.

40 GAGNEBIN. Memória, história, testemunho, p. 92.

título atribuído ao texto faz referência ao retorno do homem à sua cidade, Fossano.

De acordo com o narrador, Lorenzo caminhou durante o percurso, de Auschwitz a Fossano. Por quatro meses caminhou com o companheiro Peruch; essa caminhada é descrita como um processo sofrido, durante o qual eles comeram batatas roubadas e trabalharam como pedreiros. Depois disso, Lorenzo caminhou vinte dias sozinho até Turim. Nessa cidade, afirma Levi, encontrou a mãe do escritor, e disse a ela que o filho "estava doente" e "não voltaria".[41] A mãe ofereceu ao visitante dinheiro para que viajasse de trem de Turim a Fossano, mas ele recusou.

Depois de sua chegada em Fossano, Lorenzo passa por dificuldades para arranjar e manter trabalho, e estabelecer condições de vida. Passa a beber constantemente, segundo Levi, por necessidade de escape com relação ao mundo.

O escritor, meses depois, foi visitá-lo.

> [...] fui a Fossano para revê-lo e lhe dar uma malha de inverno. Encontrei um homem cansado; não cansado da caminhada, cansado mortalmente, de um cansaço irremediável. Fomos beber numa taverna, e das poucas palavras que consegui tirar dele compreendi que a sua margem de amor pela vida se estreitara, até quase desaparecer. [...] Não queria mais regras nem patrões nem horários. [...] Conhecera o mundo de perto e não lhe agradara, parecia-lhe em ruínas, já não se interessava pela vida.[42]

Assim como no campo de concentração, Lorenzo, nesse encontro, fala pouco. Essa observação permite estabelecer uma continuidade entre o período dentro de Auschwitz e o período posterior. É como se a volta para casa não tivesse sido suficien-

41 LEVI. O retorno de Lorenzo, p. 392.

42 LEVI. O retorno de Lorenzo, p. 392.

te para superar vivências anteriores. Ocorre, ao contrário, um agravamento. Cabe lembrar que, quando o operário providenciava a sopa, essa ação consistia em uma atitude contra o risco de morrer (e especificamente contra o risco de Primo Levi morrer); portanto, em uma valorização da vida. Fora do campo de concentração, esse homem não demonstra apego por sua própria existência, e se encontra em antagonismo contra o mundo conhecido. A recusa a regras, patrões e horários pode ser interpretada como uma atitude que remete a um mal-estar pelas vivências no campo, onde a disciplina rígida do nazismo, sustentada em vigilância, era permanente. Um mundo em ruínas é uma imagem condizente com os efeitos do impacto da Segunda Guerra Mundial na Europa.

Dentro do campo, o operário se arriscou para salvar a vida de Levi. De volta ao espaço onde vivia, Lorenzo não pratica os cuidados necessários para cuidar da própria vida. As imagens apresentadas no relato permitiriam, em uma hipótese de análise, associar essas duas maneiras de agir a duas formas de estabelecer perspectivas para a vida. No primeiro caso, Lorenzo se aproxima de uma figura sacrificial, que colocava a própria vida em risco em favor da sobrevivência de outros. No segundo, o perfil se torna autodestrutivo, e a recusa a receber tratamento hospitalar o aproxima, parcialmente, de uma postura com inclinação suicida.

A constituição de Lorenzo é elaborada como um percurso limiar, entre esses dois horizontes, o potencial para um sacrifício e a entrega a uma autodestruição, entre o risco de morrer e a renúncia ao apego à vida, sendo que as vivências em Auschwitz são um fundamento comum a ambos.

Dentro do trecho citado, é necessário chamar a atenção para a imagem do "cansaço irremediável". Como Levi especifica, não se trata apenas de um desgaste físico, mas de um efeito nefasto dos acontecimentos recentes. Lorenzo foi impregnado pelos horrores da convivência com nazistas. No período em que esteve presente em Auschwitz, acompanhou o que ocorria à sua volta. Sua decisão arriscada e generosa de contribuir para manter a sobrevivência de outros expressa um perfil de comportamento que se opõe às práticas letais ali realizadas.

É como se Auschwitz tivesse, de algum modo, permanecido dentro de Lorenzo, e estivesse removendo suas forças gradativamente. Nesse sentido, é possível interpretar a imagem do "cansaço irremediável" como um desgaste humano, primário, que ele não tem como superar. Em analogia com um mundo em ruínas, o corpo de Lorenzo é levado (inclusive por recusar cuidados médicos, como aponta o narrador) a uma decrepitude.

A palavra "retorno", no título, não significa que tenha ocorrido uma transformação com efeitos afirmativos, uma superação do tempo de convivência com a violência nazista, ou uma acentuação do apego à vida expresso pelas entregas de sopas. O "retorno" consiste, nesse caso, em um deslocamento no espaço, um movimento de passagem por fronteiras nacionais, e também um reencontro de Lorenzo com a cidade em que vivia. A morte de Lorenzo ocorre "em solidão", confirmando sua "recusa à vida".[43] O relato tem um encerramento triste, que aponta para uma impossibilidade de superar os acontecimentos em Auschwitz. Para Judith Woolf, o relato mostra como os efeitos dos horrores de Auschwitz sobre quem os viveu ou os presenciou podem surgir em lembranças, e pode ser definido como uma estória trágica.[44] Leitores desse texto poderiam, quem sabe, esperar que o retorno correspondesse, em hipótese, a um reparo de danos, ou a uma reconciliação de Lorenzo com o mundo em que vive. Porém, o deslocamento geográfico não produz reparo algum. O termo "irremediável", que descreve o cansaço, sugere que, mesmo deixando o espaço de Auschwitz, Lorenzo não

43 LEVI. O retorno de Lorenzo, p. 393.

44 WOOLF. From *If This is a Man* to *The Drowned and the Saved*, p. 47.

poderia deixar de ser o homem que ali viveu, pois no campo foi violado o princípio da "dignidade humana, em seu aspecto primeiro de pertencente ao vivo".[45] No caso dele, a expressão "sobrevivente" se refere a um período de tempo muito breve.

Levi precisa testemunhar, pois Lorenzo não pode, e é necessário expor que o campo de concentração pode provocar esse cansaço irremediável, para o qual contribuíram a sustentação de um apego profundo à vida em condições extremamente dolorosas, no esforço de sobreviver, dentro do campo, e também a perda de apego ao mundo, e a recusa à vida tal como ela se apresentou para o operário, fora dele. A ética do testemunho de Levi situa a narração "no lugar impossível da enunciação do que morreu [...] trata-se, eticamente, de afirmar que não somos nós, os sobreviventes, que deveríamos estar aqui falando, mas eles, os que não sobreviveram".[46]

O esforço em narrar um testemunho por Lorenzo traz em seu cerne uma aporia, que consiste na incompatibilidade entre os recursos disponíveis de linguagem para o escritor e a especificidade do "sofrimento indizível [...] dos campos de concentração".[47] Essa aporia pode ser interpretada como uma situação limiar do discurso, cujo autor reconhece a impossibilidade de ser suficientemente justo com relação a descrever o que lá ocorreu, e mesmo assim escolhe redigir e publicar o relato de testemunho. Para essa condição limiar, é muito importante que Lorenzo seja exposto como "pessoa viva" e "personagem", para que a indeterminação quanto ao alcance referencial seja efetivamente explicitada. É também favorável a essa condição a ausência de uma delimitação clara que permita distinguir o autor e o narrador. Ao leitor cabe o desafio de, sem ilusões de transparência das palavras, avaliar os procedimentos formais utilizados pelo

45 GAGNEBIN. "Após Auschwitz", p. 106.

46 PENNA. Sobre viver no lugar de quem falamos (Giorgio Agamben e Primo Levi), p. 155.

47 GAGNEBIN. Memória, história, testemunho, p. 90.

escritor para construir uma imagem de si mesmo, como narrador, que esteja em acordo com as especificidades da vida de Lorenzo. O texto explicitamente afirma: "qual seja a 'verdadeira' imagem de cada um de nós é uma pergunta sem sentido".[48] Essa frase pode ser interpretada como uma indicação de que, no contexto a que o relato se refere, a constituição do sujeito é processual, com transformações ao longo do tempo, e que não há sentido em fixar uma única percepção do sujeito. A maneira de narrar o que Lorenzo fez em *É isto um homem?* se distingue da configuração do personagem em "O retorno de Lorenzo". O mesmo escritor, abordando suas memórias de um mesmo ser humano, muda sua descrição de um relato para outro. Essa modificação expressa que um relato de testemunho não se restringe a si mesmo, mas se desdobra em outro relato (ou outros relatos, considerando menções a Lorenzo em entrevistas), que por sua vez apresenta lacunas, mantendo no personagem o caráter enigmático. Sustentar esse enigma, como um segredo que pede novas decifrações, é uma parte importante do legado intelectual de Levi para as gerações seguintes.

Posições contrárias ao totalitarismo podem encontrar em escritos de Primo Levi motivações para consolidar perspectivas críticas a respeito da política contemporânea. Nos tempos atuais, com países atravessando processos regressivos para o autoritarismo, e grupos políticos defendendo ideias fascistas, essas perspectivas precisam ser expressas com convicção.

Um horizonte de dificuldade em lidar com as memórias do sofrimento está na procura de quem escute ou leia relatos de testemunho, e esteja disposto a respeitar eticamente o que essas memórias apresentam. Primo Levi relatou um sonho, no qual,

48 LEVI. O retorno de Lorenzo, p. 386.

reiteradamente, ao narrar o que tinha vivido, "os outros não escutam".[49] A escuta é decisiva para que não se repitam os horrores dos campos de concentração. Conforme Gagnebin, "somente a transmissão simbólica, assumida apesar e por causa do sofrimento indizível, somente essa retomada reflexiva do passado pode nos ajudar a não repeti-lo infinitamente".[50]

Referências

AMÉRY, Jean. *Além do crime e castigo. Tentativas de superação.* Trad. Marijane Lisboa. Rio de Janeiro: Contraponto, 2013.

ARENDT, Hannah. A solução final: matar. In: ___. *Eichmann em Jerusalém: um relato sobre a banalidade do mal.* Trad. Sonia Heinrich. São Paulo: Diagrama & Texto, 1983.

ARGYLE, Michael. The effects of ritual. *Archive for the Psychology of Religion*, V. 24, 2002, p. 167-179.

BUTLER, Judith. Para pensar o presente, Primo Levi. In: ______. *Caminhos divergentes. Judaicidade e crítica do sionismo.* Trad. Rogério Bettoni. São Paulo: Boitempo, 2017.

COSTA, Jurandir Freire. A ética democrática e seus inimigos. In: BETTO, Frei *et al. Ética.* Rio de Janeiro: Garamond, 1997.

FERRERO, Ernesto. Chronology. In: GOLDSTEIN, Ann, Ed. *The Complete Works of Primo Levi.* New York: Liveright; Slp edition, 2015. epub.

FUKS, Julián. A era da pós-ficção: notas sobre a insuficiência da fabulação no romance contemporâneo. In: DUNKER, Christian *et al.* Ética e pós-verdade. Porto Alegre: Liter-Cultura, 2017.

GAGNEBIN, Jeanne-Marie. "Após Auschwitz". In: SELIGMANN--SILVA, Márcio, org. *História, memória, literatura.* Campinas: Ed. UNICAMP, 2003.

GAGNEBIN, Jeanne-Marie. Apresentação. In: AGAMBEN, Giorgio. *O que resta de Auschwitz.* São Paulo: Boitempo, 2008.

49 GAGNEBIN. Memória, história, testemunho, p. 92.

50 GAGNEBIN. Memória, história, testemunho, p. 93.

GAGNEBIN, Jeanne-Marie. Memória, história, testemunho. In: BRESCIANI, Stella; NAXARA, Márcia (orgs.). *Memória e (res)sentimento. Indagações sobre uma questão sensível*. Campinas: Ed. UNCAMP, 2001.

KRACAUER, Siegfried. Conflict with reality. In: ______. *From Caligari to Hitler. A Psychological History of the German Film*. Princeton: Princeton University Press, 2004.

LEVI, Primo. A resistência nos campos de concentração. In: ______. *A assimetria e a vida*. Tradução de Ivone Benedetti. São Paulo: Ed. UNESP, 2014.

LEVI, Primo. A zona cinzenta. In: ______. *Os afogados e os sobreviventes*. Trad. Luiz Sérgio Henriques. São Paulo: Paz e Terra, 2004.

LEVI, Primo. *É isto um homem?*. Trad. Luigi Del Re. Rio de Janeiro: Rocco, 1988.

LEVI, Primo. If this is a man. Trad. Stuart Woolf. In: GOLDSTEIN, Ann, Ed. *The Complete Works of Primo Levi*. New York: Liveright; Slp edition, 2015. epub.

LEVI, Primo. O retorno de Lorenzo. In: ______. *71 contos de Primo Levi*. Trad. Maurício Santana Dias. São Paulo: Companhia das Letras, 2005.

LEVI, Primo. *Se questo è un uomo?*. Torino: Einaudi, 1989.

MARCUS, Millicent; SORDI, Risa. Introduction. In: ______. (eds.). *New reflections on Primo Levi. Before and after Auschwitz*. New York: MacMillan Palgrave, 2011.

NICHANIAN. A morte da testemunha. Para uma poética do “resto” (reliquat). Tradução de Alain François. In: SELIGMANN--SILVA, Márcio; GINZBURG, Jaime & HARDMAN, Francisco Foot (orgs.). *Escritas da violência*. O testemunho. Rio de Janeiro: 7Letras, 2012.

PENNA, João Camillo. Sobre viver no lugar de quem falamos (Giorgio Agamben e Primo Levi). In: SELIGMANN-SILVA, Márcio (org.). *Palavra e imagem, memória e escritura*. Chapecó: Argos, 2006.

SPIGELMAN, Art. *Maus*. London: Penguin Books, 1991. V. 2.

VUOHELAIEN, Minna. The concentrationary universe: Primo Levi's spatial consciousness. In: ___ & CHAPMAN, Arthur (eds.). *Interpreting Primo Levi. Interdisciplinary Perspectives*. London: Palgrave Macmillan, 2016.

WOOLF, Judith. From If This is a Man to The Drowned and the Saved. In: GORDON, Robert. (ed.). *The Cambridge Companion to Primo Levi*. Cambridge: Cambridge University Press, 2007.

A Criança No Campo De Batalha

Flavia Trocoli

Para Ana, Andrea, Nina e Alfredo, pela companhia luminosa em domingos escuros

> ...em Birkenau é completamente diferente, e você partiu dessa evidência de que, em um espaço onde o horror é obsessivo, o único olhar possível é um olhar de curta distância e de curta duração: um olhar forçado a cruzar com a morte à medida que ela passa, e depois baixar rapidamente os olhos ao chão.
>
> *Georges Didi-Huberman, Sair da escuridão*

Em Or*: les lettres de mon père/Or: as cartas de meu pai,*[1] 1997, de Hélène Cixous, a história do pai da narradora se entrelaça à história da ascensão do nazismo e de seus efeitos para os judeus na Argélia na década de 1940. Tal entrelaçamento é um procedimento da literatura de Hélène Cixous. Em *Hyperrêve/Hipersonho*, 2006, uma história contada pela mãe, enquanto a filha unge

1 Salvo esclarecimento, todas as traduções de títulos e fragmentos de obras de Cixous são minhas. Fiz questão de trazer para este trabalho o original principalmente em citações mais longas. Para maior fruição, a tradução será apresentada, no corpo do texto, logo após a transcrição do original.

sua pele centenária, a pele do século XX, traz de volta um *sommier* que, comprado em 1938, sobrevive ao seu antigo dono, Walter Benjamin. O *sommier* de Benjamin vendido a Ève, mãe da narradora, antes da morte trágica do filósofo na fronteira entre a França e a Espanha, em setembro de 1940, se entrelaça tanto aos exílios e às expropriações provocados pelo colonialismo e pelo nazismo, quanto à grande cena filosófica que se passa entre a Escola de Frankfurt e a Desconstrução. O nazismo atravessa a história do pai e, também, de toda a família materna, composta de judeus alemães moradores da cidade de Osnabrück na Alemanha, da qual muitos deles não conseguiram escapar da terrível noite de 9 para 10 de novembro de 1938, a "Noite dos Cristais". Em *1938, nuits/1938, noites*, 2019, Hélène Cixous dará forma à sua imensa dificuldade de compreender o fato de judeus terem permanecido na Alemanha hitlerista, deixando que a narração enlace uma história e um destino, que concernem à narradora, mas que não foram integralmente escritos por ela. Em outras palavras, a narração é uma singularização de uma história e de um destino do Outro, no caso, de sua família.

Em *Gare d'Osnabrück à Jerusalém/Estação de Onsnabrück a Jersulalém*, 2016, a "paixão de Andreas", tio-avô de Hélène por parte de mãe, é contada a partir da história de Lear, em determinado ponto, diz o livro:

> – Il y a une tragédie cachée dans la Tragédie dont personne n'a la force de parler. C'est une tragédie naine entrelacée de péchés et d'innocences où tous les personnages ont des rapproches à faire à tous les personages [...] Qu'il y ait une tragédie cachée dans um pli noirci de la Tragédie, c'est la le tragique. Si je n'écrivais pas, dit le livre, personne ne saurait rien de la véritable Passion d'Andreas
>
> Tout le monde l'enterrerrait sous les dècombres de la mémoire.[2]

2 CIXOUS. *Gare d'Osnabrück à Jerusalém*, p.68

> – Há uma tragédia escondida na Tragédia da qual ninguém tem força de falar. É uma tragédia miúda entrelaçada a pecados e a inocências em que todos os personagens têm reprovações a fazer a todos os outros personagens [...]. Que haja uma tragédia escondida na dobra negra da Tragédia, eis o trágico. Se não escrevo, diz o livro, ninguém irá saber nada da verdadeira Paixão de Andreas.
>
> Todo mundo a enterraria sob os escombros.

Retirar essas histórias dos escombros não implica, contudo, extirpar esquecimentos e silêncios. Um pouco mais adiante, ainda na reconstrução narrativa dos destinos que a família materna segue durante a ascensão do nazismo, a narradora indica que todos esses destinos se decidiram pela mistura de História e má escolha, "fermento da tragédia grega" e alguns desses destinos passaram a um ainda "pior". Desta breve trajetória, destaco que já estão em cena significantes importantes que se entrelaçarão à criança, à guerra, à linguagem, tais como: exílio, expropriação, mudez.

Os quatro livros que mencionei acima são, por assim dizer, histórias de família recompostas esparsa e fragmentariamente por Cixous. Gostaria, contudo, de me deter em um pequeno livro intitulado *Un vrai jardin* que teve sua primeira edição em 1971 pela L'Herne. A edição com que trabalharei aqui é de 1998, da editora Des Femmes, o desenho da capa é de Antoinette Fouque e se chama Jardin premier. O livro é dedicado a Omi,[3] avó materna de Hélène Cixous e tem apenas 39 páginas. Em *Un vrai jardin* um "Je"/"Eu" narra a história da criança que, em um tempo indeterminado, foi chamada de porcaria[4] por

3 Ginette Michaud (Éphe-mère. Êve s'évade et la ruine et la vie d'Hélène Cixous. "Lignes fictives," p. 33) chama a atenção para as consequências de se levar a sério o anagrama entre o nome da avó, Omi, e "moi" (eu).

4 Mais adiante, citarei o trecho em questão – "que les gardiens ne devrait pas laisser traîner des cochonneries comme ça" (CIXOUS. *Un vrai jardin*, p. 13). Cochonneries remete ao mesmo tempo à comida de má qualidade e ao porco, ani-

uma das empregadas que frequentam o mesmo jardim que ela, a criança, e, a partir deste momento, aquilo que estava fora da cerca do jardim – a guerra e as bombas – passa a estar dentro: "Je pénétrai sans méfiance, c'était un vrai jardin; dès la grille on voyait que la terre existait. Puis la grille se ferma doucement et on était dans le jardin. Dehors et assez loin, les gens allaient à la guerre".[5] / "Eu entrava sem desconfiança, era um verdadeiro jardim; da cerca, já se via que a terra existia. Em seguida, a cerca se fechava lentamente e estávamos no jardim. Fora e não muito longe, as pessoas iam à guerra".

A breve citação já me permite dizer que este livro requer uma dupla leitura. *Dentro*, estaremos confinados ao ponto de vista da criança narrada por esse "Je" quase impessoal, tal leitura imanente deixa o leitor próximo à cifra de um sonho. *Fora*, situaremos este jardim entre outras obras de Cixous no ponto em que enlaces podem ser produzidos. Encontro neste jardim da infância umas das mais belas e dolorosas imagens da literatura: em determinado momento, a criança pensa que nem sempre ela esteve só e seu umbigo era a prova disso, a cicatriz é a memória de uma ligação e de um corte. Tomarei esta imagem como método de leitura e tal método não deixa de estar inspirado naquilo que Freud diz em sua carta a Einstein: diante da guerra, nossa tarefa é produzir laços.[6] Assim, entre ciframento e deciframento, passaremos da leitura da criança só no jardim em meio às bombas para a leitura do pequeno livro entrelaçado às questões fundamentais da obra de Hélène Cixous.

---

mal impuro para o judaísmo. Expressões ligadas ao porco ainda hoje se mantém como insulto neonazista.

5 CIXOUS. *Un vrai jardin*, p. 11.

6 Cf. FREUD. Por que a guerra?, p. 417-435.

O pai como metáfora e o nome perdido

> J'avais un nom. La ville avait un nom, e tout le monde en avait un sauf le jardin qui s'appelait seulement le jardin parce qu'il n'y en avait qu'un. Comme personne ne m'appelait, mon nom finit para tomber em désuétude. [...] Ainsi je n'avouai jamais à voix haute que j'étais heureux d'avoir pénétré dans le jardin parce qu'il n'avait justement pas de nom et qu'à part les coléoptères, les lépdoptères, les gardiens des allées, les bonnes et les enfants, j'étais seul.
> Je n'avais pas toujours été seul, j'avais dû être avec quelqu'un, peut-être même dedans, puisque j'avais un nombril au milieu du ventre, visible à l'oeil nu; mais ce n'était peut-être pas un nombril, je n'étai plus sûr depuis qu'une bonne avait dit en passant devant moi que les gardiens ne devrait pas laisser traîner des cochonneries comme ça.[7]

> Eu tinha um nome. A cidade tinha um nome, todo mundo tinha um, exceto o jardim que só era chamado de jardim porque só havia um. Como ninguém me chamava, meu nome acabou caindo em desuso. [...] Então, nunca confessei em voz alta que estava feliz de ter entrado no jardim porque justamente não tinha nome e que além dos besouros, dos lepdópteros, dos guardas das aléas, das empregadas e das crianças, eu estava só.

> Nem sempre estive só, devo ter estado com alguém, talvez até dentro, pois tinha um umbigo bem no meio da barriga, visível a olho nu; mas talvez não fosse um umbigo, eu não tinha mais certeza, já que uma empregada disse a eles, passando por mim, que os guardas não deveriam deixar uma porcaria como essa espalhada assim.

O trecho impressiona em sua cifra e naquilo que condensa de problemáticas da obra de Cixous e de obras literárias lidas em seus seminários. Primeiro, nota-se a questão

7 CIXOUS. *Un vrai jardin*, p. 12-13.

do nome. Há dois movimentos, a passagem do Nome-do-pai aos nomes de ninguém[8] e a desapropriação violenta do nome próprio: primeiro o nome cai em desuso e depois dessa privação do nome a criança é insultada como "porcaria como essa" ("ça"/"isso"). Em seguida, há o abalo causado pela guerra através desrealização da própria realidade: a evidência de ter um umbigo passa a ser uma dúvida: é mesmo um umbigo? Em um livro que visitaremos mais adiante, a narradora retoma um dizer do irmão segundo o qual a mãe tem como ofício cortar o cordão, referindo-se à profissão de parteira (*sage-femme*), e acrescenta que seu trabalho era o modo da mãe refazer o ninho no exílio.[9] Recuperemos essas trajetórias pela obra de Cixous.

Em *Lettres de fuites*, 2020, que reúne as aulas dos Seminários de 2001 a 2004, Cixous afirma que a novela intitulada *Coronel Chabert*, de 1832, de Balzac, é a primeira versão de *É isto um homem?*, 1947, de Primo Levi. Coronel Chabert foi herói de uma das batalhas da expansão napoleônica, a batalha de Eylau. Dado como morto, ele retorna a Paris e procura um advogado para reaver seus direitos (sua mulher está casada novamente e ele perdeu todos os seus bens, vivendo miseravelmente do favor de um leiteiro). A aparição do Coronel é narrada em terceira pessoa, quem o vê é um observador que, diante da figura cadavérica, não encontra a palavra que nomeia:

8 Neste ponto, remeto-me ao livro teórico de 1974 intitulado *Prénoms de personne/Primeiros nomes de ninguém*, em que Cixous lê Freud, Hoffmann, Poe e Joyce, buscando deslocar os paradigmas da castração freudiana e do Nome-do-pai lacaniano para os nomes de ninguém, enfatizando procedimentos de desapropriação e exílio.

9 No belo ensaio intitulado "Polyphonie polyphênix", Camille Laurens destaca que, na obra de Cixous, sonho e literatura são lugares em que o fim ainda não teve fim e que essa sobrevivência à morte se faz através de cortes e recombinações, por exemplo: em "Néant", "nada", pode-se escutar "Né en", "nascido em"; ou, a "cinza", "cendre", pode ser transformada em "nid de cendre", "ninho de cinza". (Cf.: LAURENS. Polyphonie polyphênix, p. 227)

> Enfim, a ausência de qualquer movimento no corpo, de qualquer calor no olhar combinava com certa expressão de demência triste, com os degradantes sintomas que caracterizam o idiotismo, fazendo daquela figura um não sei quê de funesto que nenhuma palavra poderia exprimir.[10]

Em seguida, o coronel sobrevivente toma a palavra para dizer do depois de sua morte:

> Bom, meu senhor, os ferimentos que sofri provavelmente devem ter me causado tétano, ou me levaram a uma crise análoga a uma doença chamada, creio eu, catalepsia. Senão, como conceber que tenha sido, conforme o uso da guerra, despojado das minhas roupas e jogado na vala comum com os soldados pela gente encarregada de enterrar os mortos?[11]

Enuncia-se, então, em primeira pessoa, o impossível:[12] "Gostaria de não ser eu. Há momentos que não sei mais o que ser. Estou morto ou vivo?" A sua mulher ou, mais precisamente, a sua viúva, ele dirá: [...] tenho de voltar para debaixo da terra".[13] E depois ao advogado: "Chabert não! Meu nome é Hyacinthe. Não sou mais um homem, sou o número 164".[14] Ao vê-lo, um dos advogados diz: "E isso vive, e quem sabe isso é até feliz!"[15] Em *Coronel Chabert*, acompanha-se o processo de identificação ao indefinível isso; em *Un vrai jardin*, acompanha-se o processo

10 BALZAC. *O coronel Chabert*, p. 22.

11 BALZAC. *O coronel Chabert*, p. 25.

12 Em *Demorar – Maurice Blanchot*, Jacques Derrida, ao ler o pequenino livro testemunhal de Blanchot, *O instante de minha morte*, coloca como questão central do testemunho a sua estrutura ficcional mínima, isto é, a tensão entre o "Eu" e o "Ele", entrelaçando-o à enunciação de minha própria morte, ao impossível. Em várias lições de *Lettres de fuites*, Cixous se remeterá tanto ao livro de Blanchot, quanto à leitura de Derrida.

13 BALZAC. *O coronel Chabert*, p. 72.

14 BALZAC. *O coronel Chabert*, p. 81.

15 BALZAC. *O coronel Chabert*, p. 80.

de identificação, pela ausência de nome, entre a criança e o jardim, entre a criança e a porcaria, entre a criança e a terra, entre a criança e isso. É notável que tanto para Balzac, quanto para Cixous, a guerra implique a expropriação do nome das personagens e sua aniquilação em isso.

Na tentativa de se dar um outro destino que não aquele da dejeção e da expulsão, a criança de *Un vrai jardin* inventa, para os guardas, que o pai virá buscá-la, mas, quando ela o diz com palavras demasiadamente sofisticadas, nem mesmo ela crê, já que "'Pai' era uma metáfora".[16] E, mais adiante, acrescenta dolorosamente: já que não tinha um pai para mim, a ocupação era refletir sobre as origens e suas impossibilidades. Em *Les revêries de la femme sauvage: scènes primitives/Os devaneios de uma mulher selvagem: cenas primitivas,*[17] 2000, Cixous reconstrói cenas de sua infância em Alger como que para dar fundamento à frase que lhe é imposta numa noite febril depois de anos de esquecimento: "Todo o tempo que vivi na Argélia, eu sonhava um dia chegar à Argélia".[18] De certo modo, delineiam-se os campos de batalha por onde a menina transita: a casa e seu jardim em Clos-Salembier, o liceu francês, a casa de uma amiga francesa, lugares, e, também, prisões, que lhe são ora permitidos, ora interditados. Destaca-se também o equívoco na escolha que precede a morte do pai, ele, acreditando que a mudança de Oran para Alger, "a galinha que choca os ovos da guerra",[19] seria uma passagem do inferno para o céu, acaba por viver o inverso. Em relação a uma das cenas primitivas, aquela em que, depois de uma espera angustiada, a mãe dá ao irmão uma bicicleta de me-

16 CIXOUS. *Un vrai jardin*, p. 24.

17 Na resenha de Michaud mencionada anteriormente, ela toma de *Philippines* (alusão ao nome da rua em que ficava a casa de infância de Cixous) a cena primitiva de todas as cenas primitivas, nesta cena estariam o jardim, a cerca e a separação.

18 CIXOUS. *Les revêries de la femme sauvage: scènes primitives*, p. 9.

19 CIXOUS. *Les revêries de la femme sauvage: scènes primitives*, p. 40.

nina, a narradora escreve assim: "Nous avons continué à croire au "ciel", voilà notre erreur or le ciel signifie: une tombe ou une bombe ou une caisse de légumes. Sur la tête. L'enfer c'est ça: la caísse du ciel qui te tombe sur la tête, et juste au moment où tu leves la tête croyant l'heure de voler arrivée".[20] / "Continuamos a crer no "céu", eis nosso erro ou o céu significa: um túmulo ou uma bomba ou uma caixa de legumes. Sobre a cabeça. O inferno é isso: a caixa do céu que lhe cai sobre a cabeça, e justamente no momento em que você a ergue, acreditando que a hora de voar tinha chegado".

Certamente os fragmentos acima e a nomeação, por Cixous, de sua relação com a Argélia natal de *m'algériance* impele-nos a escutar as relações desse lugar originário com o mal, o erro, a errância, a herança.[21] Quanto a mim, não tocarei uma "terra intocável" com os pés descalços, a partir do entrecruzamento de alguns significantes, lançarei mão das reflexões de dois autores que poderiam indicar leituras mais alegóricas de *Un vrai jardin*. Por um lado, partindo da expulsão do jardim do Éden, do mito adâmico, Paul Ricoeur[22] pensa as gêneses do mal, e, por outro lado, partindo do exílio voluntário de Abraão, Betty Fuks[23] pensa a errância judaica e sua relação com a escrita.

Em um capítulo intitulado "O pecado original: estudo da significação", Paul Ricoeur diferencia a leitura da Gnose daquela erigida pela tradição fundada por Santo Agostinho. Para a Gno-

20 CIXOUS. *Les revêries de la femme sauvage: scènes primitives*, p. 30-31.

21 Há muitos escritos em torno das relações de Cixous com a Argélia. Remeto aqui o leitor a dois breves artigos disponíveis para a acesso na internet: ROUCHOUZE. L'an prochain à Alger Temps et Pays dans Les rêveries de la femme sauvage d'Hélène Cixous. Disponível em: http://www.poexil.umontreal.ca/events/colloquetemp/colloqtempactes.html ; Acesso em 26 out. 2021. DEBRAUWERE-MILLER. Hélène Cixous, la passante de l'histoire. Disponível em: https://ojs.library.dal.ca/dfs/article/view/11136 ; Acesso em 26 out. 2021

22 RICOEUR. *O pecado original*: estudo da significação. Agradeço a Jonas Samudio as indicações preciosas no que diz respeito às questões bíblicas.

23 FUKS. *Freud e a judeidade: a vocação do exílio.*

se, o mal e a culpa remeteriam a perguntas relacionadas ainda ao ventre da mãe (imagem que não deixa de ser evocada pela criança de Cixous através do umbigo): Quem éramos? Quem nos tornamos? Onde estávamos antes? De onde vem o mal? Dentro da perspectiva agostiniana, o pecado original é obra da liberdade, o mal não é ser, mas fazer. Não me deterei nesse confronto, já que Cixous, em *Un vrai jardin*, se vale de significantes que transitam em torno das leituras do pecado original, mas coloca esses significantes a partir da perspectiva da separação, da expulsão, do desamparo, e não do pecado e da culpabilidade. Dito isso, é importante destacar ainda dois pontos, no capítulo supracitado, Ricoeur aponta que, para o teólogo C.H. Dodd, a primeira função do mito adâmico é universalizar a experiência trágica do exílio. Já em "A memória do sofrimento", discurso proferido em uma assembleia para lembrar, numa tarde de *shabah*, os seis milhões de mortos da Shoah, Ricoeur adverte:

> Aprendemos de um narrador judeu como Wiesel que o horrível – a imagem invertida do admirável – tem necessidade ainda maior de ser salvo do esquecimento por meio da memória e da narração.
>
> Vamos além: rememorando e dizendo, não só evitamos que o esquecimento mate as vítimas uma segunda vez; evitamos que a história de suas vidas se torne banal. Esse perigo da banalidade pode ser maior do que o simples esquecimento. Os historiadores, os sociólogos e os economistas pretendem explicar a tragédia de maneira tão exaustiva que simplesmente se torna um caso de barbárie entre outros. [...] Além das explicações que nivelam e banalizam o acontecimento criminoso ao qual está dedicado este memorial, há explicações que justificam e fazem aparecer os sofrimentos da vítima como se fossem merecidas. [...] Não é uma das tarefas desses mitos [que buscam o tempo da origem] explicar por que os homens estão em uma condição tão miserável, explicar por que sofrem? Sob esse aspecto, a Bíblia hebraica

> não cessa de lutar contra essa tendência regressiva do pensamento mítico, na medida em que a Torah é acima de tudo uma instrução orientada para o futuro, um convite ético voltado para a ação a fazer amanhã ou logo em seguida.[24]

Assim, é possível pensar que, ao colocar a criança entre as bombas, a leitura de Cixous não glorifica nenhuma origem, mas interroga as experiências que constituem as gêneses e genealogias de sua história, retirando-as da mudez. Sua obra traça, com veemência, o ponto que enlaça infância, experiência traumática, mudez e escrita, fazendo da expropriação da guerra não um protesto pela identidade e pela propriedade, mas uma escrita que subjetiva o *isso* para não aniquilar e devastar o sujeito, penso que, nesta direção, poderíamos dizer assim: lá onde a mudez da infância e da guerra estavam, a escrita singular deve advir. Pergunta-se, então, qual a singularidade da escrita de Hélène Cixous? Ou, como ela transformou em palavras e pensamento – isto é, em sua escrita – aquilo que herdou da história da família, mas também da escrita literária num arco espraiado entre guerras de a *Ilíada*, de Homero, a *O instante de minha morte*, de Blanchot? Em aliança e em separação.

No capítulo intitulado "O exílio e o estranho", Betty Fuks propõe que o judaísmo de Freud se mantém alheio aos sentidos da religião, da identidade, dos nacionalismos, diga-se de passagem, bem próximo à significação conferida por Cixous ao seu *juifemme*[25] e àquilo que a marca em relação à judeidade de Ève, sua mãe que a todo tempo enfatizou suas experiências sem nacionalidade, fazendo ninho do exílio na Argélia através dos partos feitos na Clínica, o que para ela era o oposto da guerra. Retornarei a isso. Antes, é preciso dizer que Betty Fuks não se dete-

24 RICOEUR, *A memória do sofrimento*, p. 240-241.

25 Se não me falha a memória, a primeira vez que Cixous se designa como *juifemme* é em "La venue à l'écriture" (1976), publicado em *Entre l'écriture*. Paris: Des femmes, 1986.

rá no mito adâmico, segundo ela, em consonância com o exílio de Édipo, a expulsão de Adão do jardim do paraíso é efeito de transgressão e punição, enquanto o exílio de Abraão é voluntário: "O êxodo de Abraão, uma vez iniciado, tornou-se uma aprendizagem de Alteridade, isto é, uma experiência de diferenças".[26].

A autobiografia não-escrita pela mãe

Uma autobiografia não-escrita, eis o que poderia ser o livro *Ruines bien rangées/Ruínas bem arrumadas,* 2020. Sabe-se que, em francês, ninguém diria *Ruines bien rangées*, pois não há ruínas bem arrumadas, deste modo, o título nos oferece também uma ruína do sentido previsível e, de fato, inúmeras passagens da obra nos remetem ao sonho como lugar do imprevisível, em estranheza familiar. Logo na primeira página, a história como guerra aparece cifrada em anos, querendo abarcar 2000 anos antes e depois da guerra de Troia. A narradora não explica, nem decifra, mas, localizamos, rapidamente, suas menções: ano 9, aquele em que os germanos deram fim à ocupação romana; 1648, fim da guerra dos Cem anos; 1561 retomada de Argel das milícias, enquanto Oran permanece tomada; 1942, fim do regime Vichy e 2020, ano em que o presidente Emmanuel Macron começa o seu pronunciamento de 16 de março de 2020 com as seguintes palavras: "Estamos em guerra. Em uma guerra sanitária, certamente, não lutamos nem contra um exército, nem contra outra nação, mas o inimigo está aí, e ele avança [...]".[27] Mais adiante em *Ruines bien rangées*, seguindo o avançar do passo de Ève, a ênfase parece se demorar em dois marcos históricos e pessoais: 1938, ano em que a sinagoga de Osnabrück

26 FUKS. *Freud e a judeidade: a vocação do exílio*, p. 77.

27 Fonte: https://www.youtube.com/watch?v=5wYyJckGrdc&ab_channel=FRANCE24. A tradução no corpo do texto é minha.

se torna cinzas; 1962, ano da independência da Argélia, que se encontrava em guerra desde 1954, e da primeira prisão de Ève.

Não há cronologia entre esses tempos, os pés de Cixous e as sombras dos pés de Ève percorrem a terra das ruas de Osnabrück, numa espécie de caminhada onírica. Justamente no dia do aniversário da morte do pai, a narradora se encontra em "Osnabrück Rêve/Sonho!", e são muitas as ressonâncias advindas do nome da cidade: o título do livro – *Osnabrück* – ressoa como outro nome de Ève; como a primeira chamada telefônica:[28] como livro que a mãe deixou para ela ler e escrever; como *Osnirique*. Percorrendo uma realidade desrealizada, os espaços também se interpolam, como se evasão e prisão atassem Osnabrück, Oran, Alger. Escreve-se com a linguagem dos sonhos, mas também tenta-se delinear, no idioma Cixous, o idioma de Ève.[29] Essa busca pela reconstituição da vida de Ève não é comparada a um retorno, mas a uma arqueologia. Após uma menção à sinagoga incendiada e apagada em suas ruínas bem arrumadas, escreve a narradora:

> Ces restes soignés, étiquetés enfermés dans une cage c'est un portrait de mes ruines intérieures.
>
> Ève est-elle ma Gradiva?
>
> Je suis son pas rapide depuis que je tiens debout. J'ai toujours fascinée par ses pieds. Exemplaires. Par as capacité vertueuse de se déplacer, d'un quartier à un autre pays, de se déplacer d'um pas ferme, régulier, des pieds confiants, loyaux, costaus comme des boeufs. Par ses godasses.[30]

28 O leitor de Cixous sabe de seu apreço pelo telefone, sobretudo por tudo aquilo que ela recebeu das chamadas de Jacques Derrida. Cf.: Berger, Anne-Emmanuelle. Appels. In: SEGARRA, Marta (Ed). *L'événement comme écriture: Cixous et Derrida se lisant*. Paris: Éditions CampagnePremière, 2007.

29 Ève, primeiro nome da mãe é um pedaço de *évenement*, *rêve* e *ever*.

30 CIXOUS. *Ruines bien rangées*, p. 78.

> Esses restos puros, rotulados trancados em uma jaula, eis um retrato de minhas ruínas interiores.
>
> Ève é minha Gradiva?
>
> Sigo/sou seu passo rápido desde o começo. Sempre fui fascinada por seus pés. Exemplares. Por sua capacidade virtuosa de se deslocar, de um bairro a um outro país, de se deslocar com passo firme, regular, seus pés confiantes, leais, fortes como dos bois. Por seus sapatos.

As memórias de Osnabrück seriam, de fato, não propriamente as da narradora, mas as de sua mãe. Ela recorre à imagem e ao gesto de Champollion e passa a ler fotos e uma lista, um escrito, deixado por sua mãe que, diz a narradora, não escreveu sua autobiografia. Caberá à filha ler o livro-sonho-hieróglifo-Ève e escrever histórias que foram queimadas, ou que nunca existiram, como quem faz uma triagem de tesouros e cinzas, que a narradora se pôs a ler na mãe, Ève, a história não-escrita. Ève é o ponto de sabedoria do fazer da vida cotidiana, tanto que, em uma das suas listas, naquela em que recompõe o processo de sua prisão após a denúncia de uma de suas pacientes, ela escreve “Sel dans la soup”, a frase extraída do cotidiano mais prosaico torna-se a *pedra de roseta* que a narradora e seus dois filhos tentarão decifrar.

Diante do enigma materno, a narradora faz girar a frase, se desloca em muitas cenas e em muitos tempos, em mais de uma língua. Recorto um fragmento de *Ciguë: vieilles femmes en fleur/Cicuta: velhas mulheres em flor*, romance de 2008, cujo título, de um só golpe, evoca Sócrates e Proust:

> – Maman! dis-je. – Je-prends-mon-café! dit ma mère. Cela veut dire: je suis en bom ordre. Elle dit jeprendsmoncafé avec un sourire triomphant de tendresse, c’est une lettre d’amour. Je ela reçois. Un jour j’écrirai le livre des énconcés signés maman, me dis-je, avec traduction, inventaire de leurs emplois secrts, et surtout indication des intonations, toute cette linguistique subtile et singulière, qui fait de la

> parole de ma mère une composition originale très puissante sous vêtement modeste.Ce sera difficile, entre l'onomatopée et l'épopée, ça s'appelera peut-être happ, Happ comme Hou!, comme Ève! indiquant la surprise le bond brusque de l'happnimal sur la vie, ou le brusque plongeon entre les pattes de la mort, Happ! c'est elle ! le mouvement de saisie rapide, brutale, que l'on retrouve dans les langues germaniques. – Happ! que penses-tu de happ! dis-je. Maman lappe son café. – Happ? C'est la moitié de happy. Ya que le chien qui hapse comme ça. Moi je lappse! Elle rit dans son café.[31]

> – Mamãe! Digo. – Tomo-meu-café! Diz minha mãe. O que quer dizer: estou bem. Ela diz tomomeucafé com um sorriso triunfante de ternura, é uma carta de amor. Eu a recebo. Um dia escreverei o livro de enunciados assinados mamãe, me digo, com tradução, inventário de seus empregos secretos, e, sobretudo, indicação de entonações, toda esta linguística sutil e singular que faz da fala de minha mãe uma composição original toda potente sob roupas simples. Vai ser difícil, entre a onomatopeia e a epopeia, isso se chamará, talvez, happ. Happ como Hou!, como Ève! Indicando a surpresa o salto brusco do abocanhanimal sobre a vida, ou o mergulho brusco entre as patas da morte, Happ! É ela! O movimento de captura rápido, brutal, que se encontra nas línguas germânicas. – Happ! O que você acha do happ? Digo. Mamãe lambe seu café. – Happ! É a metade de happy. Só que o cachorro ofega assim. Quanto a mim, lapso. Ela ri no seu café.

Happ anuncia um possível título para o livro de enunciados da mãe que a narradora deseja traduzir, e ela quer traduzir justamente a entonação. Como no trabalho do sonho, o bisturi não tardou a passar pelas letras e o próprio fragmento aponta que *Happ*, que a narradora lê como indicativo de surpresa em alemão, é metade de *happy*, em inglês. No alemão *Happen*, o que está em jogo é o abocanhar rápido, o francês toma de empréstimo

31 CIXOUS. *Ciguë: vieilles femmes en fleur*, p. 84.

e o transforma em *happer*. Em *Une autobiographie allemande*, 2016, em forma de cartas endereçadas a Cécile Wajsbrot, Cixous escreve sua história com a língua alemã que, sendo a língua falada por sua mãe e sua avó, ela considera sua língua materna e o inglês sua segunda língua. Para ela, a infância é marcada pela expulsão da Argélia na era Vichy e, mais tarde, pela expulsão da vida pela morte do pai, Cixous diz refugiar-se no país literatura, nele, a língua não deve estar atrelada a nenhum nacionalismo, mas ao viver, ao gozar. Pois bem, ela marca que foi uma criança alemã, já que falada em alemão por sua avó, mãe e tia – suas lembranças foram pintadas em alemão por essas três narradoras feéricas. E sua segunda língua é o inglês, que ela aprendeu em Londres aos 13 anos, inglês com que ela leu e fez de Shakespeare seu sangue/seu sentido,[32] que ela fez uma tese sobre o exílio em Joyce e suas 18 línguas. Quando a mãe está prestes a morrer, a ameaça é de que a língua alemã também desapareça, ameaça que se materializa na imagem de uma língua cortada. Como é cortada a palavra *happy* para se tornar uma interjeição em alemão. Happ, quer dizer, *Happy* depois da queda do y. Em outras palavras, não é que a felicidade não exista, é que ela é abocanhada pela morte, passando a existir pela metade. Ou lambida aos poucos no café da manhã. Essa cena, aparentemente modesta, mãe e filha tomando café na cozinha, condensa movimentos estruturantes da obra de Cixous. As onomatopeias estão espalhadas pela obra, a epopeia homérica também, mas foi destacada no título de uma obra de 2014, criando uma homofonia perturbadora: *Homère est morte/ Homero (Ó mãe) está morta.*

Em *Ecolalias: sobre o esquecimento das línguas,* Daniel Heller-Roazen se dedicará a escrever sobre "os sons de uma fala não humana, que não consegue nem se recordar completamente, nem totalmente esquecer",[33] entre esses sons estão as interjeições,

32 No original, Cixous deixa ressoar sang e sens.

33 HELLER-ROAZEN. *Ecolalias: sobre o esquecimento das línguas*, p. 15.

as exclamações e as onomatopeias. Em um belo ensaio sobre a escuta "do *corpus* no corpo da criança, isto é, sobre o reconhecimento na fala da criança da linguagem inscrita e implantada em seu corpo",[34] Cláudia Lemos recorre a Lacan para dizer desse gozo perdido entre a mãe e a criança que poderá ganhar lugar nos sons da língua, quando o sentido é excluído. Os sons provenientes do corpo da mãe pertencem àquilo que nem pode ser totalmente recordado, nem totalmente esquecido. É certo que fora da poesia, também quando ela transborda na prosa, e da música, toda essa caixa sonora fica recoberta, esquecida, recalcada pelas palavras distintas do hábito. Como se o corpo da mãe devesse ceder lugar aos nomes do pai, estrada da lei, vereda do sentido. Quando algo do *infans* aparece, somos remetidos, em choque, à opacidade das bordas do sentido. É o que, em sua dobra trágica, mostra a literatura de Hélène Cixous diante do fim sem fim de Ève, sua mãe, quando ela se torna o bebê de sua filha.

No romance de 2014, diante da iminência da morte: "Ela me faz mãe da criança morrendo que ela é".[35] No entanto, diante dos sons que a mãe/bebê emite – *ah, meajude* – a filha/mãe escuta um grito de órfã.[36] Segundo ela, as vocalizações e os sons sem possibilidade de significação são "la langue de détresse/a língua de angústia".[37] É sobre as ruínas, que se vê o mundo como um recém-nascido, onde tudo é hieróglifo, e escreve-se o corpo da criança, escreve-se o corpo da mãe desde sempre em pedaços. As ruínas pedem leitura demorada. Como um rosto de mãe, doador de morte, doador de vida:

> [...] Aimer: garder em vie: nommer.
>
> Le visage primitif a été celui de ma mère. Sa face pouvait à

34 LEMOS. Corpo e corpus, p. 22.

35 CIXOUS. *Homère est morte*, p. 24.

36 CIXOUS. *Homère est morte*, p. 106.

37 CIXOUS. *Homère est morte*, p. 113.

> volonté me donner la vue, l avie, mes les retirer. A cause de la passion pour le premier visage, j'ai longtemps attendu la mort de ce côté. Je gardais ma mère à vue, avec la férocité d'une bete. Mauvais calcul. Sur l'échiquier, je couvais la dame; et c'est ler oi qui est tombé.
>
> Écrire: pour ne pas laisser la place au mort, pour faire reculer l'oubli.
>
> [...] Amar: conservar vivo: nomear.
>
> O rosto primitivo foi o de minha mãe. Sua face podia me dar, à vontade, a vista, a vida, e as retirar. Por causa da paixão pelo rosto primeiro, durante muito tempo esperei a morte por este lado. Com a ferocidade de um animal, mantinha minha mãe à vista. Cálculo errado. No tabuleiro, eu protegia a rainha e foi o rei que caiu.
>
> Escrever: para não deixar o lugar para a morte, para fazer recuar o esquecido.[38]

Shoshana Felman, no ensaio intitulado "What does a woman want? The question of autobiography and the bond of reading./O que quer uma mulher? A questão da autobiografia e o laço da leitura", afirma que "se Eu não posso escrever minha história (não possuo a minha própria autobiografia), posso lê-la no Outro".[39] O que a ficção de Cixous escreve são também autobiografias daqueles que não podem falar, significar, escrever, nem parar de viver, nem de morrer: o *infans*, a mãe. Ève assume muitas formas e, por assim dizer, a literatura torna-se recurso de leitura do enigma-sonho-hieróglifo Ève, essa sobrevivente de tantas batalhas, cujas malas não eram de viagem, mas de mudança, sem retorno. O leitor de Cixous reconhece nessa composição dos trajetos de leitura da mãe

38 CIXOUS. *Entre l'écriture*, p. 11. «La venue à l'ecriture» vem sendo traduzido em grupo de estudos composto por Danielle Magalhães, Isadora Nuto, Marcelle Soares, Patrick Bange, Renata Estrella e Tainá Pinto.

39 FELMAN. What does a Woman want? The question of autobiography and the bond of Reading, p. 17. (Tradução minha).

um procedimento estrutural de sua escrita: o ir e vir, a passagem do ilegível ao legível, do não-escrito para o escrito, sem nunca se chegar a qualquer legibilidade completa já que o legível sempre decifra para novamente cifrar o ilegível. O ilegível não tarda a abocanhar o legível – *Happ*! E se "Tudo está perdido, guardemos a perda",[40] diz ela ao final da autobiografia alemã que é a história de sua relação com a língua alemã, isto é, a língua materna.

Em *Gêneses, genealogias, gêneros e gênio,*[41] ensaio que saúda a chegada da obra de Hélène Cixous na Biblioteca Nacional da França, Jacques Derrida elege o romance *Manhattan – lettres de la préhistoire/Manhattan – cartas da pré-história*, 2002, como eixo em torno do qual fará orbitar outras obras da escritora, delineando uma "dramaturgia da família, da origem, do nascimento e da filiação do nome".[42] Tal dramaturgia da família, consistindo de vestígios e traços autobiográficos, se enlaça à questão do destino da escrita literária e talvez seja o fio mais insistente que atravessa a vasta obra de Hélène Cixous. O sonho, a cena primitiva, os elementos literários, psicanalíticos e as cenas de leitura abocanhadas do *corpus* da Desconstrução são formas para a perda ilegível, e para a perda da legibilidade. Numa mão a perda, na outra a escrita. É o ainda-não-escrito, como resto e causa, que retorna, é a voz, agora espectral, que diz: Leia-me de novo, na sua língua, que é sempre estrangeira e está sempre na iminência de ser mordida, abocanhada, cortada – *Happ*! Se escrevo, diz ela quando a escrita vem vindo, olho a perda nos olhos e o outro está a salvo, na letra e no corte: *Hache*! (do sentido, importa guardar a referência à lâmina picante) Primeira letra do nome de Hélène, este objeto cortante que Derrida diz que é para a vida, e não só no título *H.C. pour*

40 CIXOUS; WAJSBROT. *Une autobiographie allemande* 2016, p. 108.

41 Esse texto foi apresentado durante colóquio organizado na Bibliothèque nationale de France, entre 22 e 24 de maio de 2003, intitulado "Hélène Cixous: Genèses Genealogies Genres".

42 DERRIDA. *Gêneses, genealogias, gêneros e gênio*, p. 12.

la vie, c'est à dire,[43] quando letras e sons compõem um verdadeiro palimpsesto de homofonias e ressonâncias.

Isso posto, recorro à *Letra a letra* de Jean Allouch, que, em consonância com *Ruines bien rangées*, também se dedica ao trabalho de Champollion para melhor formular uma hipótese. Escreve ele: "Ler com o escrito é essa maneira de ler que dá à leitura valor de deciframento, formulando a equivalência da cifração (esta é a função do escrito posto em jogo) e do deciframento".[44] Pois bem, se ler com o escrito é decifrar e engendrar uma nova cifra, penso que Cixous nos permite deslocar a questão para o modo como a leitura se faz também com o ainda-não-escrito. Em *O riso da medusa*, 1975, despossuída de conceitos, Hélène Cixous pensa que a escrita feminina não pode ser definida, a ela não se pode atribuir uma essência, já que o feminino estaria ao lado daquilo que resiste ao próprio, à propriedade e à apropriação. Cixous indicará que essa escrita reúne, sem se deixar aprisionar, movimentos bastante específicos que oferecem formas para este não ter lugar próprio, são eles: explosão, difusão, abundância, gozo ilimitado, fora de si, fora do mesmo, longe de "um centro". E, sobretudo, ela estaria em relação incontornável como o escrever. Para Cixous, e aliás também para Shoshana Felman, a diferença sexual não é para ser vista, é para ser lida, decifrada e cifrada em um novo ato de nascimento e de sobrevivência. O ato pode ser interpretado como ato de leitura que funda uma escrita que na verdade é uma carta ditada por um Outro, recebida e reinventada pela mão que escreve. No princípio, não era o meu ato, torno-me escritora e intérprete de um ato em que não fui autora originalmente. Recebo o choque ditado e dou forma através de minha memória literária. A escrita de Cixous, seu idioma, se compõe na medida em que a narração recebe palavras

43 Primeiramente publicado em um volume 2000 sob a direção de Mireille Calle-Gruber junto a outros textos proferidos em Cerisy-la-Salle e depois como livro em 2002. Uma tradução primeira poderia ser: *H.C. para a vida, quer dizer...*

44 ALLOUCH. *Letra a letras*: transcrever, traduzir, transliterar, p. 109.

citadas, recitadas, ressuscitadas, em que se dá a permissão humilde para escrever aquilo que vem da própria língua, do sonho, da literatura, da história e do próprio destino, recompondo a existência de Ève: "Dans mille ans on pourra reconstituer l'existence d'une Femme qui vivait en Europe, quatre cents ans après Shakespeare, à peau près de Kafka et du telefone portable. Elle écrivait sur les portes de as demeure des recommandations et des adresses pour la vie courrante. [...] Ève aura perpétuellement gardé près d'elle des manuels de survie. "[45] / "Em mil anos poderemos reconstituir a existência de uma mulher que viveu na Europa, quatrocentos anos depois de Shakespeare, próxima à época de Kafka e do telefone celular. Ela escrevia sobre as portas de sua morada recomendações e endereços para a vida de todo dia. [...] Ève terá guardado, perpetuamente, com ela os manuais de sobrevivência".

A infância, a terra, a guerra, as feridas que não se fecham[46]

Há um belo ensaio de Hélène Cixous intitulado "Celle qui ne se ferme pas" / "Aquela que não se fecha", em que ela lerá o trajeto da filosofia e da vida de Jacques Derrida a partir das estigmatas engendradas pela História da Argélia e do nazismo. Em certo ponto, Cixous diz que seu livro *Les rêveries de la femme sauvage – scènes primitives*, 2000, seria um equivalente de *O monolinguismo do ou-*

45 CIXOUS. *Homère est morte*, p. 64.

46 O título desta Seção emergiu de *Un vrai jardin*, de um livro citado por Cixous em *Lettres de fuite*, a saber: *Terra e cinzas: um conto afegão*, de Atiq Rahimi. Nele, um avô atravessa o Afeganistão com seu netinho emudecido para dar ao filho, pai da criança, a notícia de que depois de um bombardeio toda a família está morta, exceto eles. RAHIMI, Atiq. *Terra e cinzas: um conto afegão*. Tradução: Flavia Nascimento. Notas: Sabrina Nouri. São Paulo: Estação Liberdade, 2002. E emergiu também do filme *Alemanha, ano zero*, 1948, de Roberto Rossellini, as imagens e o destino de uma criança errando pelas ruínas de uma Alemanha destruída condensam muitos elementos aqui discutidos.

tro ou a prótese da origem, 1996, de Derrida. Essas autobiografias incomuns colocam em cena a experiência traumática e suas várias modalidades de escrita que serão exaustivamente trabalhadas pelos autores em questão. As guerras mundiais e as guerras coloniais, que compõem a História, entrelaçadas aos eventos singulares são experiências que recebem esses nomes: escara, ferida, estigmata, fazendo com que a filosofia não possa mais "pensar sem dor", de acordo com Dawson, Hanrahan e Prenowitz na abertura da publicação editada por eles intitulada: *Cixous, Derrida, Psychoanalysis.*

Em *Circonfissão*, 1991, o traumatismo gira em torno de como escrever uma cena, não vista e constituinte para um sujeito, em que justamente o Eu estava ausente e o sujeito ocupava o lugar passivo de objeto. A mãe inscreve a circuncisão no corpo do filho, e jamais lerá uma linha de seu *corpus* filosófico, Derrida o confessa a Geoffrey Bennington, mas ali justamente onde a mãe não escuta. "Como suas mãos são finas, minha sobrevivente, e, mesmo assim, elas me separaram de você e me circuncidaram".[47] As duas palavras circuncisão e confissão, em um gesto desconstrutor, aparecem e desaparecem em uma palavra só, Derrida soletra: *circonfissão*, mais de uma palavra, mais de uma língua, mais de uma lei, Derrida e Santo Agostinho. Judeu-franco-magrebino. *Circonfissão* é uma escrita deixada por J.D. a partir da impressão *deixada* nele, modo de imprimir seu corpo marcado pela mãe em seu *corpus*.[48]

O filho, diante da carne-viva da mãe, introduz um desejo de fala e um vínculo entre a escara e a *scar*, a cicatriz inglesa, entre escara e Ester, o nome da mãe, entre escara e escatologia. O filho ata a ferida à linguagem, e, assim, a escara será também o lugar vivo "fer-

47 DERRIDA. *O monolinguismo do outro*, p. 156.

48 Em outro momento, antes do encontro com a leitura incontornável de Cixous, havia me debruçado sobre *Circonfissão*. Cf.: TROCOLI, Flavia. Assombros do Autobiográfico. In: EYBEN, Piero. (org.) *Poética, política: assombros da desconstrução*. Vinhedo: Editora Horizonte, 2019.

vilhante de homonímias".[49] Fazer falar a escara e, ao mesmo tempo, a espera pela cicatrização, será um movimento que perpassa não somente um dos períodos, mas boa parte do texto de *Circonfissão*. *Em Portrait de Jacques Derrida en Jeune Saint Juif/ Retrato de Jacques Derrida como Jovem Santo Judeu*, 2001, Cixous afirmará que ele, Jacques, fala como se uma ferida sem remédio falasse e que há uma dupla cena primitiva: a da circuncisão em que Jacques Derrida, com sete ou oito dias, está ausente e a da recircuncisão, em que em seu leito de morte, a mãe esquece o nome do filho.

Em o *Monolinguismo do outro ou a prótese da origem*, Derrida escreve que o que está em questão não é a autobiografia, mas aquilo que faz obstáculo à autobiografia como gênero bem demarcado. Essa impossibilidade de demarcação causa, por assim dizer, um excedente de memória e a própria pulsão genealógica. O autobiográfico excede os seus próprios limites fazendo com que compareçam o poema e o teatro trágico. Cixous não prescindirá da beleza para escrever que Derrida é "um poeta da dança do escrito com o ouvido e é também um implacável poeta do inconsciente".[50] Ela também o é. Na leitura, aliás bastante joyceana, que fará de algumas perífrases de *Circonfissão*, Cixous extrai padrões sonoros que sustentarão aquilo que ela montará como cena primitiva, como atos trágicos. Do nome *Jackie Élie*, Cixous extrairá o e o *elle*, marcas do feminino em francês, para dizer que a primeira tragédia está no nome feminino recebido da mãe. Mais tarde, quando for publicar seus estudos sobre a geometria de Husserl, ele se renomeará Jacques. Outra tragédia é que Jackie está localizado entre dois irmãos mortos (*deux meurent*), como se fosse um intruso no inconsciente da mãe e destinado a substituir o insubstituível. Os leitores da desconstrução sabem do valor constitutivo do luto e do suplemento na filosofia, na vida, de Derrida.

49 DERRIDA. *O monolinguismo do outro*, p. 74.

50 CIXOUS. *Portrait de Jacques Derrida en jeune saint juif*, p.16.

Ainda em *O monolinguismo do outro ou a prótese da origem*, Jacques Derrida se deterá longamente na circunscrição do traumatismo, segundo ele em seus efeitos indefinidos, ao mesmo tempo, estruturantes e desestruturantes. Neste livro, a partir da singularidade de sua origem marcada pela pluralidade – judeu-franco-magrebino, e pela segregação, o que faz obstáculo não só à autobiografia, mas à identidade, Derrida fará a questão girar predominantemente em torno da língua como traumatismo: "O monolinguismo do outro tem certamente o rosto e os traços ameaçantes da hegemonia colonial. Mas o que nele permanece inultrapassável qualquer que seja a necessidade ou a legitimidade de todas as emancipações, é muito simplesmente o "há língua", "há a língua que não existe. Não existe doravante, nunca existe ainda. Que tempo! Que tempo faz, que tempo faz nesta língua que não chega a tempo".[51]

No começo deste ensaio, indiquei que o Jardim e a criança eram de uma mesma substância: terra e bombas, terra e guerra. Doravante, a partir desta língua que "não chega a tempo", a tempo de dizer o evento traumático, e a criança, diante dele, tem os olhos nus, gostaria de me deter mais diretamente no laço entre a guerra, infância e desamparo. Na lição que abre *Lettres de fuites*, em 10 de novembro de 2001, escuta-se:

> [...] o 11 de novembro me aparece como portador de uma marca trágica. Porque é justamente o fim de uma guerra que o fim não pode ter um fim. Sabemos claro que o fim da Primeira Guerra mundial engendrou todas as outras guerras. Fui uma criança da guerra. Sou uma criança da guerra, uma criança da Segunda Guerra mundial, eu a vivi menininha de uma maneira muito precisa – posso contar a vocês das bombas. [...].[52]

51 DERRIDA. *O monolinguismo do outro*, p. 102.

52 CIXOUS. *Lettres de fuites*, p. 19-20.

Digamos que o que vem em seguida insiste justamente neste "posso contar a vocês", Cixous dirá que, e a Ilíada é seu ponto originário, há uma narrativa da guerra, um contar a morte como direito à sua própria morte. Lembra ainda que o seu último livro naquela ocasião – *Benjamin à Montaigne, Il ne faut pas le dire* – remete justamente que se vai dizer justamente porque não é preciso dizê-lo. Algumas páginas adiante, depois de passar por Bin Laden, Proust, Kafka e Balzac, Cixous chega a Thomas Bernhard, isto é, ao lugar de onde se extraiu o título dessa primeira lição: "Une main d'enfant arraché à un enfant" / "Uma mão de criança decepada a uma criança". A formulação pertence ao relato autobiográfico traduzido, por Sergio Tellaroli, como "A causa" ("Die Ursache", 1975), nele, o narrador recorda os seus anos de internato numa Salzburg nazista e católica em que o suicídio fazia parte não somente de suas meditações habituais, como também infestava a cidade nomeada como "doença fatal". Até meados de outubro de 1944, nenhuma bomba havia caído sobre sua mortífera cidade natal, até que no dia 17, ao meio-dia, o bombardeio aconteceu:

> Vimos de súbito os primeiros sinais da destruição: as ruas estavam cheias de escombros, pedaços de vidro e alvenaria, e o cheiro peculiar da guerra total pairava no ar. Uma bomba certeira reduzira a chamada casa de Mozart a uma montanha fumegante de entulho, [...] eu era confrontado com a brutalidade absoluta da guerra, [...] e foi então que divisei todo desamparo de quem, de súbito e de imediato, se vê no meio da guerra, o ser humano abandonado e humilhado por completo, que toma consciência repentina de seu próprio desamparo e de sua falta de sentido. [...] eu pisara num objeto macio; ao olhar para ele, acreditei tratar-se da mão de uma boneca, e também meus colegas de internato acreditaram tratar-se da mão de uma boneca, mas era a mão decepada de uma criança. Foi somente a partir da visão da mão de criança que o primeiro bombardeio dos aviões sobre minha cidade natal transformou-se, de uma

> sensação capaz de deixar em agitação febril o garoto que eu era, numa violência aterradora, numa catástrofe.[53]

Gostaria que essa cena atasse as perdas do nome em *Un vrai jardin* e em *Coronel Chabert*, à angústia diante do não-sentido emitido pelas partidas de Ève, para dizer que a criança no campo de batalha é a criança desamparada, talvez ainda sem corpo próprio, à beira dos nomes e das marcas que lhe vêm do Outro: as bombas, as maldições, as nomeações e expropriações do nome, as circuncisões, os exílios. Em muitos de seus escritos, mas penso principalmente em *O que resta de Auschwitz* e em *Infância e História*. Giorgio Agamben propõe-se, eticamente, a entrelaçar as experiências mudas – a infância, neste, ou o campo de concentração, naquele – à linguagem, indicando que essas experiências dessubjetivantes, que não se vive como sujeito, requerem uma subjetivação, no sentido de que a responsabilidade pela posição subjetiva coincide com o ponto em que justamente estou excluído como sujeito. Gostaria de lembrar que Jean Améry, no prefácio à primeira edição de *Além do crime e castigo*, de 1966, relembra o percurso de sua escrita dizendo que foi só nele, e não previamente, que se deu a constatação de que não poderia escrever de um ponto de vista objetivo, evitando o eu. Ao contrário, o “eu era o único ponto de partida útil”, e o endereçamento deveria ser aos alemães que achavam que Terceiro Reich não lhes dizia respeito. Aliás, Cixous nos diz, seguindo Ingerbord Bachmann, que Auschwitz está em cada um de nós, o que no livro de Agamben está posto na forma de sonhos repetitivos de Primo Levi: “Não se pode querer que Auschwitz retorne eternamente porque, na verdade, nunca deixou de acontecer, já se está repetindo sempre”.[54] Notem a partícula apassivadora que impessoaliza a frase. Neste caso específico, tal

53 BERNHARD. A causa, p.136-139

54 AGAMBEN. *O que resta de Auschwitz*, p. 106

impessoalização perpetuaria a violência do sem nome, sem corpo, da mão de criança decepada que dá forma ao desamparo e à exclusão radical do sujeito da linguagem, em suma, é a aniquilação do *sujeito falante*. Como, então, transformar a experiência muda em experiência do sujeito falante? A pergunta, a partir de Derrida, poderia ser também formulada desta maneira: como, então, transformar o traumatismo, isto é, aquilo que, enquanto desapropriação radical do sujeito, faz obstáculo à autobiografia, em escrita autobiográfica?

As formulações de Cixous em *Portrait de Jacques Derrida en jeune saint juif* evocadas acima, bem como a sua própria prática de escrita, permitem-me responder que, ao incluir o trauma – a criança no campo de batalha – inclui-se o poema, isto é, a secundarização do sentido em nome da sonorização da língua para dar a ver o desamparo primordial e problematizar a perda e a destruição da origem. Em outras palavras, o originário ganha forma no corpo da mãe, no corpo da criança, nos sons da língua que não foram capturados pelo sentido. Para Cixous, singularmente, suas gêneses e genealogias atam-se indissociavelmente à terra natal, às guerras, à errância da mãe judia-alemã exilada na Argélia, à morte do pai que antes da tuberculose já tivera uma primeira morte ao ser impedido de clinicar devido à ocupação nazista. As feridas históricas e as feridas familiares, as feridas da infância e as feridas da guerra são transmitidas através de ciframentos e deciframentos, na língua do sonho e nas palavras cortadas, sonorizadas. reencenando a cada vez que se escreve com a mão da criança decepada, sem calar (*taire*) se dá uma outra terra (*terre*) para o horror.

A epígrafe que abriu este ensaio foi extraída de "Sair da escuridão", carta de Geroges Didi-Huberman ao criador do filme *O filho de Saul*, László Nemes. Nesse filme perturbador, Saul, um membro *Sonderkommando*, se revolta quando um médico nazista ordena a abertura do corpo de uma criança judia morta, diante dessa ordem, ele desobedecerá e buscará dar um túmulo para a criança morta. Vou passar a palavra para Didi-Huberman desejando que ela, retroativamente, atravesse cada dito de Cixous, de Derrida, de Bernhard, e traga à luz a criança morta. Essas cenas autobiográficas, literárias, psicanalíticas, trazem à vida das palavras, e fazem barreira ao pior que é a escuridão sem nome:

> *Sair da escuridão* seria então, para Saul, tentar, custe o que custar, evitar o despedaçamento anatômico da criança, poupá-la do antro atroz do forno crematório e da dispersão anônima das cinzas pelo Vístula. *Sair da escuridão* significaria aqui resistir à inexistência do morto: daí a exigência, para que o morto exista, de um ritual, de uma oração adequada, de um rabino e, sobretudo, de uma inumação digna. Tirar a criança morta da escuridão: tal é o paradoxo, já que tudo isso será tentado para dar a ela uma terra para descansar. Mas não haverá nem terra onde descansar, nem *kaddish*, nem rabino por fim.[55]

Referências

AGAMBEN, Giorgio. *O que resta de Auschwitz*: o arquivo e a testemunha (Homo Sacer III). Trad. Selvino J. Assman. São Paulo: Boitempo, 2008.

AGAMBEN, Giorgio. *Infância e história*: destruição da experiência e origem da história. Trad. Henrique Burigo. Belo Horizonte: UFMG, 2008.

ALEMANHA, ano zero. Direção de Roberto Rossellini. Tradução de: Germania anno zero. In: TRILOGIA da guerra. São Paulo; Versátil Home Video, [s.d.].3 DVD (302 min.). son., p&b., legendado.

ALLOUCH, Jean. *Letra a letras*: transcrever, traduzir, transliterar. Trad. Dulce Duque Estrada. Rio de Janeiro: Campo Matêmico, 1995.

55 DIDI-HUBERMAN, 2021, p. 13

AMÉRY, Jean. *Além do crime e castigo: tentativas de superação.* Trad. Marijane Lisboa. Rio de Janeiro: Contraponto, 2013.

BALZAC, Honoré de. *O coronel Chabert.* Trad. Eduardo Brandão. São Paulo: Penguin Classics Companhia das Letras, 2013.

BENNINGTON, Geoffrey. *Jacques Derrida par Geoffrey Bennington et Jacques Derrida.* Paris: Seuil, 1991.

BENNINGTON, Geoffrey. *Jacques Derrida por Geoffrey Bennington e Jacques Derrida.* Trad. Anamaria Skinner; revisão técnica Márcio Gonçalves. Rio de Janeiro, Zahar, 1996.

BERGER, Anne-Emmanuelle. Appels. SEGARRA, Marta (Ed). *L'événement comme écriture: Cixous et Derrida se lisant.* Paris: Éditions CampagnePremière, 2007.

BERNHARD, Thomas. A causa. In: ______. *Origem.* Trad.: Sergio Tellaroli. São Paulo: Companhia das Letras, 2006.

CIXOUS, Hélène. (1971) *Un vrai jardin.* Paris: Des femmes, 1998.

CIXOUS, Hélène. *Prénoms de Personne.* Paris: Seuil, 1974.

CIXOUS, Hélène. *Le Rire de la Méduse* (1975). Paris: Galilée, 2010.

CIXOUS, Hélène. *Entre l'écriture.* Paris: Des femmes, 1986.

CIXOUS, Hélène. *Or: les lettres de mon père.* Paris: Des femmes, 1997.

CIXOUS, Hélène. *Osnabrück.* Paris: Des femmes, 1999.

CIXOUS, Hélène. *Les Rêveries de la femme sauvage.* Paris: Galilée, 2000.

CIXOUS, Hélène. *Portrait de Jacques Derrida en jeune saint juif.* Paris: Galilée, 2001.

CIXOUS, Hélène. *Manhattan: lettres de La préhistoire.* Paris: Galilée, 2002.

CIXOUS, Hélène. *Hyperrêve.* Paris: Galilée, 2006.

CIXOUS, Hélène. Celle qui ne se ferme pas. In: CHERIF, Mustapha (ed). *Derrida à Alger; un regard sur le monde.* Paris: Acte du Sud, 2008.

CIXOUS, Hélène. *Cigüe: vieilles femmes en fleurs.* Paris: Galilée, 2008.

CIXOUS, Hélène. *Ève s›évade: la ruine et la vie*. Paris: Galilée, 2009.

CIXOUS, Hélène. *Homère est morte*. Paris: Galilée, 2014.

CIXOUS, Hélène. *Gare d'Osnabrück à Jerusalém*. Paris: Galilée, 2016

CIXOUS, Hélène. *1938, nuits*. Paris: Galilée, 2019.

CIXOUS, Hélène. *Lettres de fuites*. Édition: Marta Segarra. Paris: Gallimard, 2020.

CIXOUS, Hélène. *Ruines bien rangées*. Paris: Gallimard, 2020.

DAWNSON, M, HANRAHAN, M. & PRENOWITZ, E. *Cixous, Derrida, Psychoanalysis*. In: A Journal of Modern Critical Theory. Edinburgh University Press, volume 36, number 2, July 2013.

DEBRAUWERE-MILLER, Nathalie. Hélène Cixous, la passante de l'histoire. In: *Dalhousie French Studies*, v. 84, 2008. Disponível em: https://ojs.library.dal.ca/dfs/article/view/11136 ; Acesso em 26 out. 2021

DERRIDA, Jacques. (1994) *Demorar: Maurice Blanchot*. Trad. Flavia Trocoli e Carla Rodrigues. Florianópolis: Editora UFSC, 2015.

DERRIDA, Jacques. (1996) *O monolinguismo do outro*. Trad. Fernanda Bernardo. Porto: Campo das Letras, 2001.

DERRIDA, Jacques. *H.C. pour la vie, c'est à dire...* Paris: Galilée, 2002.

DERRIDA, Jacques. *Gêneses, genealogias, gêneros e o gênio*. Trad. Eliane Lisboa. Porto Alegre: Sulina, 2005.

DIDI-HUBERMAN, Georges. *Sair da escuridão*. Trad. Ricardo Lessa Filho e Ângela Cristina Salgueiro Marques. Belo Horizonte: Edições Chão de Feira, 2021. (Caderno de Leituras n.129)

FELMAN, Shoshana. *What does a woman want? Reading and sexual difference*. Baltimore: Johns Hopkins Press, 1993.

FREUD, Sigmund. "Por que a guerra?". *O mal estar na civilização, novas conferências introdutórias e outros textos (1930-1936)/Sigmund Freud*. Trad. Paulo César de Souza. São Paulo: Companhia das Letras, 2010, p. 417-435.

FUKS, Betty B. *Freud e a judeidade: a vocação do exílio*. Rio de Janeiro: Jorge Zahar, 2000.

HELLER-ROAZEN, Daniel. *Ecolalias: sobre o esquecimento das línguas*. Trad. Fabio Akcelrud Durão. Campinas: Editora da Unicamp, 2010.

LAURENS, Camille. Polyphonie polyphênix. In: SEGARRA, Marta (Ed). *Hélène Cixous. Corollaires d'une écriture*. Paris: Presses Universitaires de Vincennes, 2019.

LEMOS, Cláudia Thereza Guimarães de. "Corpo e corpus". In: LEITE, Nina. *CorpoLinguagem: gestos e afetos*. Campinas: Mercado de Letras, 2003.

LEVI, Primo. *É isto um homem?* Trad. Luigi Del Re. Rio de Janeiro: Rocco, 1988.

MICHAUD, Ginette. Éphe-mère. Ève s'évade et la ruine et la vie d'Hélène Cixous. "Lignes fictives", Spirale, number 231, 2010.

RAHIMI, Atiq. *Terra e cinzas: um conto afegão*. Trad. Flavia Nascimento. Notas: Sabrina Nouri. São Paulo: Estação Liberdade, 2002.

RICOEUR, Paul. O pecado original: estudo da significação. In: ______. *O conflito das interpretações: ensaios de hermenêutica*. Trad. M.F. Sá Correia. Porto: Rés Editora, s/d.

RICOEUR, Paul. A memória do sofrimento. *A hermenêutica bíblica*. Trad. Paulo Meneses. São Paulo: Edições Loyola, 2006.

ROUCHOUZE, Charlotte Gehl. L'an prochain à Alger. *Temps et Pays dans Les rêveries de la femme sauvage d'Hélène Cixous. In: Actes du coloque international Temporalités de l'exil.* S/d. Disponível em: http://www.poexil.umontreal.ca/events/colloquetemp/colloqtempactes.html ; Acesso em 26 out. 2021.

TROCOLI, Flavia. Assombros do Autobiográfico. In: EYBEN, Piero. (org.). *Poética, política: assombros da desconstrução.* Vinhedo: Editora Horizonte, 2019.

O LEGADO COMO QUESTÃO EM *O que os cegos estão sonhando?*, DE NOEMI JAFFE

Fabíola Padilha

> E minha mãe, mestra do esquecimento, a quem eu sempre me contrapus como a lembrança insistente, agora me ensina também a esquecer.
>
> *Noemi Jaffe*

Desde o fim da Segunda Guerra, a apropriação do genocídio judeu por diversas modalidades artísticas – cinema, pintura, fotografia, teatro, literatura etc. – vem dando origem a uma profusão de obras que, devido à exaustiva exploração do horror, ameaça neutralizar o impacto da Shoah. Evitar formas de representação já exauridas, bem como as armadilhas da espetacularização, que resvalam, muitas vezes, na banalização e na kitschização da barbárie, constitui um enorme desafio para artistas e escritores na busca de estratégias estéticas potencialmente capazes ainda hoje de mobilizar a sensibilidade do leitor ou do espectador.

O escritor Michel Laub, por exemplo, autor de *Diário da queda* (2011), romance cuja história tem como epicentro Auschwitz,[1] perguntado sobre os motivos de escolher um assunto já tão debatido, responde que pretendeu "fazer a história mais única possível dentro de um tema já tratado tantas vezes. O desafio é entrar em uma coisa que está cheia de lugares-comuns – de linguagem, de pensamento, de abordagem – de maneira que desestabilize essas certezas ou pelo menos tente desestabilizar".[2]

Esse foi também o desafio enfrentado por Noemi Jaffe em *O que os cegos estão sonhando?*, livro que será analisado aqui e no qual a autora também ressalta os problemas enfrentados na abordagem do tema:

> Tudo provavelmente já foi dito e dizer mais, ou tentar dizer mais alguma coisa sobre o sofrimento dos judeus é cair no vazio, explorar mais um pouquinho uma história da qual todos os significados e aprendizados possíveis já foram assimilados. Que resposta se pode dar a isso? O holocausto já cansou?[3]

O livro de Jaffe emerge como uma contundente réplica às suas próprias indagações, ao mostrar que o Holocausto está longe de ser um assunto esgotado.

Diferentemente de *Diário da queda*, que, apesar de conter alguns parcos indícios de empiricidade que reenviam ao autor, é uma narrativa inteiramente ficcional (o avô de Laub, por exemplo, nunca esteve num campo de concentração), a obra de Jaffe, filha de uma sobrevivente de Auschwitz e de Bergen-Belsen, configura-se como uma espécie de interlocução textual condensando três vozes unidas por laços familiares intergeracionais –

---

1 A história, narrada por um neto de um sobrevivente de Auschwitz, gira em torno das implicações da experiência-limite do avô na vida dos descendentes, mostrando as dificuldades que cada elo da cadeia familiar precisa enfrentar para lidar com a herança traumática. Cf. LAUB. *Diário da queda*.

2 LAUB. Entrevista. https://www.dw.com/pt-br/tudo-num-livro-%C3%A9-autobiogr%C3%A1fico-diz-michel-laub/a-17158067; Acesso em 22 fev. 2021.

3 JAFFE. *O que os cegos estão sonhando?*, p. 184.

mãe, filha e neta –, que têm a Shoah como elemento propulsor de suas respectivas escritas.[4]

Em abril de 1944, Lili Stern[5] – mãe da autora –, seus pais e seu irmão foram presos pelos soldados de Hitler e conduzidos a Auschwitz. Separada da família na chegada ao campo, Lili sobrevive à violência e à degradação humana infligidas pelos nazistas em seu macabro projeto de extermínio dos judeus. Ao ser resgatada pela Cruz Vermelha, um ano após sua prisão, ela é levada à Suécia, onde escreve um "diário de guerra", reunindo, como informa Jaffe na apresentação de seu livro, tanto "as experiências trágicas da guerra", como os momentos posteriores da libertação: "a chegada dos americanos, a recepção pelos dinamarqueses e suecos, a enorme quantidade de comida, a redescoberta da feminilidade, a preocupação com a beleza, os novos amores, a saudade dos pais, a expectativa do retorno e de saber se mais alguém da família havia sobrevivido".[6] Tempos depois, indagada pela filha sobre o que teria motivado a confecção do diário, uma vez que a escrita não era um hábito da mãe, Lili responde: "Para que você lesse!".[7]

Redigido originalmente em sérvio e posteriormente traduzido para o português, o diário se encontra depositado no Museu do Holocausto, em Jerusalém. Trechos desse diário integram a primeira parte do livro *O que os cegos estão sonhando?* Já a segunda e maior parte, que estampa o título do volume, é dividida em capítulos nomeados, em sua maioria, por um substantivo ("Destino", "Cigana", "Frio", "Fome", "Pedra" etc.), alguns deles repetidos ("Pedra 2", "Amor 2" etc.). As exceções incluem títulos formados por mais de uma palavra ("Memória fixa", "Ficção

4 Na ficha catalográfica, o livro é assim classificado: "1. Literatura brasileira. 2. Diários e memórias. 3. Holocausto judeu (1939-1945) – Narrativas pessoais.".

5 Nome de solteira de Lili Jaffe.

6 JAFFE. *O que os cegos estão sonhando?*, p. 7.

7 JAFFE. *O que os cegos estão sonhando?*, p. 8.

e realidade", "Histórias inventadas"), sendo o último capítulo aquele que recebe a designação mais extensa ("O esquecimento é a única vingança e o único perdão"). Quase todos os capítulos exibem em seu pórtico um excerto do diário da mãe, com destaque tipográfico em itálico, seguido de comentários da própria Jaffe. A terceira e última parte, "Aqui, lá", por sua vez, é consagrada a um breve depoimento de Leda Cartum, filha da autora, impulsionado pela viagem a Auschwitz, que ambas realizaram em 2009, após uma passagem pela Alemanha e pela Polônia.

Nesta leitura de *O que os cegos estão sonhando?*, interessa-me em especial verificar o modo como a justaposição de fragmentos do diário e de comentários da autora recorta a historicidade inerente a um exercício crítico do "dever de memória" da filha, como resposta à escrita que lhe foi endereçada, pressupondo a assimilação do legado como questão, operação que engendra um duplo e concomitante movimento de aproximação e de distanciamento em relação ao trauma vivido pela matriarca.

A condição de descendente direta de uma sobrevivente da Shoah demanda, de imediato, o imperativo quase incontornável de conduzir o trabalho de memória da mãe, com a convicção da imprescindível tarefa de levar adiante uma história a ser jamais esquecida, tarefa que transcende a dimensão particular do trauma e se alia a um esforço coletivo pautado na injunção ética e política de tentar impedir o esquecimento e a reedição do horror. Por um lado, para que essa tarefa seja levada a termo, são necessários um efetivo interesse e uma atenta escuta às intoleráveis lembranças da testemunha. Primo Levi recorda que um dos maiores receios dos sobreviventes da Shoah era a suspeição lançada sobre a autenticidade de seus relatos. Ele então se refere ao recorrente sonho que assombrava esses "narradores importunos": "o interlocutor não nos ouve, não entende, distrai-se, vai embora e nos deixa sós".[8] Seu temor encontra fundamento na ameaça cínica e covarde que os soldados nazistas dirigiam aos prisioneiros:

> Seja qual for o fim dessa guerra, a guerra contra vocês nós já ganhamos; ninguém restará para dar testemunho, mas, mesmo que alguém escape, o mundo não lhe dará crédito [...] E ainda que fiquem algumas provas e sobreviva alguém, as pessoas dirão que os fatos narrados são tão monstruosos que não merecem confiança: dirão que são exageros da propaganda aliada e acreditarão em nós, que negaremos tudo, e não em vocês. Nós é que ditaremos a história dos Lager.[9]

Por outro lado, não se pode ignorar que a lembrança dos eventos traumáticos reativa o insuportável vivido, provocando dor, daí a imensa dificuldade de retomada desses fatos pretéritos. Lembrar o mal atroz e tudo o que o deflagrou é sofrer uma segunda vez, por isso "[...] quem foi ferido tende a cancelar a recordação para não renovar a dor".[10] Em muitos casos, o silêncio assoma como forma de autoproteção contra as marcas da crueldade que não podem ser simplesmente banidas da memória e que permanecem como sedimentos indesejáveis e renitentes. Acionar o silêncio contra as investidas da lembrança dolorosa constitui um mecanismo próprio do trauma. Em seu livro, Jaffe mostra que a mãe parece ter desenvolvido estratégias de blindagem nesse sentido. Uma dessas estratégias consistia em manter um certo distanciamento das pessoas de seu entorno. Esse insulamento, para os membros da família, significava, às vezes, negligência afetiva. A autora relata que Lili sempre demonstrou uma espécie de displicência na educação das filhas: "Ela nunca

8 LEVI. *Assim foi Auschwitz: testemunhos 1945-1986*, p. 135.
9 LEVI. *Os afogados e os sobreviventes*, p. 7.
10 LEVI. *Os afogados e os sobreviventes*, p. 18.

se esmerou em ensinar princípios mínimos de higiene e autocuidado às filhas. [...] Ela nunca soube de nossas notas na escola. [...] Mesmo tendo passado por tudo o que passou (ou talvez justamente por causa disso), não era exigente nem preocupada demais com as filhas".[11] A atitude de alheamento da mãe permitia-lhe esquivar-se dos transtornos e abalos causados pelos infortúnios do cotidiano. Ao avaliar criticamente a conduta de Lili com a família, em relação, por exemplo, ao modo como a mãe reagia aos acontecimentos fatais que a cercavam, a autora conclui que "ela tem necessidade de esquecer as tragédias instantaneamente" e que "o esquecimento é o eixo constitutivo de sua personalidade".[12] Essa forma de alienação vincula-se também ao sentimento de medo. Recordar os momentos de medo é reinscrevê-los na ordem do dia: "A memória é que é fonte da dor presente",[13] por isso "É preciso esquecer, é preciso esquecer".[14]

Como herdeira da sobrevivente entregue ao esquecimento, à recusa obstinada em resgatar as ominosas lembranças da experiência concentracionária, Jaffe se pergunta se à filha caberia a mesma concessão, ou seja, se ela seria igualmente dispensada da exigência de lembrar: "E quem é filho desse esquecimento? Deve lembrar? Não pode evitar lembrar? Também é condenado a esquecer?".[15] Jaffe submete o "dever de memória" do herdeiro à indagação, ao mesmo tempo em que presume o esquecimento como uma condenação, como punição, portanto, decorrente de alguma falha cometida. O esquecimento deliberado pode equivaler tanto à recusa em ser legatário do trauma, no âmbito particular, como, numa dimensão coletiva, à traição aos milhares de vítimas dos campos de concentração, uma ofen-

11 JAFFE. *O que os cegos estão sonhando?*, p. 124.

12 JAFFE. *O que os cegos estão sonhando?*, p. 125.

13 JAFFE. *O que os cegos estão sonhando?*, p. 161.

14 JAFFE. *O que os cegos estão sonhando?*, p. 161.

15 JAFFE. *O que os cegos estão sonhando?*, p. 125.

sa às suas memórias e, em última instância, uma cumplicidade com a negação da Shoah. Os questionamentos de Jaffe conduzem ao limite da aporia: a mãe sabe, mas não quer contar nada além do que já registrou em seu diário e daquilo que repete para a família ("Ela sempre se lembra das mesmas coisas. Se tentamos fazê-la lembrar de algo diferente, além das histórias que ela sempre conta, não se lembra de nada");[16] a filha, por sua vez, incumbida de ser "porta-voz" da mãe, "está tentando dizer o que ela não quis, não pôde dizer".[17]

Ser porta-voz do outro corresponde a uma forma contratual de delegação da voz, cuja finalidade é traduzir o que o dono da voz emudeceu, pressupondo uma relação de confiança entre as partes pactuadas. Entretanto, a outorga da voz significa ao mesmo tempo a usurpação da voz do outro: "O dono da voz o autoriza a roubar; mas ele rouba mais do que o dono permitiu, porque agora ele ficou mudo. Está sem voz. O dono da voz é obrigado a ouvir o que o porta-voz diz e aceitar que aquilo é o que ele mesmo diria. Ou pior, aquilo que ele mesmo não seria capaz de dizer".[18] Esse gesto de apropriação implica aproximação do outro, para conquistar sua confiança a ponto de lhe ser concedida "a licença para articular suas ideias e opiniões",[19] a fim de que a extorsão possa suplantar as limitações do omitido. O acercamento do outro, por seu turno, se subordina à razão preponderante que engendra a escrita de *O que os cegos estão so-*

16 JAFFE. *O que os cegos estão sonhando?*, p. 196. Em *Os afogados e os sobreviventes*, Primo Levi aborda esse processo de "memória seletiva", que funciona como escudo contra as abomináveis lembranças: "Observou-se [...] que muitos sobreviventes de guerra ou de outras experiências complexas e traumáticas tendem a filtrar inconscientemente suas recordações: evocando-as entre eles mesmos ou narrando-as a terceiros, preferem deter-se nas tréguas, nos momentos de alívio, nos interlúdios grotescos, estranhos ou relaxados, esquivando-se dos episódios mais dolorosos" (LEVI. *Os afogados e os sobreviventes*, p. 24).

17 JAFFE. *O que os cegos estão sonhando?*, p. 180.

18 JAFFE. *O que os cegos estão sonhando?*, p. 163.

19 JAFFE. *O que os cegos estão sonhando?*, p. 163.

nhando?: “O livro é só uma tentativa de uma filha de conhecer melhor uma mãe”.[20] Ao afirmar seu propósito, a autora ratifica a inamovível linha divisória existente entre ela e sua mãe, consciente da impossibilidade de ultrapassagem dessa demarcação, a um tempo em que se empenha numa aproximação impelida pelos laços filiais que as unem. É em razão da alteridade irredutível da mãe que a filha, ainda que seja sua porta-voz, cuida para que sua enunciação não resulte em pretensa continuação do relato da sobrevivente a partir do ponto em que ela silencia sobre a experiência nos campos de concentração. Ou seja, não se trata aqui de tentar locupletar o discurso interrompido da mãe, o que redundaria numa espécie de impostura e num anacronismo. A autora mesma vislumbra a impropriedade dessa “licença indevida” ao questionar: “Como ela poderá escolher as palavras das quais a mãe não se lembra?”.[21] Jaffe adere a uma outra perspectiva, optando por empreender comentários críticos e metalinguísticos sobre os excertos de Lili, com a cautela de não exceder ilusoriamente a distância histórica que condiciona esse diálogo intergeracional, gesto arbitrado pela autora como “redenção”, na medida em que é guiado pelo “desejo de salvar um pouco o sofrimento já vivido”.[22]

A decisão de Jaffe de empregar a terceira pessoa do singular na enunciação de sua própria voz, falando em seu próprio nome, respalda o respeito a essas divisas intransponíveis. Ao substituir o “eu” por “ela”, a autora encena a impessoalidade da voz, ciente de que “o eu é uma armadilha”. Além disso, esse artifício concorre ainda para acatar o desejo de manter o foco exclusivamente na fala da mãe, eliminando qualquer probabilidade de concorrência com ela, daí o ensejo de “ser a ter-

---

20 JAFFE. *O que os cegos estão sonhando?*, p. 185.

21 JAFFE. *O que os cegos estão sonhando?*, p. 180.

22 JAFFE. *O que os cegos estão sonhando?*, p. 181.

ceira de si e, principalmente, da mãe, que é a primeira pessoa",[23] mesmo admitindo que o temor de dizer "eu", de recorrer à primeira pessoa, seja "sua maneira de dizê-lo".[24] Desse modo, ao lançar mão da terceira pessoa, simulando um distanciamento de si mesma, Jaffe também submete a delegação da voz a seu crivo crítico, não se isentando de reconhecer as limitações inerentes ao seu esforço.

Régine Robin, em seu livro *A memória saturada,* ao discorrer sobre os projetos de revitalização de memoriais e museus do Holocausto, como, por exemplo, o projeto de reestruturação do Museu Yad Vashem, em Jerusalém, onde se encontra, aliás, o diário de Lili Jaffe, advoga a favor de uma "memória crítica". O Museu do Holocausto é um conglomerado de construções erguidas num arco temporal de cinco décadas, conforme diversos interesses e demandas desse período. O novo projeto do museu teve como objetivo a destruição desse conjunto visando erguer, em seu lugar, um museu-memorial com feição mais homogênea, "que representar[ia] melhor e de forma mais potente o Holocausto".[25] Esse novo prédio foi inaugurado em 2005, dois anos após a publicação de *A memória saturada.* Robin, ao criticar veementemente esse projeto em seu livro, defendeu a criação de um novo museu contíguo às antigas construções, sem a destruição dessas testemunhas do passado: "Por que não construir o novo museu ao lado dos antigos edifícios, mostrando assim o que mudou na relação do presente com o passado? O visitante seria obrigado a se colocar questões, interrogar-se sobre o trabalho da memória e do esquecimento que aí se inscreve, sobre as narrativas que subentendem as diversas formas de memorialização".[26] Em vez da posição passiva do "consumidor da memó-

23 JAFFE. *O que os cegos estão sonhando?*, p. 188.

24 JAFFE. *O que os cegos estão sonhando?*, p. 189.

25 ROBIN. *A memória saturada*, p. 358.

26 ROBIN. *A memória saturada*, p. 359.

ria" em face das construções "prova-de-que-não-esquecemos", essa justaposição, como argumenta Robin, proporcionaria uma reflexão acerca da historicidade incrustada nesses edifícios, desencadeando nesse processo uma "memória crítica", fruto de um "diálogo interativo": "A participação ativa dos contemporâneos no ato de memória é aquilo que lhe dá sentido".[27]

A noção de "memória crítica" contribui para refletirmos acerca do diálogo que Jaffe entretece com fragmentos do diário da mãe. A contiguidade das vozes em jogo, visualmente realçadas pela diferença tipográfica e pela divisão interna dos capítulos, instaura uma tensão entre passado e presente, sem resolução dialética capaz de apaziguar os conflitos. Esse modo de lidar com a memória arrosta o passado, submetido a escrutínio, sem pretensão de anular o hiato inerente às temporalidades em causa, pondo em relevo a historicidade intrínseca à maneira com que o presente interpreta os eventos pretéritos. Ao interpelar um dos registros da mãe, no capítulo "Pedra", Jaffe destaca a aporia que irrompe desse hiato. A mãe relata, no fragmento reproduzido, o episódio em que assume, no lugar de uma das primas e a pedido delas, a culpa por ter roubado manteiga da cozinha. Lili escapa de ir para a câmara de gás como punição pelo delito não cometido, mas recebe como castigo a ordem de passar um dia inteiro de joelhos sustentando uma enorme pedra sobre a cabeça. Jaffe afirma que esse episódio é "o fato que mais está presente na memória, dela e das filhas".[28] Para a mãe, a pedra tem a espessura e a densidade de "coisa", daquilo que foi objeto de tortura e que quase lhe custou a vida. Num parágrafo isolado desse capítulo, são arrolados inúmeros tipos de pedra, cuja multiplicação exaustiva, acentuada ainda pela ausência de ponto no encerramento dessa passagem, busca evocar a corporeidade da pedra, ou, nas palavras da autora, "o fato-pedra" que "é maior do que a histó-

27 ROBIN. *A memória saturada*, p. 361.

28 JAFFE. *O que os cegos estão sonhando?*, p. 112.

ria-pedra".[29] Para as filhas, no entanto, a pedra adquire outra dimensão, uma dimensão simbólica a traduzir um sentimento anacrônico que mescla impotência, culpa e revolta em face da incapacidade de impedir a atrocidade cometida contra a mãe:

> Ser filho de sobrevivente contém, em algum lugar remoto e inóspito da memória, a tentação de ter estado no lugar do sobrevivente. Não permitir que ela vivesse tudo aquilo, viajar para o passado e conseguir paralisá-lo, matar o oficial que ordenou o castigo. Furar o tempo e a regulamentação do campo e salvar a mãe. [...] O desejo de salvar a mãe é o desejo de extirpar da memória o sofrimento da mãe para que se possa libertar-se dele, para que se possa viver sem a pedra.[30]

A condição de herdeiro do trauma repousa na inexorabilidade da distância espaçotemporal subentendida entre o lugar e o momento em que os fatos ocorreram e as repercussões desses fatos nas gerações pósteras, encarregadas de transformar o ocorrido em "pedra-história".

A recordação da viagem que Jaffe e a filha, Leda, fizeram a Auschwitz, em 2009, corrobora a certeza de que, ainda que se possa localizar o ponto exato onde se sucederam os eventos, o "lugar de memória"[31] não franqueia o acesso ao sofrimento experienciado pela sobrevivente, "porque o que passou, mesmo que tenha sido em um lugar específico, não fica mais naquele lugar"[32] e por isso corre o risco de ser esquecido. A necessidade de lembrar se ampara nesse socorro à memória a expensas de um irremediável impasse que lhe é constitutivo: "Só quem não o viveu [o passado] tem o dever de lembrá-lo, sem a menor

29 JAFFE. *O que os cegos estão sonhando?*, p. 114.

30 JAFFE. *O que os cegos estão sonhando?*, p. 115.

31 Cf. NORA, Pierre. *Les lieux de mémoires*. Paris: Gallimard, 1986.

32 JAFFE. *O que os cegos estão sonhando?*, p. 112.

esperança de que possa fazê-lo, porque ele se foi".[33] Reside aí a consciência de que tentar mensurar o sofrimento do outro, procurar aquilatar o grau de sua dor, em decorrência de uma inclinação empática e solidária, pode resultar num ardil: "Às vezes tudo isso dá a impressão de que a compaixão, ou a ideia de que é possível sentir plenamente a dor do outro, é um engodo, porque não há como sofrer as coisas no lugar de outra pessoa, não há como se compadecer".[34] Contudo, o insondável sofrimento do outro, ainda que intransitivo, impele o desafio de falar pelo outro, de preencher sua narrativa lacunar, claudicante, fragmentária, cumprindo aí o papel de "testemunha solidária", tal como postulado por Jeanne Marie Gagnebin, ao alargar o conceito de testemunha: "Testemunha não seria somente aquele que viu com os próprios olhos, o histor de Heródoto, a testemunha direta. Testemunha também seria aquele que não vai embora, que consegue ouvir a narração insuportável do outo e que aceita que suas palavras levem adiante, como num revezamento, a história do outro".[35]

Em *O que os cegos estão sonhando?*, Jaffe desempenha essa tarefa de revezamento sob a deliberação de um *falar com o outro*, exercendo o "dever de memória" a partir de uma postura

33 JAFFE. *O que os cegos estão sonhando?*, p. 112.

34 JAFFE. *O que os cegos estão sonhando?*, p. 113.

35 GAGNEBIN. *Lembrar escrever esquecer*, p. 57. Em certa medida, a noção de "testemunha solidária" conflui com a ideia de "testemunho oblíquo", desenvolvida por Marcelo Ferraz de Paula em seu texto "O testemunho oblíquo em *O que os cegos estão sonhando?*, de Noemi Jaffe, e *Maus*, de Art Spiegelman". O autor assenta sua ideia em relatos testemunhais oriundos de pessoas que, não tendo experimentado diretamente a violência dos campos de concentração, se dispõem a assumir a responsabilidade ética de registrar o incomensurável horror suportado pelos sobreviventes, "compartilhando suas cicatrizes": "O testemunho primordial dos sobreviventes é conjugado, assim, numa outra forma, ecoando os sentidos do trauma, pois somente dos estilhaços daquele discurso é possível brotar o testemunho do outro: o testemunho oblíquo que amplifica o murmúrio onde apenas o silêncio do esquecimento prometia algum conforto" (PAULA. "O testemunho oblíquo em *O que os cegos estão sonhando?*, de Noemi Jaffe, e *Maus*, de Art Spiegelman", p. 305).

dialógica reflexiva em face do passado, na esteira de um reexame crítico que *atualiza* o trauma como legado para pensar o presente. Atualizar aqui não significa realizar um movimento retrospectivo de modo a conferir ao agora o mérito de uma culminância idealmente conquistada no curso de uma trajetória progressiva que, tendo seu início sido fixado em algum ponto do passado, desembocaria triunfante no presente. O sentido de atualizar reivindicado respalda-se na ideia de "um curto-circuito entre o ocorrido e o agora",[36] que faculta uma melhor compreensão do presente com o fito de combater as possibilidades de reincidência do "fato-pedra". No livro de Jaffe, a atualização é o que paradoxalmente aproxima e distancia mãe e filha, proporcionando à autora uma via de entendimento da posição de filha de uma sobrevivente e, por extensão e consequência, um entendimento da filha em relação à mãe na condição de sobrevivente, motivo que, aliás, originou a escrita do livro, como já mencionado ("O livro é só uma tentativa de uma filha de conhecer melhor uma mãe").[37]

Se, por um lado, Jaffe investe num movimento de distanciamento crítico no diálogo com o diário da mãe, com o objetivo de refletir sobre sua experiência traumática sem corromper o caráter imperscrutável e a temporalidade histórica inexcedível dessa experiência, por um outro lado, Lili, ao redigir seu diário, lança mão de uma artimanha anacrônica, de simulada reaproximação dos eventos privilegiados pela sua escrita, por meio do emprego do tempo presente em alguns de seus registros. Essa "transgressão" temporal contraria um dos pressupostos mesmos do gênero diarístico,[38] que consiste

36 SELIGMANN-SILVA. *A atualidade de Walter Benjamin e de Theodor W. Adorno*, p. 12.

37 JAFFE. *O que os cegos estão sonhando?*, p. 185.

38 Uma outra transgressão do gênero fica evidente no endereçamento do diário, como uma espécie de "mensagem na garrafa", lançada com a expectativa de ser lida por uma destinatária que sequer ainda existia e que talvez jamais pudesse existir.

em salvar do esquecimento o ordinário que compõe a matéria do vivido, dando-lhe sobrevida: "cada dia anotado é um dia preservado".[39] O uso do tempo presente infringe o regime de sucessividade dos eventos, conquanto não pode haver coincidência entre o vivido e a narração do que se viveu.[40] O momento de espera angustiada da chegada dos alemães à casa de Lili e de sua família, nessa véspera da deportação, prenúncio de um tenebroso período para todos, é relembrado como se estivesse acontecendo no instante mesmo do registro, não obstante tenha ocorrido um ano antes: "Todos à minha volta, assim como eu, estamos tristes. Sabemos o que está acontecendo conosco".[41] Ao comentar esse trecho do diário de Lili, Jaffe aventa duas possibilidades para o uso dos verbos no presente, condicionadas a uma aproximação e a um distanciamento frente aos fatos relatados. A primeira delas contempla a mãe na qualidade de espectadora dos episódios vivenciados, distante deles, "como se fosse uma cena que ela avistasse de longe, em algum cinema perdido da memória [...], como se não tivesse acontecido exatamente com ela, mas com alguma outra 'ela' que ela enxergasse de longe".[42] Já a segunda reabilita a tensão e o pavor da situação experienciada, como se ela se repetisse no momento mesmo em que a recorda: "O tempo presente também reforça o poder da iminência. Como se a chegada do capturador pudesse acontecer a qualquer momento, até mesmo durante a leitura deste texto".[43]

Embora a mãe jamais tenha demonstrado pendor algum para a escrita, a ponto de a filha perguntar "De onde vem essa estranha

39 BLANCHOT. *O livro por vir*, p. 273.

40 ARFUCH. *O espaço biográfico*: dilemas da subjetividade contemporânea, p. 55.

41 JAFFE. *O que os cegos estão sonhando?*, p. 191.

42 JAFFE. *O que os cegos estão sonhando?*, p. 192.

43 JAFFE. *O que os cegos estão sonhando?*, p. 192.

consciência literária?",[44] a extemporaneidade que recobre alguns registros flagra a ingerência da ficção. Lili converte a caducidade do tempo prescrito no frescor da emergência dos fatos, emulando o arrebatamento de um presente irruptivo. Na confluência das duas possibilidades, tanto na posição confortável e segura de quem a tudo assiste à distância, como na condição de quem subverte o passado em presente, a fim de capturar o "poder da iminência", reside a forja de "uma terceira pessoa de si mesma".[45] Nesse desdobramento de si, mãe e filha convergem. Ambas contornam, mesmo que por motivos e com recursos distintos, o estorvo causado pelo "eu". A filha, como já dito, a despeito de assumir-se autora de um "pós-relato espoliado", lança mão do artifício estilístico da terceira pessoa em benefício de ser somente uma voz ("Ela é uma voz e só quer ser voz"), afinal "não foi com ela que as coisas aconteceram".[46] Já a mãe, autêntica protagonista dos fatos relatados, ao adotar o expediente do tempo presente, ainda que não o tenha feito com intenção de lograr efeitos estilísticos, insubordina-se, em muitas passagens, à articulação dos eventos conforme uma sucessão cronológica, o que, por ricochete, corresponde, de certa forma, à recusa de um "eu" fadado a recordar, em nome de um compartilhamento da iminência que situaria lado a lado, em algum horizonte extemporâneo, a diarista e a interlocutora a quem a escrita é endereçada.

Em seu mais recente livro – *Lili, novela de um luto*, lançado em 2021 –, Noemi Jaffe escreve um comovente relato da morte da mãe, ocorrida em fevereiro de 2020. Nele, a evocação de diversos momentos e episódios da vida de "Dona Lili" se mescla à dor pungente e lancinante da ausência tornada definitiva, da certeza do "nunca mais" como "decreto impositivo do tempo".[47] Jaffe conta como a mãe, em tempos recentes, curio-

44 JAFFE. *O que os cegos estão sonhando?*, p. 191.
45 JAFFE. *O que os cegos estão sonhando?*, p. 192.
46 JAFFE. *O que os cegos estão sonhando?*, p. 188.
47 JAFFE. *Lili, novela de um luto*, p. 23.

samente se curvou ao sofrimento com a guerra, expressando esse sofrimento "mais agora do que quando a guerra realmente aconteceu".[48] O deliberado esquecimento que de certa forma a protegia dos fantasmas do passado entibiou-se, cedendo espaço a uma revisão tardia e cruciante de sua experiência nos campos de concentração: "Ela realmente optou pelo distanciamento e pelo esquecimento, mas nos últimos anos algumas coisas foram se modificando e algumas questões – que sempre deviam estar na cabeça e no coração dela – surgiram".[49] Jaffe relembra que a mãe se indagava, por exemplo, sobre os motivos de, atendendo à solicitação das primas, ter consentido em assumir a culpa pelo furto da manteiga: "Por que minhas primas pediram para eu dizer que tinha roubado a manteiga, se não tinha sido eu?", "e por que aceitei?".[50] Revolver o solo dessas lembranças atrozes acende novas percepções e desperta, portanto, sentimentos inéditos, muitas vezes calibrados da sensação intempestiva de autocensura. A "pedra-coisa" adquire então uma densidade inaudita, que robustece a sensação tardia e perturbadora de uma imprudente displicência ("Por que aceitei tanto?"),[51] ainda mais devastadora na medida em que congrega o decurso temporal contabilizado nessa tomada de consciência ulterior: "Viver quase a vida inteira um processo de esquecimento – espontâneo ou forçado – e passar a se dar conta disso na velhice deve ser atroz. É quase como se a guerra voltasse".[52] É como se o passado regurgitasse o indigesto que, por longo período, ficou retido, inviolável em seu disfarçável reduto, "e isso devia doer demais. Demais, demais".[53]

48 JAFFE. *Lili, novela de um luto*, p. 32.
49 JAFFE. *Lili, novela de um luto*, p. 33.
50 JAFFE. *Lili, novela de um luto*, p. 33.
51 JAFFE. *Lili, novela de um luto*, p. 34.
52 JAFFE. *Lili, novela de um luto*, p. 34-35.
53 JAFFE. *Lili, novela de um luto*, p. 34.

Em *Lili, novela de um luto*, Jaffe se reporta ao livro anterior (*O que os cegos estão sonhando?*), desdobrando, de certa forma, algumas reflexões nele contidas. É o caso, a propósito, da explicação dada ao título-indagação, que destaca o modo inusual de emprego do gerúndio, circunscrito na peculiar maneira de Lili falar o português: "Como eu expliquei no livro *O que os cegos estão sonhando?*, cujo título vem de uma frase de minha mãe, ela não reconhecia bem a diferença entre o presente simples e o presente contínuo [...]".[54] Mas, nessas poucas mais de cem páginas que abrigam o testemunho pungente da perda – esse "desgosto puro",[55] "inexprimível, mas, apesar de tudo dizível",[56] para usar os termos com que Barthes prefere definir o luto –, o diálogo com a mãe, que se prolonga aqui sob a égide da dor dilacerante, reitera o compromisso de "poder escrever sobre ela, continuar o legado",[57] compromisso que em muito remete à tradição judaica de uma continuidade presidida pelas palavras. Como afirmam Amós Oz e Fania Oz-Salzberger: "A continuidade judaica sempre se articulou em palavras proferidas ou escritas, num sempre expansível labirinto de interpretações, debates, discordâncias, e numa interação humana única".[58]

A manutenção dos laços comunais ancorada na palavra norteia também o modo como Leda Jaffe, neta de Lili, em "Aqui, lá", última parte de *O que os cegos estão sonhando?*, expressa seu conflito com o "dever de memória". Como terceiro elo da ca-

54 JAFFE. *Lili, novela de um luto*, p. 60.

55 BARTHES. *Diário de luto*, p. 154. Em seu *Diário de luto*, Barthes justifica, em pelo menos dois momentos, sua preferência pelo termo "desgosto", em lugar da palavra "luto". Em 30 de novembro de 1977, ele escreve: "Não dizer *luto*. É demasiado psicanalítico. Não estou de *luto*, tenho dor" (BARTHES. *Diário de luto*, p. 81, grifo do autor). Já em 5 de julho de 1978, Barthes credita a Proust a definição precisa que define seu sentimento de perda da mãe: "Proust fala de *desgosto* não de *luto* (termo novo, psicanalítico, que desfigura)" (BARTHES. *Diário de luto*, p. 166, grifos do autor).

56 BARTHES. *Diário de luto*, p.185.

57 JAFFE. *Lili, novela de um luto*, p. 23.

58 OZ; OZ-SALZBERGER. *Os judeus e as palavras*, p. 15.

deia geracional, distante espaçotemporalmente, portanto, dos eventos traumáticos vividos pela avó nos campos de concentração, Leda admite um certo estranhamento com sua herança judaica. Para ela, o judaísmo é como se fosse uma "marca" que se guarda, "sem que ela faça diferença objetiva no mundo".[59] A visita a Auschwitz, em companhia da mãe, exacerbou a percepção desse estranhamento no qual intervém, como fator preponderante, o lapso de tempo decorrido entre o horror inconcebível do Lager e a ausência de sentimentos em face do "avesso de algo que não pode nunca ser virado para revelar sua forma original".[60] O inalcançável sofrimento da avó compele Leda, com os pés fincados naquele perímetro que testemunhou todo tipo de tormento e aflição, a um duplo e paradoxal sentimento: "revolta pelo que não sentia ou pelo que deveria sentir"[61] e "necessidade de recuperar algo que não pode ser recuperado",[62] como tarefa que cabe aos descendentes dos sobreviventes. A despeito de a autoconsciência dessa tarefa ter sido motivada pela experiência da visitação ao "lugar de memória",[63] a certeza de que é preciso reter o que não se pode deixar cair no esquecimento se alicerça fundamentalmente nos escritos da avó, na mobilização de um espólio costurado de palavras: "Minha avó, em seu diário, de fato se lembra, porque de fato viveu: e compartilha conosco suas memórias ainda frescas, reais como nada que poderíamos jamais escrever ou lembrar. É preciso sentar-se e ler as palavras da minha avó. É preciso conhecer essas palavras que guardam, cada uma, uma verdade que não conhecemos – e que no entanto apalpamos, apalpamos e não sentimos nada".[64]

59 JAFFE. *O que os cegos estão sonhando?*, p. 234.
60 JAFFE. *O que os cegos estão sonhando?*, p. 231.
61 JAFFE. *O que os cegos estão sonhando?*, p. 231.
62 JAFFE. *O que os cegos estão sonhando?*, p. 235.
63 Cf. NORA, Pierre. *Les lieux de mémoires*. Paris: Gallimard, 1986.
64 JAFFE. *O que os cegos estão sonhando?*, p. 237.

Tanto Noemi como Leda, ao assumirem a responsabilidade do legado, se encarregam não somente da necessária transmissão e perpetuidade da memória da matriarca, fortalecendo os vínculos entre as três gerações de mulheres, mas, ao fazê-lo, buscam ainda questionar os impasses e os dilemas da condição de herdeiras de uma sobrevivente da Shoah, acatando os limites determinados pelas respostas não alcançadas. Em "Oração", penúltimo capítulo de *O que os cegos estão sonhando?*, constituído inteiramente de preces justapostas, Jaffe consolida o reconhecimento da dimensão inalienável do vivido, bem como a necessidade, no curso de uma sondagem retrospectiva, de não sobrecarregar o passado e de não conspurcar o caráter difuso de seu tempo e espaço com a projeção de aspirações alheias: "Que as mulheres que assavam doces enquanto esperavam a chegada dos nazistas possam permanecer ali, no lugar e no tempo em que elas fizeram isso, e que não as perturbemos com nossa entrada teimosa em sua vida, já tão saturada de fatos".[65] Abdicar dessa intromissão, sem que isso represente o abandono do legado, significa não somente privar o passado de uma abusiva apropriação, mas corresponde também a abrir caminho para "que as avós fiquem sossegadas"[66] e para que, concluído o processo de elaboração do passado, o ar dele proveniente possa, afinal, ser sentido "como uma brisa" por suas filhas e netas.

Referências

ARFUCH, Leonor. *O espaço biográfico*: dilemas da subjetividade contemporânea. Trad. Paloma Vidal. Rio de Janeiro: EdUERJ, 2010.

65 JAFFE. *O que os cegos estão sonhando?*, p. 226.

66 JAFFE. *O que os cegos estão sonhando?*, p. 226.

BARTHES, Roland. *Diário de luto*. Trad. Miguel Serras Pereira. Lisboa: Edições 70, 2009.

BLANCHOT, Maurice. O diário íntimo e a narrativa. In: ______. *O livro do por vir*. Trad. Leyla Perrone-Moisés. São Paulo: Martins Fontes, 2005, p. 270-278.

GAGNEBIN, Jeanne Marie. *Lembrar escrever esquecer*. São Paulo: Ed. 34, 2006.

JAFFE, Noemi. *O que os cegos estão sonhando? com o Diário de Lili Jaffe* (1944-1945). São Paulo: Editora 34, 2012.

______. *Lili, novela de um luto*. São Paulo: Companhia das Letras, 2021.

LAUB, Michel. *Diário da queda*. São Paulo: Companhia das Letras, 2011.

______. Entrevista. Disponível em : https://www.dw.com/pt-br/tudo-num-livro-%C3%A9-autobiogr%C3%A1fico-diz-michel-laub/a-17158067. Acesso em 22 de fevereiro de 2021

LEVI, Primo. *Assim foi Auschwitz: testemunhos 1945-1986. Primo Levi com Leonardo De Benedetti*. Org. Fabio Levi e Domenico Scarpa. Trad. Federico Carotti. São Paulo: Companhia das Letras, 2015.

______. *Os afogados e os sobreviventes*. 3. ed. Trad. Luiz Sérgio Henriques. São Paulo; Rio de Janeiro: Paz e Terra, 2016.

NORA, Pierre. *Les lieux de mémoires*. Paris: Gallimard, 1986.

OZ, Amós; OZ-SALZBERGER, Fania. *Os judeus e as palavras*. Trad. George Schlesinger. São Paulo: Companhia das Letras, 2015.

PAULA, Marcelo Ferraz de. "O testemunho oblíquo em *O que os cegos estão sonhando?*, de Noemi Jaffe, e *Maus*, de Art Spiegelman". *Estudos de literatura brasileira contemporânea*. Brasília, n. 55, p. 285-308, set./dez. 2018.

ROBIN, Régine. *A memória saturada*. Trad. Cristiane Dias e Greciely Costa. Campinas (SP): Editora da Unicamp, 2016.

SELIGMANN-SILVA, Márcio. *A atualidade de Walter Benjamin e de Theodor W. Adorno*. Rio de Janeiro: Civilização Brasileira, 2009. (col. Contemporânea)

A guerra fria na Alemanha: Imagens de um Muro

Rosani Úrsula Ketzer Umbach

Considerações iniciais

Presentes no mundo desde a Antiguidade até os dias atuais, as guerras assumiram diversas formas ao longo dos séculos e, em diferentes configurações, também entraram na ficção. "A relação entre literatura e guerra é tão antiga quanto a humanidade. As primeiras grandes obras da literatura contemplam tal temática, seja pelo olhar historicista, seja pela perspectiva religiosa",[1] resumem Elcio Cornelsen e Tom Burns, organizadores do livro *Literatura e guerra*, que discute um leque de temas relacionados aos conflitos em distintos períodos históricos. Levando em conta três aspectos – contexto histórico, política e mito – o volume reúne textos perspicazes sobre guerras no âmbito literário.

Em se tratando de guerras na ficção, é importante ressaltar que "no campo dos estudos literários a guerra exige uma reflexão crítica, que vai além do seu tratamento como tema literário",[2] conforme pontua Leonardo Francisco Soares, organizador do volume *Na literatura, as guerras*, que contém textos relacionados à pergunta "O que os estudos literários têm a dizer sobre a guerra?". Em

1 CORNELSEN; BURNS. *Literatura e guerra*, p. 10.

2 SOARES. *Na literatura, as guerras*, p. 9.

afinidade com o pensamento de Jaime Ginzburg,[1] Soares enfatiza que "a discussão sobre a guerra envolve também uma discussão sobre os condicionamentos formais, o uso da linguagem, enfim, sobre os limites da representação".[2]

Em seu texto "A guerra como problema para os estudos literários", Ginzburg faz referência ao ensaio sobre o narrador, escrito por Walter Benjamin sob o impacto do período histórico entre a Primeira Guerra e a ascensão do nazismo na Europa em 1936 e aponta dois aspectos importantes abordados pelo ensaísta: o trauma da guerra, que inviabilizaria a narração, e o modo de se encarar a morte. Para Ginzburg,

> Os dois tópicos incluídos no ensaio de Benjamin são intimamente relacionados. O efeito danoso da guerra está para ele ligado à mudança histórica no modo de encarar a morte do outro. Ambos os assuntos são incluídos na reflexão por apontarem para uma insuficiência no valor atribuído à vida humana singular.[3]

De fato, em seu ensaio intitulado "O narrador" Benjamin considera que "Hoje, a morte é cada vez mais expulsa do universo dos vivos".[4] O ensaísta lamenta que as pessoas, no momento da morte, sejam depositadas por seus herdeiros em hospitais ou sanatórios, ficando excluídas do convívio social justamente quando sua "existência vivida" se torna transmissível. "A morte é a sanção de tudo o que o narrador pode contar. É da morte que ele deriva sua autoridade. Em outras palavras: suas histórias remetem à história natural".[5] Essa narração tradicional, originada

1 GINZBURG. "A guerra como problema para os estudos literários".

2 SOARES. *Na literatura, as guerras*, p. 9.

3 GINZBURG. "A guerra como problema para os estudos literários", p. 5.

4 BENJAMIN. "O Narrador. Considerações sobre a obra de Nikolai Leskov", p. 207.

5 BENJAMIN. "O Narrador. Considerações sobre a obra de Nikolai Leskov", p. 208.

de forma coletiva e oral, sofreu um processo de destruição com o advento da industrialização e ficou muito visível, de acordo com o autor, no aniquilamento dos próprios homens pelas técnicas de destruição na Primeira Guerra Mundial. Como observa Benjamin, os soldados que lutavam nessa Guerra, quando sobreviviam aos campos de batalha, voltavam emudecidos das trincheiras, mais pobres em experiência comunicável, pelos traumas e pelo excesso de violências, que impossibilitavam a narração.

Tendo como foco imagens da guerra em textos literários que evidenciam a impossibilidade da narração tradicional, nos moldes colocados por Benjamin, não é possível levar em conta obras que glorificam tais batalhas ou procuram construir heróis guerreiros. É importante reconhecer que existem diferentes visões da guerra na literatura, ou seja, que pode haver, como nas obras de Ernst Jünger e Erich Maria Remarque, "[u]m mesmo evento traumático [a Primeira Guerra Mundial] e dois relatos distintos",[6] conforme desvela o estudo de Cornelsen, no sentido de que

> [e]nquanto Jünger alimentou o discurso da direita política com suas imagens de enaltecimento da guerra e, por assim dizer, preparou o terreno espiritual para o nazismo – mesmo que a contragosto, como sempre afirmou –, Remarque transformou sua vivência traumática em grito de alerta contra a romantização da guerra.[7]

Este ensaio dedica-se, então, à análise de uma narrativa em que as personagens "não conseguem controlar o processo histórico" e vivem em "condição de existência intolerável que envolve repressão e violência",[8] como é o caso de situações de guerra, em que grupos ou estados buscam impor algo pela força,

6 CORNELSEN. "Cenas literárias da Primeira Guerra Mundial: Ernst Jünger e Erich Maria Remarque", p. 50.

7 CORNELSEN. "Cenas literárias da Primeira Guerra Mundial: Ernst Jünger e Erich Maria Remarque", p. 53.

8 GINZBURG. "Guimarães Rosa e o terror total", p. 24.

mesmo envolvendo mortes e destruição, seja pela luta armada ou por outros meios destrutivos.

A força armada, no entanto, não é mais o único meio de impor algo, como afirma Umberto Gori no *Dicionário de Política*: "Hoje, a 'força' não se expressa mais (nem é mais assim concebida) apenas em termos militares, mas em termos econômicos, psicológicos, e de outros tipos".[9] E, assim, as normas do direito bélico, o qual procurou estabelecer critérios para distinguir o estado de guerra do estado de paz, "são hoje aplicáveis somente ao fenômeno da Guerra entendida como contato violento mediante a força armada". Gori ainda adverte que "Todos os outros tipos de Guerra (Guerra psicológica ou Guerra fria, Guerra econômica, etc), que têm tanta influência sobre as relações internacionais atuais, fogem a esta norma específica".[10]

Guerra Fria, Muro e Violência

Entre os componentes intrínsecos às guerras está a violência, mas não apenas a violência física (a luta armada), também a violência política, psicológica ou econômica. Guerra e violência são inseparáveis, sejam elas do tipo que forem, e geralmente vêm associadas a movimentos de expansão de poder simultaneamente a ações de exclusão, entendendo-se o termo exclusão tanto em sua acepção de *Ausschluss* como de *Ausgrenzung*, termos oriundos da língua alemã que expressam, respectivamente, ideias de exceção e de exclusão social ou política e envolvem concepções de pertencimento, limites, reconhecimento, diferenças etc., relacionadas aos contextos sociais e históricos em que as guerras ocorrem.

A repressão política foi uma das formas de violência utilizadas durante os longos anos da Guerra Fria, como ficou conhecido o período de tensão geopolítica após a Segunda Guerra

9 GORI. Verbete "Guerra", p. 571.

10 GORI. Verbete "Guerra", p. 571.

Mundial, um conflito entre as potências ocidentais sob a liderança dos Estados Unidos, o chamado Bloco Ocidental, e o Bloco Oriental sob a liderança da União Soviética, que lutaram de 1947 a 1989 com quase todos os meios para conter ou reduzir a influência do outro campo em todo o mundo. A Guerra Fria surgiu como um confronto de sistemas entre capitalismo e comunismo e definiu a política externa e de segurança em todo o mundo na segunda metade do século XX.

Esse confronto ganhou visibilidade logo após a Segunda Guerra Mundial, quando as forças aliadas dividiram entre si o território alemão. Nesse contexto, a divisão da Alemanha foi um elemento central da divisão política da Europa e ficou particularmente evidente ao longo da "Cortina de Ferro", uma referência, na política e na história contemporânea, ao conflito ideológico e à fronteira fisicamente fechada que dividiu a Europa durante a Guerra Fria. Dessa Cortina de Ferro faziam parte, também, a fronteira interna alemã entre a República Federal da Alemanha e a República Democrática Alemã e o Muro de Berlim.

O início da construção do Muro de Berlim ocorreu na calada da noite do dia 13 de agosto de 1961, há 60 anos, e chocou os habitantes de Berlim, pois separou famílias, amizades, relações amorosas ou profissionais sem aviso prévio. Antes de seu fechamento, milhares de berlinenses cruzavam diariamente a fronteira entre os setores leste e oeste, nos quais Berlim (e a Alemanha) foi dividida após a Segunda Guerra Mundial. Eles iam ao cinema, visitavam parentes ou amigos, faziam compras. Cerca de doze mil berlinenses do setor ocidental trabalhavam no lado oriental, e 53 mil alemães orientais iam todas as manhãs para o trabalho no lado ocidental. Da noite para o dia, essa situação havia mudado.[11]

11 Todas as informações aqui apresentadas sobre a construção do Muro de Berlim em 1961, sua existência durante quase 28 anos e a sua abertura em novembro de 1989 foram retiradas dos seguintes livros: FLEMMING. *Die Berliner Mauer*; HERTLE. *Der Fall der Mauer*.

O Muro dividia Berlim ao meio e cercava todo o lado ocidental, por cerca de 155 quilômetros. Para os moradores da Alemanha Oriental, parecia intransponível – não tanto por sua altura de 3,60 metros, muito mais pela forte vigilância da polícia, que tinha ordens para atirar em qualquer cidadão que tentasse ultrapassar a área de fronteira interna, uma faixa de cerca de 50 a 70 metros de largura antes do próprio Muro, iluminada por refletores potentes à noite. Essa "faixa da morte" [*Todesstreifen*], assim chamada por representar um risco de morte para quem entrasse na área, era permanentemente controlada por guardas armados e contava com 300 torres de observação. Essa Cortina de Ferro constituía o fim do mundo para os alemães orientais, ou seja, eles não tinham acesso ao que existia do outro lado da faixa da morte. Antes de 1989, eles não conseguiam chegar perto do alto paredão de cimento que no lado ocidental ficou conhecido como Muro de Berlim. Do lado oriental, a propaganda oficial o denominou de "muro de proteção antifascista" [*antifaschistischer Schutzwall*]. Muitas pessoas foram mortas – pelo menos 136 – ao tentar ultrapassar a fronteira cavando túneis, atravessando o rio a nado ou em barcos.

Nos meses que antecederam a queda do Muro, o lado oriental da assim chamada Cortina de Ferro havia começado a efervescer. Com o líder soviético Mikail Gorbatchov, que assumiu a potência comunista em 1985, iniciou-se a mudança de paradigmas. Ele propagou ao mundo os termos russos "Glasnost" (reforma política) e "Perestroika" (reestruturação econômica) e permitiu mais autonomia e democratização nos países do Pacto de Varsóvia, atenuando a Guerra Fria com o outro grande bloco econômico, o americano-capitalista. Na primavera europeia de 1989, a crise econômica e política do bloco soviético aumentou drasticamente. Depois de grandes manifestações dos sindicalistas da indústria naval, a Polônia reagiu à crise permitindo a pluralidade partidária. A Hungria deixou de apoiar o cerceamento da população e retirou o arame farpado de sua fronteira com a Áustria, possibilitando a fuga de pessoas insatisfeitas, especialmente de alemães orientais, para o ocidente. Os fugitivos que ocupavam a embaixada da Alemanha Ocidental em Budapeste e que exigiam a própria emigração foram um exemplo do desespero e da frustração dos alemães sob o velho aparato governamental do Partido da Unidade Socialista.

Em seu próprio país, na cidade de Leipzig, os habitantes, sobretudo os jovens, começaram a se reunir nas igrejas e passaram a fazer manifestações de rua cada vez maiores às segundas-feiras. Os protestos pacíficos desafiaram os dirigentes e a máquina repressora da ditadura, culminando em uma passeata de quinhentas mil pessoas em Berlim no dia 4 de novembro de 1989. A pressão pública aumentou e, cinco dias depois, durante uma tensa entrevista coletiva transmitida ao vivo no horário nobre da televisão, ocorreu o inesperado: o cansado porta-voz da Alemanha Oriental, Günter Schabowski, ao responder às perguntas incisivas dos jornalistas, deu a entender que a permissão para ir ao outro lado da Alemanha, há tanto tempo desejada por parte da população, poderia entrar em vigor imediatamente.

Era exatamente isso que os berlinenses separados pelo Muro há 28 anos queriam ouvir. Em poucas horas formou-se uma multidão nos principais pontos de controle da fronteira em Berlim. Clamando energicamente pela abertura dos portões [*Tor auf! Tor auf!*], a massa crescente surpreendeu os policiais, que ficaram nervosos e inseguros, pois ninguém lhes havia dito como deveriam agir. Por volta da 22h30min, o chefe dos guardas em serviço no ponto de controle "Bornholmer Straße" avisou seu supervisor: "Não dá mais para segurar. Nós temos de abrir o ponto. Vou suspender o controle e deixar as pessoas saírem". Assim, devido a uma falha de divulgação das decisões tomadas pelo Comitê Central do Partido, os pontos de controle foram abertos, permitindo a passagem dos cidadãos eufóricos.

Foi algo inimaginável para os alemães: o povo, protestando pacificamente, contestou a ditadura, e o Muro de Berlim começou a desmoronar.

Hoje, passados mais de trinta anos, a unificação alemã ainda não conseguiu fechar totalmente a ferida aberta pela antiga separação. Especialmente na Alemanha Oriental, que sofreu profundas mudanças sociais e estruturais, muitas pessoas ficaram sem emprego e tiveram de se adaptar às exigências do mercado. Assim, relevando as imposições e arbitrariedades do antigo regime, muitos alemães orientais cultivam a nostalgia, a *Ostalgie* – neologismo criado a partir da combinação dos termos "leste" [*Ost*] e [*Nostalgie*]. A euforia e a festa pela abertura das fronteiras no Muro de Berlim deram lugar à demorada cicatrização da ferida.

Sintomas de contradições internas e conflitos não resolvidos

Uma das grandes escritoras da Alemanha Oriental do pós-guerra, Christa Wolf (1929-2011) expressou de forma exemplar as crises e conflitos do século XX em sua obra. Após a abertura do Muro de Berlim em 1989 e a unificação alemã, ela publicou, em 2002, a novela *Leibhaftig*, em que configura metaforicamente os conflitos insolúveis do indivíduo consigo mesmo, com as outras pessoas e com as condições sociais e políticas existentes em um Estado repressor deteriorado. A narrativa trata da doença infecciosa grave de uma escritora do leste berlinense no verão de 1988, nos últimos anos da Guerra Fria. A ação externa tem como cenário um hospital em Schwerin, cidade localizada na RDA, o país que em outubro de 1989 ainda festejou seus 40 anos de fundação, e logo depois, sob a pressão das reformas promovidas por Gorbatchov e as tendências de dissolução do Pacto de Varsóvia, abriu suas fronteiras e juntou-se à Alemanha Ocidental em 1990.

Em *Leibhaftig*, a narradora-personagem, uma escritora de Berlim Oriental, é internada no hospital após sofrer um colapso, que parece envolver não só seu corpo, mas todo seu ser, como expressa o título (em tradução livre: "Encarnação"). Tomada por uma doença infecciosa muito grave em consequência de uma apendicite, a narradora encontra-se hospitalizada e sob os cuidados de uma equipe médica que tenta salvar-lhe a vida. No decorrer da internação, a personagem rememora suas experiências relacionadas ao período sombrio do passado e ao colapso das instituições do Estado, mergulhando por vezes também no inconsciente e trazendo à tona reflexões e experiências relacionadas ao conflito com a repressão. Esse rememorar constitui uma forma de superação do próprio colapso físico, corporal. Narrada em tempo presente, a ação se desenrola nos meses finais da RDA, antes da abertura do Muro de Berlim.

O relato da rotina hospitalar durante a internação da protagonista, que registra minuciosamente os estágios de sua doença e as diversas cirurgias às quais se submete, constitui o fio condutor da narrativa. É nele que estão inseridas as memórias de um período anterior, além de estados de semiconsciência e delírio característicos do estado febril.

Durante o período de internação, os médicos tentam identificar a bactéria que infectou a paciente a fim de definir o medicamento que pode salvar sua vida, já que seus mecanismos de defesa estão extremamente debilitados, de acordo com o médico-chefe: "Eu gostaria muito de saber o que enfraqueceu tanto assim o seu sistema imunológico".[12] Com os meios da medicina convencional, não é possível contornar sua baixa imunidade. A narradora percebe a gravidade de seu caso ao ouvir do médico que "o desenvolvimento da doença não justificaria completamente o colapso da minha defesa

12 WOLF. *Leibhaftig*, p. 125. Tradução livre a partir da publicação indicada. As demais citações desta obra também são de minha autoria.

imunológica".[13] O termo "Zusammenbruch" (colapso, falência) leva a paciente a refletir sobre os mecanismos de defesa do organismo, e aos poucos ela começa a entender sua imunodeficiência ao considerar suas lembranças, seus sentimentos e pensamentos, que se desenvolvem de forma associativa quando está acordada ou imersa em viagens oníricas que denotam seu estado de semiconsciência. Essas incursões aos subterrâneos, aos porões das casas, onde estão instaladas as escutas do serviço de espionagem, aludem à situação social e política da RDA, associada ao colapso e a um consequente caos:

> De repente estamos sentadas nos degraus que conduzem ao Palácio da República. Também ele um monte de pedras, penso, cimento e vidro, construído para afundar. Talvez por isso ele seja nesta madrugada o lugar mais autêntico nesta cidade que está afundando. Metrópolis. Metrópole do poder. Metrópole de dois poderes. A cidade, outrora lugar sagrado, profanada. Ela desmorona diante de nossos olhos. E nenhuma saída da nova selva. A certeza me toca o coração.[14]

Da mesma forma como seu corpo sofreu um colapso, também a cidade está mergulhada no caos. Diante das ruínas do Palácio, do desmoronamento do poder, da selva que toma conta da metrópole, a sensação é a de pesadelo, de irrealidade, de que tudo foi em vão. A palavra "Vergeblichkeit" (inutilidade) entra no círculo de reflexões da narradora: "Mas se afinal for mesmo verdade? Se isso, considerado sobriamente, for o somatório da vida: inutilidade?".[15]

Em sua luta pela sobrevivência, a paciente associa seus sintomas às mazelas da sociedade, incorporando o desenvolvimento pessoal ao quadro da doença: "A infecção provavelmente aconteceu há muito tempo, o período de décadas de incubação passou e agora se 5anuncia a cura, em forma de doença grave. Só resta, ainda,

13 WOLF. *Leibhaftig*, p. 125.

14 WOLF. *Leibhaftig*, p. 146.

15 WOLF. *Leibhaftig*, p. 145.

denominá-la. Nomeada, banida".[16] Ou seja: uma vez identificado o mal, ele pode ser eliminado. A cura acontece por meio da rememoração, que conduz a reflexão e o processo de conscientização.

Os "pedaços de lembranças", que não poderiam ser atraídos nem ajustados, passam flutuando no "mar da inconsciência" em que a paciente ainda se encontra.[17] Por meio desses fragmentos de lembranças, a narradora percebe que sua crença no progresso da sociedade desapareceu de forma lenta e contínua no passado. Ao contrastar a própria biografia com a de seu amigo de faculdade, Hannes Urban, cuja ascensão na burocracia cultural da RDA o leva a conflitos pessoais e políticos insolúveis, sente que também perdeu a confiança em pessoas que, como ele, se tornaram oportunistas. Reconhece que sua identificação inicial com a ideia do humanismo socialista levou-a a perceber a falência do país como colapso pessoal. Aos poucos, porém, toma consciência de que seu silêncio em relação aos arbítrios do regime tornou-a conivente, falsificando sua linguagem. Como escritora consciente de seu papel na sociedade, porém, o contrário é que deveria movê-la: a tentativa de usar a linguagem de forma autêntica. Essa tomada de consciência torna-se o ponto de superação do conflito interior e, ao mesmo tempo, da doença, uma vez que o tratamento médico obtém sucesso a partir daí.

Assim, em sua complexidade, a obra trata da superação de uma doença grave, sintoma de conflitos interiores de uma escritora associados simbolicamente a dificuldades existenciais em vista da situação social e política do país. O colapso do Estado e o caos que se seguiu nas instituições repercutem na narrativa. O choque causado pelo fato histórico aparece no delírio febril da narradora, quando ela circula pelo labirinto dos porões das casas e decifra uma inscrição desbotada:

16 WOLF. *Leibhaftig*, p. 93.

17 WOLF. *Leibhaftig*, p. 71.

> ABERTURA DO MURO. Um reflexo, assustador: qual muro! Mas este muro aqui foi rompido há muito tempo, escalando pedras soltas, abaixada consigo passar pela abertura e me encontro em um espaço que se assemelha em detalhes, não, é igual àquele do qual eu venho e o próximo novamente é igual ao penúltimo atrás de mim.[18]

O acesso pelo muro do porão leva a protagonista a um espaço histórico distante, ao ano de 1944, quando ela tinha sete anos de idade e o médico cujo consultório ficava no prédio vizinho foi proibido de atender pacientes arianos. A equiparação desse espaço da ditadura nazista aos outros que aludem aos períodos históricos posteriores sugere que também aí há regimes ditatoriais, um dos quais culminou com a queda do Muro de Berlim em 1989.

A abertura das fronteiras entre a República Democrática Alemã (RDA) e a República Federal e a posterior unificação da Alemanha representaram o fim de uma ditadura, mas, ao mesmo tempo, o fim de uma utopia para alguns escritores do leste alemão, considerados ao mesmo tempo críticos e leais ao Estado. Christa Wolf, por exemplo, manifestou, ainda no final de outubro de 1989, a esperança de estar participando de um "processo de emancipação após longo silêncio",[19] uma alusão à repressão política e à censura instalada no regime ditatorial que se implantou na Alemanha Oriental. O "silêncio" dos oprimidos finalmente estava sendo superado e transformado em voz de manifestantes que gritavam nas ruas o slogan: "Nós somos o povo!" [*Wir sind das Volk!*], denotando que reivindicavam para si o poder.

É verdade que o "processo de emancipação" imaginado pela escritora se referia a reformas urgentes, que, segundo sua perspectiva, deveriam ocorrer no interior do regime político da RDA. Com a ruptura deste e a subsequente reunificação da

---

18 WOLF. *Leibhaftig*, p. 112.

19 WOLF. *Im Dialog*, p. 118.

Alemanha, a esperança no "processo de emancipação" acabara. O fim da RDA representou, para Christa Wolf e outros autores representativos do país, além do fim da utopia, o da esperança em uma Alemanha Oriental que pudesse manter seu próprio "repertório de valores", sem ter de se submeter à "economia de mercado" ocidental com sua "tendência para a colonização".[20]

Esse, entretanto, é apenas um dos aspectos aos quais Christa Wolf associa o "processo de emancipação". Ele também significa a reflexão sobre seu próprio envolvimento com o sistema de repressão da RDA, sobre o qual ela escreveu diversos textos a partir de 1976, por exemplo *Was bleibt*, de 1990. Nessa novela, o argumento central é o constrangimento, a ansiedade de uma escritora sendo submetida à atuação ostensiva dos espiões do Serviço de Segurança do Estado (Stasi),[21] tema considerado tabu até então.

Nas discussões sobre a repressão na RDA, é importante levar em conta o papel do Serviço de Segurança do Estado. Conforme Hermann Glaser, a censura foi o recurso mais saliente da política literária da ditadura, embora não existisse oficialmente:

> A política de pessoal do Estado garantiu que funcionários leais ao partido exercessem o controle nos institutos culturais, nos meios de comunicação de massa, nas editoras, na indústria cinematográfica e nas associações de artistas; todas as publicações estavam sujeitas à aprovação; a importação de jornais e livros do Ocidente foi em grande parte impedida. Uma legislação política legalizava as intervenções na liberdade intelectual. A polícia de segurança do Estado infiltrou-se, predominantemente com colaboradores informais, na privacidade dos autores e artistas e, no final, os protocolos de monitoramento assumiram tais proporções que a Stasi, por vezes, até mesmo perdeu a visão geral.[22]

20 WOLF. *Auf dem Weg nach Tabou*, p. 333-335.

21 Sigla em alemão de *Staatssicherheitsdienst*.

22 GLASER. *Deutsche Kultur*, p. 360.

Em meio a tal situação de ansiedade existencial, que também sempre provocava a autocensura, alguns escritores tentavam resistir direta ou indiretamente. Christa Wolf passou a tematizar essa condição de ambiguidade, de censura e autocensura em seus livros.

Agora, mais de trinta anos depois do fim do regime socialista na RDA, ainda estão evidentes as memórias relacionadas a esse período histórico em que um muro, construído em agosto de 1961, dividiu a Alemanha do pós-Guerra em duas repúblicas. O Muro de Berlim tornou-se símbolo de uma época repleta de agitação e perseguições políticas, de revoluções e divisões que ocorreram após a Segunda Guerra Mundial. Ao mesmo tempo, sua abertura no dia 9 de novembro de 1989 surpreendeu o mundo e representou um período de esperança e libertação no final do século XX. O fato de uma ditadura ser derrubada pelo povo, juntamente com a dissolução da fronteira interna entre os dois Estados alemães, constitui um dos acontecimentos históricos mais importantes e interessantes da história alemã contemporânea.

Berlim foi o palco dessa situação inesperada, que surpreendeu não só os alemães, mas também cidadãos de outros países. Uma das fronteiras mais vigiadas do mundo, o Muro de Berlim, concebido e concretizado pela ditatura da Alemanha Oriental para impedir que seus habitantes emigrassem para a parte ocidental da cidade, foi tomado pelo próprio povo – sem armas nem confronto violento. Oito meses antes, em janeiro de 1989, o então dirigente comunista Erich Honecker afirmara que o Muro ainda duraria cem anos, se necessário. Havia até mesmo planos de implementar o "Muro High-Tech 2000", baseado em sistemas eletrônicos de vigilância, mas a história, ou melhor, os cidadãos da então República Democrática Alemã não queriam que ele durasse tanto, pois representava uma ferida no coração da cidade.

É dessa ferida, metaforizada pela doença, que trata a narrativa *Leibhaftig*. Nela, Christa Wolf apresenta como personagem principal uma escritora em busca de autoconfiança para enfrentar seus medos e suas frustrações. O tema do colapso, da falência, que está no centro dessa obra, torna-se existencial para a narradora, já que ela estava comprometida com os ideais desse Estado e com os rumos dessa sociedade. O colapso lhe causa dor e sofrimento, machuca-a e expõe suas debilidades. Mas é justamente essa falência que a faz refletir; é desse fracasso que ela tira o potencial criativo para superar a crise que quase a abateu.

Parte da crítica considera *Leibhaftig* uma incisão no conjunto da obra da autora berlinense, uma vez que mostraria a metamorfose da protagonista, sua bem-sucedida superação da doença, ilustrando com isso a despedida da RDA.[23] Seria uma história de convalescença. No entanto, em obras anteriores de Christa Wolf igualmente figuram escritoras que se defrontam com contradições dentro de um regime sociopolítico repressor.

Aliás, como Andrea Lax-Küten aponta com propriedade em seu estudo sobre as doenças no conjunto da obra literária de Christa Wolf, elas seriam uma consequência de contradições na psique que remetem a conflitos não resolvidos. "Os protagonistas adoecem, porque não conseguem lidar com fracassos sociopolíticos, interpessoais ou científicos. A exploração da relação entre a doença e as condições de vida de uma pessoa é parte integrante das obras de Wolf e cumpre uma função bem específica".[24] Essa função é a de nomear dores, conflitos, contradições e tentar descobrir como se originaram. Nesse sentido, pode-se observar que a autora permaneceu fiel a seu perfil de intelectual que questiona o mundo em que está inserida, mas também a si mesma, refletindo sobre sua atuação e seu papel como escritora em um contexto ditatorial.

23 LUDOROWSKA. "Wendepunkte und Selbstvergewisserung in Christa Wolfs 'Mit anderem Blick'", p. 187, por exemplo.

24 LAX-KÜTEN. "Die Hände weggeschlagen". Krankheit als Ausdruck unbewältigter Konflikte und der Spaltung des Ichs im Werk von Christa Wolf, p. 60.

Referências

BENJAMIN, Walter. O Narrador. Considerações sobre a obra de Nikolai Leskov. In: ______. *Magia e técnica, arte e política.* 3. ed. Trad. Sergio Paulo Rouanet. São Paulo: Brasiliense, 1987.

CORNELSEN, Elcio; BURNS, Tom (Org.). *Literatura e guerra.* Belo Horizonte: Editora UFMG, 2010.

CORNELSEN, Elcio. Cenas literárias da Primeira Guerra Mundial: Ernst Jünger e Erich Maria Remarque. In: CORNELSEN, Elcio; BURNS, Tom (Org.). *Literatura e guerra.* Belo Horizonte: Editora UFMG, 2010, p. 29-54.

FLEMMING, Thomas. *Die Berliner Mauer:* Grenze durch eine Stadt. Berlin-Brandenburg, 2000.

GINZBURG, Jaime. Guimarães Rosa e o terror total. In: CORNELSEN, Elcio; BURNS, Tom (Org.). *Literatura e guerra.* Belo Horizonte: Editora UFMG, 2010, p. 17-27.

GINZBURG, Jaime. A guerra como problema para os estudos literários. *Organon. Revista do Instituto de Letras da UFRGS.* Porto Alegre, v. 27, n. 52 (2012). Disponível em: <https://seer.ufrgs.br/index.php/organon/article/view/33473/21346>. Acesso em: 03 jul. 2021.

GLASER, Hermann. *Deutsche Kultur.* Ein historischer Überblick von 1945 bis zur Gegenwart. Bonn: bpb, 2000.

GORI, Umberto. Guerra. In: BOBBIO, Norberto *et alii. Dicionário de Política.* trad. Carmen C, Varriale *et alii*.; coord. trad. João Ferreira; rev. geral João Ferreira e Luis Guerreiro Pinto Cacais. Brasília: Editora Universidade de Brasília, 1998. p. 571-577. Disponível em: <https://edisciplinas.usp.br/pluginfile.php/2938561/mod_resource/content/1/BOBBIO.%20Dicion%C3%A1rio%20de%20pol%C3%ADtica.pdf>. Acesso em: 05 jul. 2021.

HERTLE, Hans-Hermann. *Der Fall der Mauer.* Westdeutscher Verlag, 1996.

LAUCKNER, Nancy. Christa Wolf's Efforts on Behalf of "Mündigwerden nach langer Sprachlosigkeit". In: *Studies in GDR Culture and Society*, 11-12, 1993, 125-142.

LAX-KÜTEN, Andrea. “Die Hände weggeschlagen”. Krankheit als Ausdruck unbewältigter Konflikte und der Spaltung des Ichs im Werk von Christa Wolf. In: *Mauerschau*, 2/09 Durststrecken, p. 60-80.

LUDOROWSKA, Halina. Wendepunkte und Selbstvergewisserung in Christa Wolfs ‘Mit anderem Blick’. In: GANSEL, Carsten (Hg.): *Christa Wolf* – Im Strom der Erinnerung. Göttingen: Vandenhoeck & Ruprecht, 2014, p. 185-198.

SOARES, Leonardo F. (Org.). *Na literatura, as guerras*. Uberlândia: O Sexo da Palavra, 2021.

WOLF, Christa. *Leibhaftig*. München: Luchterhand, 2002.

WOLF, Christa. *Auf dem Weg nach Tabou*. Köln: Kiepenheuer & Witsch, 1994.

WOLF, Christa. *Im Dialog*. Frankfurt a.M.: Luchterhand, 1990.

WOLF, Christa. *Was bleibt*. Frankfurt a.M.: Luchterhand, 1990.

Informações sobre os autores

Elcio Loureiro Cornelsen é Professor Titular da Faculdade de Letras, da Universidade Federal de Minas Gerais. Doutor em Estudos Germanísticos pela Freie Universität Berlin (1999), Alemanha. Possui Pós-Doutorado em Estudos Organizacionais (2005), pela FGV-EAESP, em Teoria e História Literária (2010), pela Unicamp, e em História Comparada (2018), pela UFRJ, Entre outras, coorganizou as seguintes obras: *Literatura e guerra* (2010), *Revisiting 20th Century Wars* (2012), *Literatura e cinema de resistência* (2013), *War and Literature* (2014), e *Em torno da imagem e da memória* (2016). É Bolsista de Produtividade em Pesquisa do Conselho Nacional de Desenvolvimento Científico e Tecnológico (CNPq).

Fabíola Padilha é formada em Letras e em Artes Plásticas pela Universidade Federal do Espírito Santo, onde também obteve o título de Mestre em Estudos Literários. É doutora em Letras: Estudos Literários pela Universidade Federal de Minas Gerais. Publicou os livros *A cidade tomada e a ficção em dobras na obra de Rubem Fonseca* (2007) e *Expedições, ficções*: sob o signo da melancolia (2007), além de diversos artigos em coletâneas e periódicos da área. É professora associada de literatura brasileira na Universidade Federal do Espírito Santo.

Flávia Trocoli é Professora da Faculdade de Letras da UFRJ. Membro-fundador do Centro de Pesquisas Outrarte (IEL/UNICAMP). Autora de *A inútil paixão do ser: figurações do narrador moderno* e de ensaios em torno de Clarice Lispector, Virginia Woolf, Marcel Proust, Marguerite Duras, Hélène Cixous e Jacques Derrida. Coorganizou: *Um retorno a Freud, Giros da interpretação, Teoria Literária e suas fronteiras, Da sublimação à invenção.* Traduziu *Demorar: Maurice Blanchot*, de Jacques Derrida. Tem dois projetos de pesquisa com fomento do CNPq e da FAPERJ. Recebeu bolsa CAPES/PrInt para estágio no LEGS/Paris 8.

Gilberto Figueiredo Martins é graduado em Letras pela FFLCH da USP, onde também concluiu seu Mestrado e Doutorado em Literatura Brasileira, sob orientação de Valentim Ap. Facioli. Realizou estágio de Pós-Doutoramento na UNICAMP e tem Especialização em História das Religiões e Religiosidades (UEM – PR) e em Direção e Atuação (Escola Superior de Artes Célia Helena – SP). É autor do livro E*státuas invisíveis – Experiências do espaço público na ficção de Clarice Lispecto*r (EDUSP/Nanquim, 2010). Desde 2006, é professor de Teoria da Literatura na UNESP, campus de Assis.

Jacyntho Lins Brandão é Professor emérito de Língua e Literatura Grega da Universidade Federal de Minas Gerais e atualmente professor visitante da Universidade Federal de Ouro Preto. Doutor em Letras Clássicas pela Universidade de São Paulo, é membro da Academia Mineira de Letras. Publicou, dentre outros, *A poética do hipocentauro* (Ed. UFMG), *A invenção do romance* (Ed. UnB), *Em nome da (in)diferença* (Ed. Unicamp). Traduziu, do grego, *Como se deve escrever a história*, de Luciano de Samósata (Tessitura); do francês, *O romance de Tristão*, de Béroul (Editora 34); e, do acádio, *Ele que o abismo viu: epopeia de Gilgámesh*, de Sin-léqi-unnínni (Autêntica).

Jaime Ginzburg é Professor Titular de Literatura Brasileira da Faculdade de Filosofia, Letras e Ciências Humanas da Universidade de São Paulo. Pesquisador com bolsa de produtividade do CNPq, com nível 1B. Coordenador do Grupo de pesquisa Literatura e Cinema no Brasil Contemporâneo. Autor de estudos publicados no Brasil e no exterior, incluindo *Crítica em tempos de violência* (Edusp/Fapesp, 2012; 2a edição, 2017), que recebeu o Prêmio Jabuti em Teoria e Crítica Literária em 2013.

Leonardo Francisco Soares é Doutor em Estudos Literários pela Universidade Federal de Minas Gerais (UFMG), área de Literatura Comparada, possui Graduação e Mestrado em Letras pela mesma Universidade. Professor Permanente do Programa de Pós-graduação em Estudos Literários (PPLET) da Universidade Federal de Uberlândia (UFU). Professor Associado de Teoria Literária e Literaturas de Língua Portuguesa do Instituto de Letras e Linguística (ILEEL) da UFU. Autor de *Leituras da Outra Europa*: guerras e memórias na literatura e no cinema da Europa Centro-oriental (Ed. UFMG); Organizador, dentre outros, de *Nas literaturas, as guerras* (ed. O Sexo da Palavra).

Paola Resende é graduada em Letras pela Universidade Federal de Minas Gerais (UFMG). Mestre em Estudos Literários pela Faculdade de Letras da UFMG, com dissertação intitulada *Praias da indiferença:* Cecília Meireles e o embate temporal em verso e prosa. Foi bolsista da CAPES durante a realização do mestrado.

Pedro Henrique Trindade Kalil Auad escreveu os livros *O menino que queria virar vento* (Aletria, 2012), *Charlotte-peixe-borboleta* (Relicário, 2016), *O ano da fumaça* (Urutau, 2020) e *Autor/Autoria: Roland Barthes e Cahiers du Cinema* (EdUFAL, 2021). É doutor em teoria da literatura e literatura comparada pelo PosLit da FALE/UFMG. Realizou estágio de pós-doutorado na UFG e na UFU. Foi professor visitante do PPGLL da FALE/UFAL.

Rosani Úrsula Ketzer Umbach é Doutora em Literatura Alemã pela Freie Universität Berlin, com Pós-Doutorado na Eberhard-Karls-Universität Tübingen, Alemanha, ambos com bolsa CAPES/DAAD. Atualmente é Professora Titular da Universidade Federal de Santa Maria e Pesquisadora 1 C do Conselho Nacional de Desenvolvimento Científico e Tecnológico – CNPq. Atua nos cursos de Licenciatura em Letras, no Programa de Pós-Graduação em Letras e na editoria da *Revista Literatura e Autoritarismo*, publicada no Portal de Periódicos da UFSM.

Alameda nas redes sociais:
Site: www.alamedaeditorial.com.br
Facebook.com/alamedaeditorial/
Twitter.com/editoraalameda
Instagram.com/editora_alameda/

Esta obra foi impressa em São Paulo no verão de 2023. No texto foi utilizada a fonte Georgia em corpo 10,5 e entrelinha de 14,7 pontos.